5 CARNETS ET ALBUMS

Dessins du musée du Louvre

Le « Livre à dessiner de P. Devalenciennes »

ÉTUDE

Cet album a été restauré et étudié grâce au généreux mécénat de Canson®

http://www.louvre.fr

http://www.officinalibraria.net

ISBN musée du Louvre : 978-2-35031-654-3
ISBN Officina Libraria : 978-88-3367-032-4

Dépôt légal : mars 2019

LOUVRE éditions

OFFICINA LIBRARIA

Juliette Trey

Le « Livre à dessiner de P. Devalenciennes »

ÉTUDE

MUSÉE DU LOUVRE

Jean-Luc Martinez
Président-directeur

Maxence Langlois-Berthelot
Administrateur général

Anne-Laure Béatrix
Administratrice générale adjointe

Valérie Forey-Jauregui
Administratrice générale adjointe

Vincent Pomarède
Administrateur général adjoint

Xavier Salmon
Directeur du département des Arts graphiques

Dominique de Font-Réaulx
Directrice de la Médiation et de la Programmation culturelle

ÉDITION

POUR LE MUSÉE DU LOUVRE

Sous-direction de l'Édition et de la Production

Laurence Castany
Sous-directrice de l'Édition et de la Production

Violaine Bouvet-Lanselle
Chef du service des Éditions

Christine Fuzeau
Coordination et suivi éditorial

Direction de la Recherche et des Collections

Anne-Myrtille Renoux
Chef du service des Ressources documentaires et éditoriales

Virginie Fabre
Collecte de l'iconographie

POUR OFFICINA LIBRARIA

Marco Jellinek
Direction de la production

Paola Gallerani
Coordination éditoriale, couverture et graphisme

Chiara Bosio
Mise en page

Serena Solla
Secrétariat d'édition

Colette Malandain
Relecture des textes

Giorgio Canesin, Cernusco sul Naviglio (Milan)
Photogravure

Intergrafica, Vérone
Impression

REMERCIEMENTS

Je remercie en tout premier lieu Xavier Salmon pour la confiance qu'il m'a accordée en me proposant d'étudier ce carnet.
Je remercie aussi pour leur aide précieuse :
Au musée du Louvre : Astrid Roucher qui a largement contribué à l'étude de ce carnet, et Héloïse Bernard, toutes deux stagiaires au département des Arts graphiques, ainsi que Laura Angelluci, Elisabetta Bartoli, Violaine Bouvet-Lanselle, Valentine Dubard, Delphine Duchêne, Virginie Fabre, Christine Fuzeau, Roberta Serra
Au musée Paul-Dupuy à Toulouse : Mireille Serniguet et Dominique Mazel
Chez Officina Libraria : Paola Gallerani, Marco Jellinek, Chiara Bosio et Serena Solla
Ces remerciements s'adressent également à Colette Malandain et Michel Urtado

SOMMAIRE

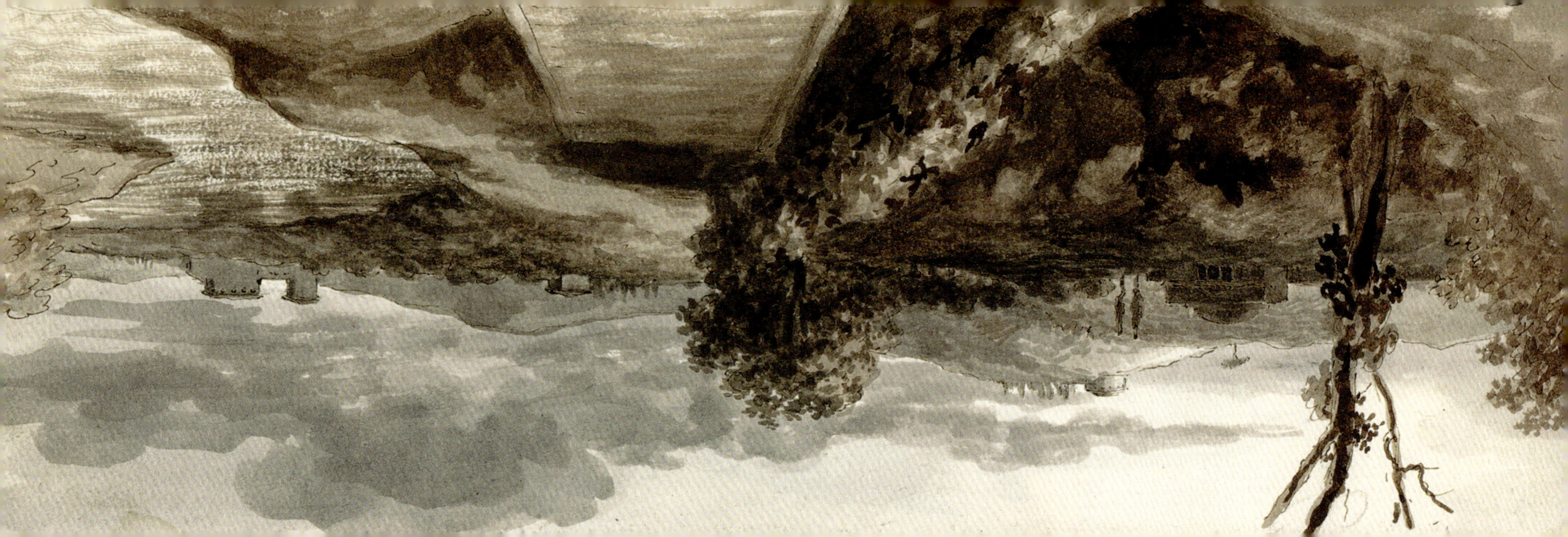

Folio 35 recto, graphite, lavis brun, lavis gris, plume et encre brune

Le 22 septembre 1777, Pierre Henri de Valenciennes embarquait à Marseille pour rejoindre Rome, qu'il atteignit le 10 octobre. Commençait alors un séjour italien qui marqua profondément l'artiste. La lumière, les monuments antiques, les paysages, le petit peuple des villes et des campagnes, les couleurs s'offrirent à lui. Il s'en ouvrait en l'an VIII lorsqu'il fit paraître à Paris ses *Élémens de perspective pratique à l'usage des artistes, suivis de Réflexions et Conseils à un Élève sur la Peinture et particulièrement sur le genre du Paysage* : « Après un séjour de quelques années à Rome, il faut revenir dans ses foyers… Mais il faut avoir bien employé son temps et fait une ample moisson d'études et de dessins pour s'en servir à propos, quand on est éloigné des pays dont l'aspect a électrisé notre âme et agrandi notre talent. »

Tout au long des années italiennes, Valenciennes n'avait pas ménagé ses efforts pour étudier la perspective dans ses détails les plus minutieux, multipliant les dessins et les figures de perspective sur plus de cinq cents pages in-folio, ainsi qu'il le précisait lui-même, mais aussi pour mieux comprendre les effets de la lumière changeante sur la nature. Avec l'âge, il avait d'ailleurs conclu qu'il fallait d'abord se borner à ne copier, le mieux possible, que les tons principaux de la nature dans l'effet que l'on avait choisi. Pour cela, il conseillait de commencer son étude par le ciel, lequel donnait le ton des fonds, puis de traiter ces derniers et le ton des plans qui leur étaient liés, afin de venir progressivement jusque sur les devants ; ceux-ci se trouvaient en conséquence toujours en accord avec le ciel qui avait servi à créer le ton local. En suivant cette démarche, il était évidemment impossible d'entrer dans le détail, car toute étude d'après nature devait être faite dans l'intervalle de deux heures au plus. Et si c'était un effet du soleil levant ou couchant, il n'y fallait pas mettre plus d'une demi-heure.

Valenciennes invitait aussi à peindre la même vue à différentes heures du jour pour observer les variations que produisait la lumière sur les formes. Les monuments, les ruines, les cabanes, les arbres, les rochers, soit tout ce qui conservait son état naturel, parfois même un paysage tout entier, lorsque le ciel restait couvert ou que la lumière ne variait pas sensiblement, pouvaient être étudiés séparément. L'étude de beaux arbres isolés ou en masse permettait de s'attacher aux détails de l'écorce, de la mousse, des racines, ou bien encore de l'embranchement des frondaisons, et conduisait ainsi à restituer une image exacte de la nature. Enfin, une chose essentielle était de s'habituer à faire des études de souvenir d'après celles qui avaient été tracées ou peintes tout au long de la journée. C'était une méthode sûre pour former la mémoire, et la meubler d'objets intéressants. À la première halte, il était nécessaire de faire un croquis des objets que l'on n'avait vus qu'en passant et dont on conservait l'idée encore fraîche. Ces croquis servaient par la suite de répertoire. Les parties ainsi mises sur le papier rappelaient celles qui devaient compléter la masse entière des lieux et des choses qui méritaient d'être représentés.

Tous ces principes, Valenciennes les avait régulièrement appliqués. En témoignent l'admirable série des études peintes offerte au musée du Louvre en 1930 par la princesse Louis de Croÿ, mais aussi les carnets que le maître conserva sa vie durant.

Pour s'en convaincre, il suffit de feuilleter celui dont Juliette Trey nous donne ici l'étude.

Xavier Salmon
Directeur du département des Arts graphiques

Folio 69 recto, graphite, lavis brun, lavis gris, plume et encre brune

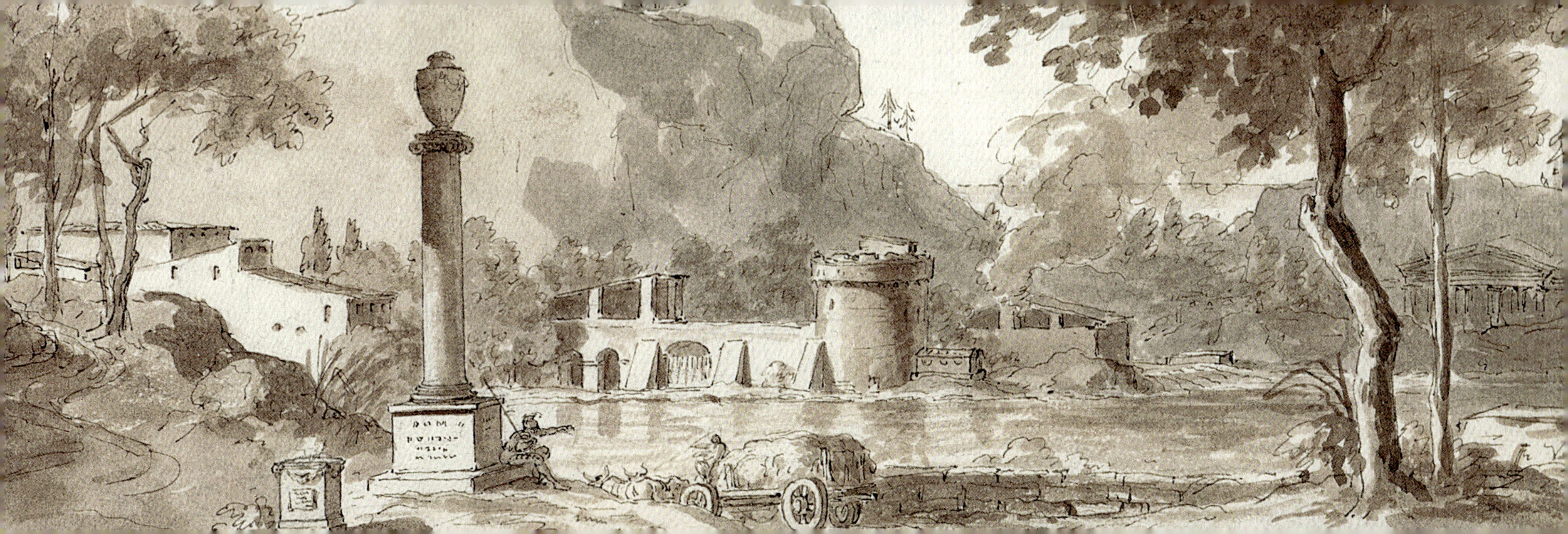

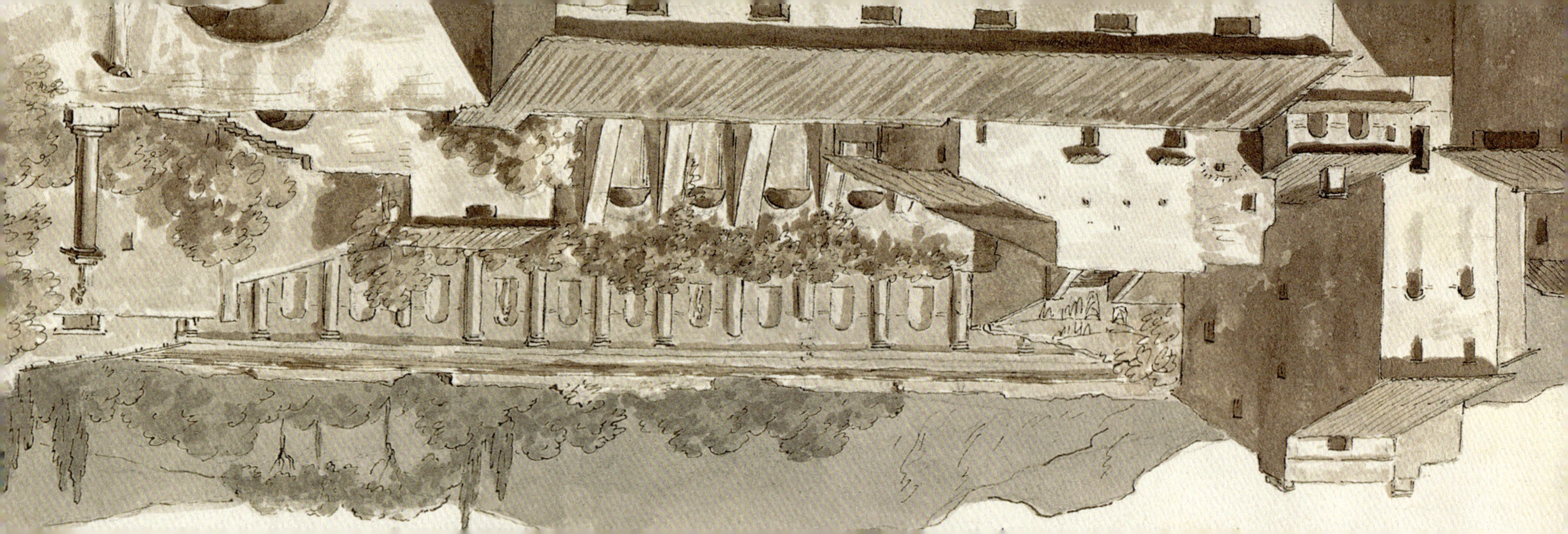

Folio 51 recto, graphite, lavis brun, lavis gris, plume et encre brune

« Au bout de quelques années d'absence employées utilement à voyager, à observer la nature et à vous exercer dans votre art, nous vous supposons de retour, rapportant dans vos foyers vos portefeuilles garnis de dessins, de croquis et d'études, et vos tablettes pleines de notes et d'observations. Vous aurez alors à mettre en œuvre tous ces matériaux épars, à composer des tableaux, pour établir votre réputation : c'est alors que commencera votre carrière, et que l'emploi de vos talents et de votre conduite dans le monde devront vous mériter la considération et l'estime de vos concitoyens[1]. »

Le musée du Louvre conserve aujourd'hui un ensemble exceptionnel de dessins et d'huiles sur papier de Valenciennes grâce à la générosité d'Eugénie Marie Caroline Amélie Henriette de l'Espine, princesse Louis de Croÿ. Celle-ci a légué au musée en 1930, sous réserve d'usufruit, plus de 3 800 dessins et tableaux des écoles françaises et nordique[2], dont près de 130 études à l'huile sur papier[3] et 130 dessins, ainsi que 13 carnets de Valenciennes, provenant tous de sa vente après-décès en 1819. L'ensemble est entré dans les collections du Louvre en 1932. Parmi ces carnets, le *Livre à dessiner de P. Devalenciennes*, daté de 1778, nous entraîne sur les pas de l'artiste à Rome, devant les architectures qu'il copie, interprète ou recompose.

Né à Toulouse le 6 décembre 1750, d'un père maître perruquier et d'une mère fille d'un maître pâtissier, Pierre Henri de Valenciennes s'initie à la peinture en autodidacte grâce à *L'École de la miniature ou l'Art d'apprendre à peindre sans maître*[4], avant de se former à l'Académie royale de Toulouse, sous la tutelle du peintre d'histoire Jean-Baptiste Despax (1709-1773). Présent à Paris dès 1771 ou 1772[5], il gravite autour d'Étienne François, duc de Choiseul (1719-1785)[6], dont la protection lui permet d'entrer dans l'atelier de Gabriel François Doyen. Entre 1772 et 1777 il s'aventure sur les rives du Cher et dans le Val de Loire, ainsi que dans les bois d'Île-de-France. Il dessine alors ses paysages sur le motif à la sanguine ou bien à la pierre noire, estompée au doigt[7]. Le carnet de dessins de Valenciennes le plus ancien qui soit conservé, aujourd'hui partiellement démembré, correspond à ces années parisiennes. Intitulé *Livre à dessiner d'après nature*, il est daté de 1775[8]. Ces années de formation sont parachevées par un long séjour en Italie que Valenciennes entreprend de 1777 à 1785, sans qu'on sache véritablement comment il finança ces huit années[9]. Installé à Rome, il fréquente les artistes logés au palais Mancini, bien qu'il ne soit pas lui-même pensionnaire de l'Académie de France. Il se rend également en Campanie et en Sicile en 1779. En 1781 il fait un bref voyage à Paris au cours duquel il rencontre Joseph Vernet, qui le conseille. À son retour en Italie, entre 1782 et 1785, il s'attache désormais tout particulièrement à l'étude des phénomènes lumineux dans ses études peintes. À Paris, il est reçu le

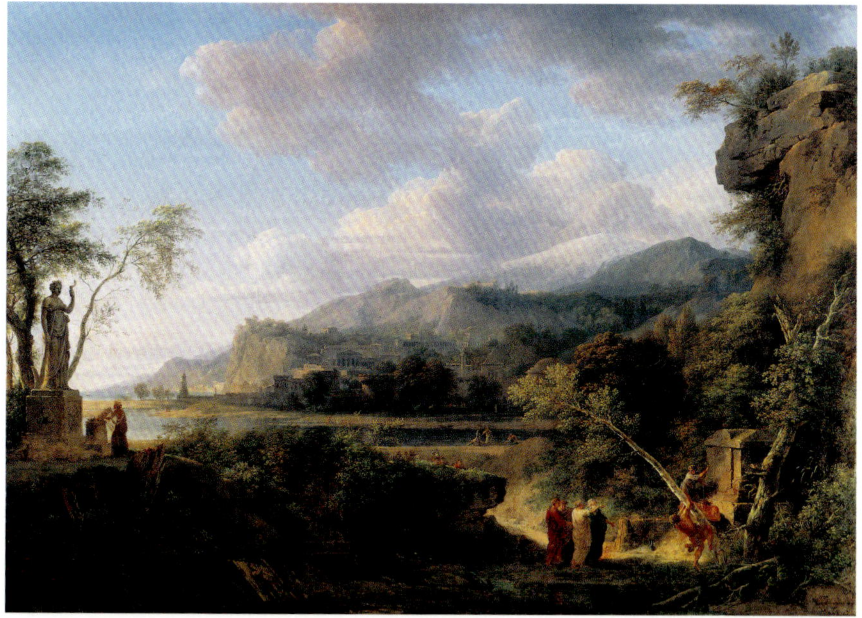

Fig. 1. Pierre Henri de Valenciennes, *Cicéron étant questeur en Sicile découvre le tombeau d'Archimède que les Syracusains assuraient de ne pas posséder*, 1786, huile sur toile, Toulouse, musée des Augustins, D. 1962.1

29 juillet 1786 à l'Académie royale de peinture et de sculpture, avec *Cicéron étant questeur en Sicile découvre le tombeau d'Archimède que les Syracusains assuraient de ne pas posséder* (fig. 1), puis l'année suivante il est élu membre d'honneur de l'Académie royale de Toulouse. Au Salon de 1787, Valenciennes expose un de ses premiers paysages historiques, *L'Ancienne Ville d'Agrigente* (fig. 2). La dissolution de l'Académie royale en 1793 lui fait perdre sa pension d'académicien et lui cause des difficultés financières. Il poursuit toutefois son activité tout en devenant professeur à l'École polytechnique et en donnant, vraisemblablement, des cours privés de perspective, ce qui l'amène à rédiger ses *Éléments de perspective pratique à l'usage des artistes, suivis de Réflexions et Conseils*, publiés en l'an VIII (1800). Parallèlement, il puise dans ses carnets italiens des motifs qu'il réutilise pour exécuter des paysages italiens dessinés ou peints qu'il peut vendre facilement [10]. En 1816, la création au sein de l'Académie des beaux-arts d'un prix de Rome du paysage historique, dont le premier lauréat, en 1817, fut Achille Etna Michallon, marque en quelque sorte l'aboutissement du travail théorique de Valenciennes.

La production peinte et dessinée de Valenciennes est triple : dessins, huiles sur papier, grands paysages historiques sur toile. Les paysages historiques ont fait sa renommée de son vivant ; les huiles sur papier, redécouvertes au XXe siècle, l'ont élevé au rang de précurseur de l'impressionnisme. Ses dessins, en revanche, restent moins connus.

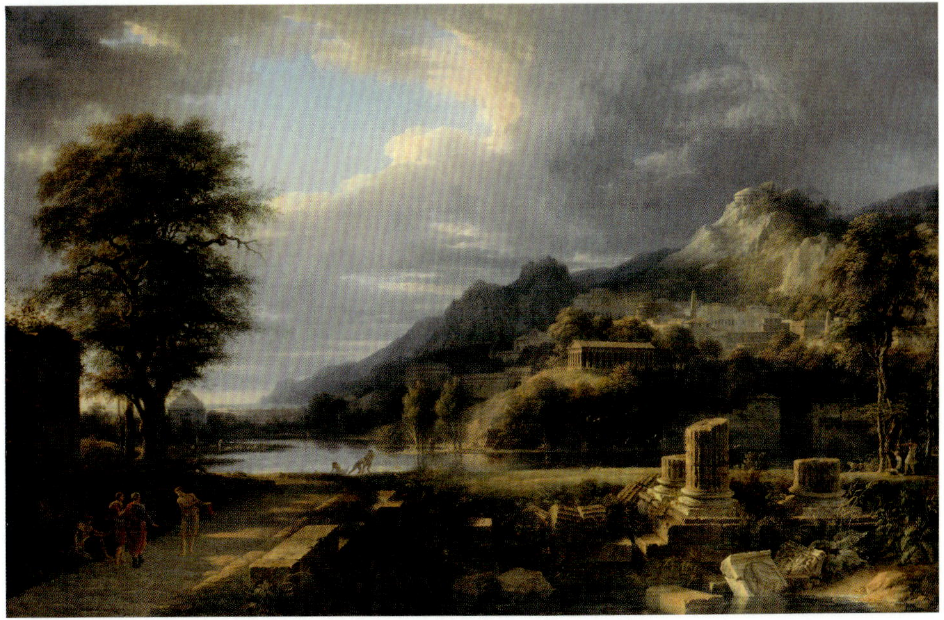

Fig. 2. Pierre Henri de Valenciennes, *L'Ancienne Ville d'Agrigente*, Salon de 1787, huile sur toile, Paris, musée du Louvre, MNR 48

La dichotomie entre les études de Valenciennes, sur le motif, et ses paysages historiques, soigneusement composés, est pertinente si l'on considère uniquement les études à l'huile sur papier d'une part et les grandes huiles sur toile d'autre part ; mais elle est infirmée par la production dessinée de l'artiste. On peut en effet établir trois catégories parmi ses dessins de paysages. Viennent en premier lieu les paysages simples, majoritaires, annotés par une indication topographique (« Sur la route d'Orvieto » ou « Sur les bords du Tibre »). Cela ne garantit pas pour autant que Valenciennes ne modifie pas ce qu'il a sous les yeux : ainsi la Trinité-des Monts est-elle décapitée de ses campaniles par le crayon de l'artiste (folio 52 du présent carnet). Viennent ensuite les paysages « ajustés », qui sont encore liés à des lieux existants, mais avec lesquels l'artiste prend des libertés, arrangeant, modifiant, exagérant. Enfin, dans ses paysages « composés », il mêle des souvenirs pour créer des paysages sublimés. Certes, ses dessins sont en premier lieu des études destinées à alimenter un travail ultérieur sur les paysages historiques ; mais le processus de sublimation qui mène à l'élaboration des paysages historiques est déjà à l'œuvre dans nombre de pages de ce carnet. Dans son traité, Valenciennes fait du voyage « l'ultime étape du parcours formatif du jeune peintre de paysage[11] ». Il s'inscrit dans la tradition académique qui consiste, pour l'artiste, à élaborer, pendant ses années de formation, un répertoire de formes et de modèles qu'il conservera tout au long de sa carrière et dans lequel il puisera pour créer ses œuvres[12]. « L'Italie ! L'Italie ! Tel est le vœu de tous les artistes qui commencent à sentir les beautés de leur art, et que possède l'enthousiasme du talent. C'est un louable désir que celui d'aller admirer les restes imposants de la magnificence d'un peuple qui domina l'univers et qui embellit le sol le plus fertile, des édifices les plus vastes et des monuments les plus somptueux qui aient jamais existé[13] », s'exclame-t-il. Il recommande ainsi Rome aux jeunes artistes, « très intéressante pour un peintre d'histoire, et même pour celui qui ne fait que le paysage » pour son « mélange d'antique et de moderne, cet assemblage d'irrégularité et de symétrie, d'incohérence et d'harmonie, de folie et de raison[14] ».

VOYAGE ET RENCONTRES ARTISTIQUES EN ITALIE

Après cinq ans passés à Paris, Valenciennes part donc pour Rome à l'âge de 26 ans, avec, comme il le note dans son journal, 359 livres et 11 sols en poche[15]. C'est également grâce à l'artiste lui-même qu'on sait qu'il arrive à destination le 10 octobre 1777[16]. Il dessine tout au long de son voyage, mettant déjà en place un procédé qu'il conserve en grande partie pendant son séjour romain : il trace rapidement au graphite la composition puis la repasse à la plume ou la reprend au lavis[17]. Valenciennes n'est pas le premier artiste toulousain à se rendre à Rome et d'autres l'y rejoignent, notamment le sculpteur Bernard Lange (1754-1839) et le peintre Guillaume Joseph Roques (1757-1847). Il retrouve aussi des artistes français qui, comme lui, ne sont pas pensionnaires de l'Académie de France et ne sont donc pas logés au palais Mancini. Valenciennes s'installe près de l'entrée nord de Rome, dans le quartier du Pincio, où résident de nombreux jeunes artistes étrangers. Il prend un appartement au troisième et dernier étage de la Casa Giannotti, 179 Via del Babuino : il bénéficie ainsi d'une grande luminosité[18].

Il partage son logement successivement avec plusieurs artistes dont le peintre Louis Crucy, arrivé à Rome en 1775 avec son frère Mathurin, futur architecte de la ville de Nantes, alors pensionnaire de l'Académie[19]. En 1781, le *Liber status animarum* de la paroisse Santa Maria del Popolo, qui recense les habitants du quartier, indique que Valenciennes vit avec deux peintres, « Monsieur Brusè » (non identifié à ce jour) et le paysagiste russe Feodor Matwejeff[20]. Luigi Gallo a montré que Valenciennes connaissait aussi assurément le peintre nantais Pierre Cacault (1744-1810), le Suisse Jacques Henri Sablet (1749-1803) ou encore le Français Jean-Baptiste Coste (1746-1819). Il a également mis en lumière les liens que Valenciennes a pu entretenir à Rome avec Antoine Chrysostome Quatremère de Quincy (1755-1849) et le peintre toulousain Guillaume Joseph Roques, présent à Rome de 1779 à 1782 environ, peut-être grâce à l'influence du Montpelliérain Joseph Marie Vien (1716-1809), directeur de l'Académie de France de 1775 à 1781[21]. Pendant ces années romaines, Valenciennes noua également une relation d'amitié avec Jacques Louis David, présent en Italie de 1775 à 1780 comme pensionnaire à l'Académie de France puis de nouveau en 1784-1785. La question de la proximité du style graphique des deux artistes lors de cette période a déjà été soulevée[22] et mérite d'être analysée au regard du présent carnet. Les liens entre les deux artistes sont attestés : la vente après-décès de Valenciennes, dans la rubrique « tableaux », liste « une étude faite d'après nature et donnée à Rome » par David, témoignage de leurs échanges[23].

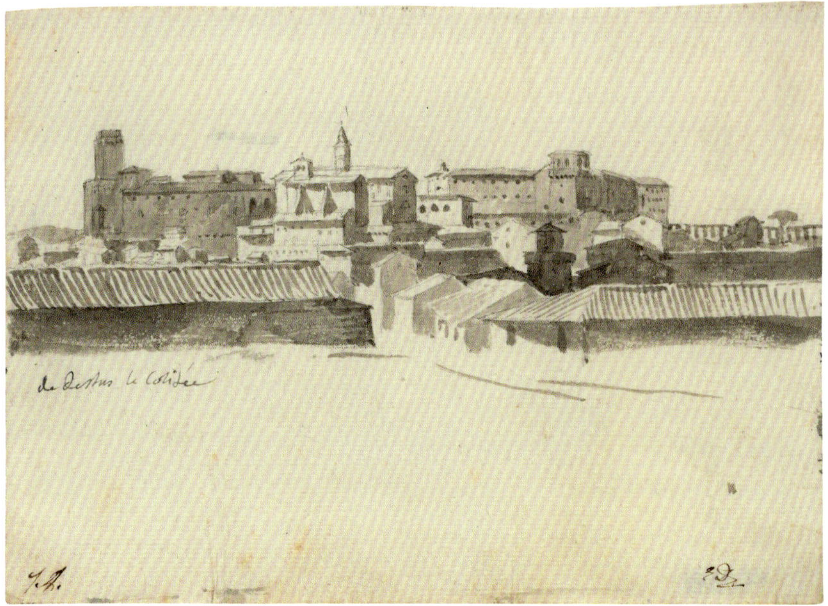

Fig. 3. Jacques Louis David, « *De Dessus le Colisée* », 1775-1780, graphite, lavis d'encre grise, Stockholm, Nationalmuseum, NM 82/1969

Les dessins romains des deux artistes présentent des similitudes : il s'agit des mêmes types de paysages urbains, dessinés au trait, sans modelé, à la plume et au lavis. Néanmoins, tandis que Valenciennes aime à détailler à la pointe du pinceau les jeux de la lumière sur les pierres ou sur ses feuillages dentelés, les reprenant parfois à la plume, David indique les zones par lavis uniformes, et cerne les volumes d'un trait de pinceau marqué. C'est peut-être sous l'influence de David que Valenciennes a abandonné à Rome l'usage de la sanguine, de la gouache de couleur et du papier coloré pour privilégier un travail sur le trait, le lavis, la réserve, dans un camaïeu de gris et de noir (devenu brun aujourd'hui en raison de la dégradation de l'encre métallo-gallique), visible dès 1778 et notamment dans le présent carnet. En revanche, David pratique moins fréquemment que Valenciennes le format allongé pour ses vues de paysages. On compte ainsi chez le premier peu de feuilles aux dimensions équivalentes à celles du second [24] : toutefois, David sépare parfois en deux registres son support pour superposer deux vues panoramiques, composant alors des vues au format panoramique privilégié par Valenciennes [25]. Comme de nombreux autres artistes, les deux dessinateurs copient les mêmes monuments, bien que les points de vue ne soient jamais identiques, comme le château Saint-Ange [26], les rives du Tibre [27] ou les environs du Ponte Molle [28]. De même que Valenciennes, David prend des libertés avec la topographie, qu'il ajuste sans nécessairement l'indiquer sur son dessin. Occasionnellement, les annotations sont

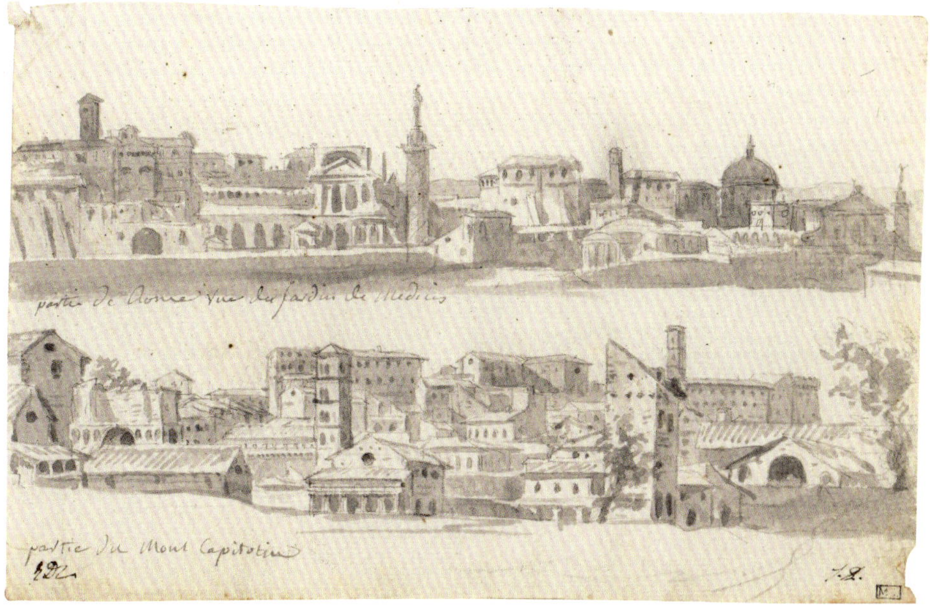

Fig. 4. Jacques Louis David, Deux vues romaines : «*jardins de la villa Médicis*» et «*Mont Capitolin*», vers 1775-1780, graphite, lavis gris, Paris, musée du Louvre, département des Arts graphiques, RF 54354

identiques et trahissent alors des pratiques similaires, comme ce dessin de David conservé au Nationalmuseum de Stokholm et sur lequel on lit : « *De Dessus le Colisée* » (fig. 3) [voir folios 2, 3 et 48 du présent carnet].

Enfin, plus généralement, le synthétisme et la rigueur géométrique de Valenciennes se retrouvent assez peu chez David : ses vues du jardin Médicis et du mont Capitolin présentent un enchevêtrement de bâtiments imbriqués les uns dans les autres et assez peu lisibles si on les compare à la clarté des vues romaines de Valenciennes. Sur ce dessin, David a passé son lavis directement sur le tracé au graphite, sans reprendre ce dernier à la plume, donnant au motif une définition moindre (fig. 4). Il s'agit sans doute de la différence fondamentale entre les vues romaines des deux artistes.

LES CARNETS ITALIENS DE VALENCIENNES

L'inventaire après-décès de Valenciennes recense vingt-huit carnets, appelés « albums ». Plusieurs de ces carnets ont vraisemblablement été démembrés avant la vente après-décès de l'artiste[29]. Dans le catalogue de cette vente, datée 26 avril 1819, on retrouve la mention d'une « quantité de livres de croquis, recueils de dessins au trait et à la sépia, représentant des vues de Rome, faites d'après nature, et portant, de la main de M. Valenciennes, le nom du lieu et la date : des sujets d'animaux, des études d'arbres, plantes, etc., des costumes et caricatures, et une infinité de modèles pour les jeunes artistes[30] ». Il s'agit d'ailleurs, dans ce catalogue, du seul lot concernant des dessins de Valenciennes. Quatorze de ces carnets sont encore conservés. Treize se trouvent au musée du Louvre (deux d'entre eux ne comportent pas de dessins, seulement des pages manuscrites)[31]. La Bibliothèque nationale de

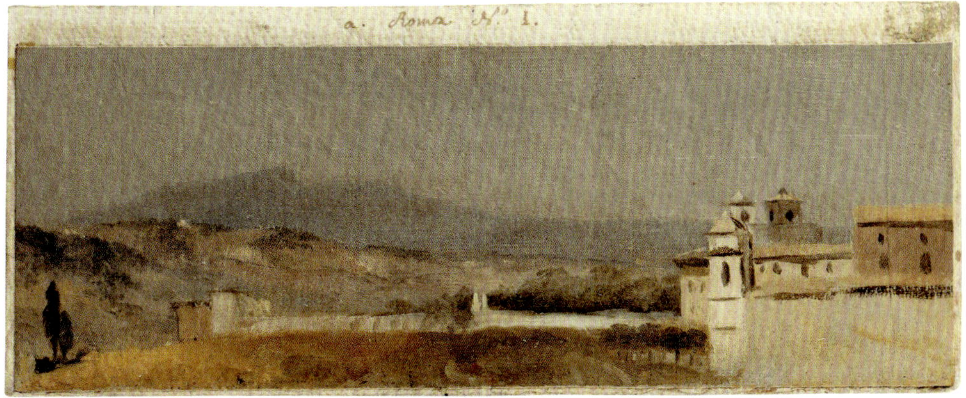

Fig. 5. Pierre Henri de Valenciennes, « *a Roma n° 1* », huile sur papier, Paris, musée du Louvre, département des Peintures, RF 2985

France en conserve également un[32]. Notons que quatre de ces carnets de dessins ont longtemps été attribués, en raison d'une erreur d'inventaire au moment du legs de la princesse de Croÿ, à l'élève de Valenciennes, Achille Etna Michallon. L'attribution à Valenciennes a été rétablie en 1995 par Chiara Stefani[33]. Parmi cet ensemble de carnets, on compte le recueil de vues de Paris et de Touraine, déjà évoqué, daté de 1775[34]. Tous les autres carnets dessinés datent des années italiennes de Valenciennes, entre 1777 et 1786.

Trois d'entre eux – deux carnets du Louvre, dont le carnet reproduit ici en fac-similé, ainsi que le carnet conservé à la Bibliothèque nationale de France – peuvent être datés de l'année 1778[35]. Le présent carnet porte en effet la date « 1778 » sur son dos et les deux autres présentent avec celui-ci de nombreuses similitudes formelles. Tout d'abord les trois carnets ont un format oblong, avec des pages très étroites, que l'artiste utilise quasi exclusivement en format paysage, les divisant parfois par une double ligne verticale pour dessiner deux vues côte à côte sur la même page[36]. Ce format allongé se retrouve également dans certaines des nombreuses huiles sur papier que Valenciennes a exécutées à Rome, parfois de dimensions presque identiques à celles des pages des carnets romains[37] (fig. 5). Les trois carnets contiennent principalement des paysages tracés au graphite, et parfois repris à la plume et encre grise (au carbone), ou rehaussés soit au lavis gris avec plume et encre grise, soit au lavis brun avec plume et encre brune (encre métallo-gallique). Ils diffèrent néanmoins par les techniques qu'ils privilégient. Les dessins du carnet RF 12965 ont été pour la plupart exécutés au graphite ou au lavis brun (fig. 6). Dans le présent carnet (RF 12966), Valenciennes a principalement recours au lavis brun et à la plume et encre brune, parfois au lavis gris. L'encre métallo-gallique (brune), très fluide, se prête en effet plus facilement au travail de plume, tandis que l'encre au carbone (grise) s'utilise mieux avec le pinceau. Valenciennes associe occasionnellement les deux encres, brune et grise : ce mélange, qui fait aujourd'hui l'originalité du carnet, est dû en réalité à une dégradation de la couleur de l'encre brune (métallo-gallique), noire à l'origine. Les associations de couleurs différentes n'étaient donc

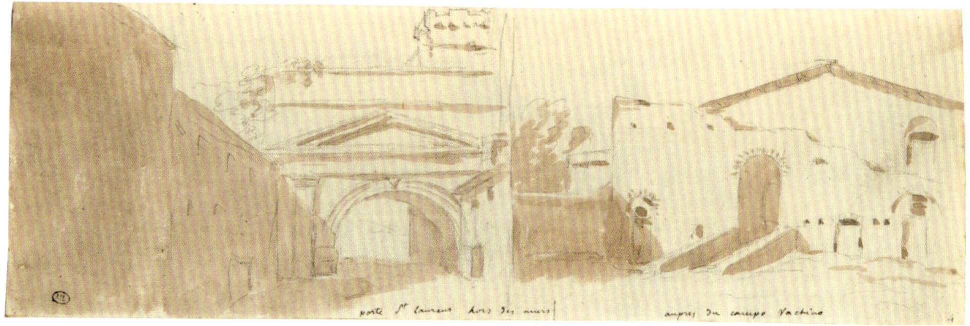

Fig. 6. Pierre Henri de Valenciennes, « *porte Saint-Laurent-hors-les-Murs* » et « *auprès du Campo Vaccino* », 1778, graphite, lavis d'encre brune, Paris, musée du Louvre, département des Arts graphiques, RF 12965, folio 4

pas recherchées par Valenciennes, qui a travaillé seulement sur des principes de dégradés, utilisant l'encre brune (métallo-gallique, donc noire au moment de son utilisation) principalement pour les premiers plans, et l'encre grise (au carbone) pour les fonds ou les arrière-plans. Il faut ainsi imaginer des premiers plans beaucoup plus présents, car plus sombres, à l'origine, qu'ils ne le sont aujourd'hui.

Valenciennes a donc abandonné le papier coloré (passé au lavis), la gouache blanche ainsi que la sanguine qu'il utilisait dans le carnet daté de 1775 (fig. 7) pour adopter une technique plus austère, exclusivement en noir et gris. Le traitement

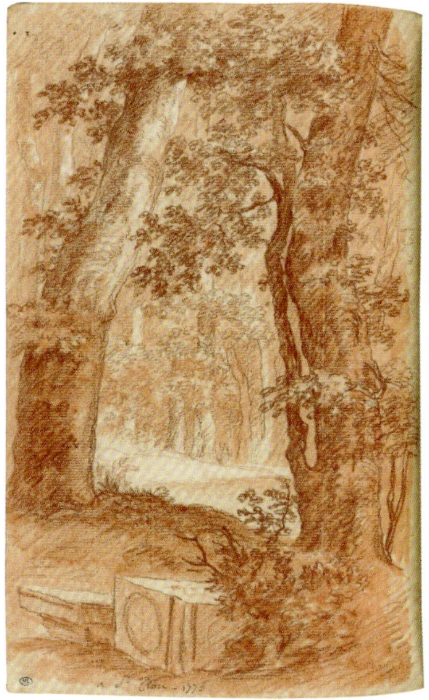

Fig. 7. Pierre Henri de Valenciennes, *Étude d'arbres à Saint-Cloud*, 1775, sanguine, Paris, musée du Louvre, département des Arts graphiques, RF 12971, folio 48

des détails et des effets de lumière est très abouti. Le graphite n'y est employé que pour jeter les bases du dessin, et non comme technique en soi. Plus généralement, Valenciennes se sert de la plume pour délimiter les formes, qu'il colore ensuite de larges touches de lavis. Il n'hésite pas non plus à laisser la feuille en réserve, notamment au premier plan et pour le ciel. Les vues représentées peuvent être urbaines, combinant ou non ruines antiques et architecture moderne, ou rurales, exécutées lors d'excursions dans la campagne romaine ou le long du Tibre. Contrairement aux pensionnaires du palais Mancini, vivement incités à dessiner d'après l'antique et les maîtres, Valenciennes ne fait quasiment pas de copies (voir folios 44 à 46 du présent carnet). Pourtant, il serait naïf de penser qu'il ne regarde pas les antiques ou la peinture ancienne. La publication de son carnet de voyage en Sicile par Geneviève Lacambre a permis de relever cet intérêt pour les œuvres du passé. Ainsi, à Naples (à Capodimonte), Valenciennes visite un « très beau cabinet de tableaux » où il admire une « belle Danaé du titien [*sic*], [une] belle Vénus dormante du carrache [*sic*], [un] beau Guide et quantité d'autres tableaux dont il y en a de bons et beaucoup de mauvais ». Au Palazzo del Torre, il remarque encore « trois superbes tableaux du poussin [*sic*][38] ». Il est certain que Valenciennes nourrit une grande admiration pour Titien, Corrège, les peintres flamands et italiens, qu'il recommande à ses élèves dans son traité[39], tout en plaçant Poussin au sommet de son panthéon personnel : « Inimitable Poussin, il n'appartient qu'à toi d'être le fidèle interprète de la nature, et en même temps de donner des leçons de sagesse et de vertu[40]. »

Comme dans tous ses carnets, la plupart des folios dessinés des trois carnets du premier séjour romain sont annotés de sa main : les vues dessinées dans les deux carnets conservés au Louvre le sont toutes, et seuls quatre dessins de paysages ne portent pas d'annotation dans celui conservé à la Bibliothèque nationale de France. De manière générale, les artistes indiquent en effet fréquemment où et quand ils ont tracé leurs croquis[41], ajoutant parfois des indications de couleurs ou, dans le cas de Valenciennes, des précisions atmosphériques. Valenciennes écrit d'abord au graphite, sans doute au moment de l'exécution du dessin, le nom de la vue qu'il représente. Cette annotation est reprise à l'encre dans un second temps, quand il retravaille sa composition à la plume et au pinceau, vraisemblablement dans son atelier[42]. De nombreuses pages des trois carnets de l'année 1778 portent les annotations «*ajusté*» et «*recomposé*». Celles-ci indiquent que l'artiste n'a pas fidèlement transcrit le réel mais l'a transformé (ajusté) ou en a donné une vision imaginaire à partir de différents motifs (recomposé).

La distinction que fait Valenciennes entre «ajusté» et «composé» est en réalité très ténue. Il utilise ainsi «ajuster» à propos de Gaspard Dughet dans ses *Éléments de perspective pratique…* au sens de «composer» : «Le Gaspre a copié les plus beaux sites de l'Italie; il a ajusté la nature avec tout le goût possible; il en a choisi les plus beaux détails; il a su arranger et combiner si bien ces déplacements d'objets, qu'il paraît avoir fait une juste copie, sans se permettre le moindre changement[43].»

Sur ses propres dessins il complète la mention «*ajusté*» pour préciser la source d'après laquelle il a dessiné : «*ajusté d'après nature*[44]» ou «*sur la nature*[45]», «*de ma chambre ajusté*[46]», «*ajusté aux environs de l'acqua acetosa*[47]». Parfois, il semble même justifier la modification : «*ajusté au Vatican comme c'était antiquement*» (fig. 8). La transformation n'apparaît alors pas seulement comme le fruit de sa fantaisie, elle est énoncée comme la recherche d'un état disparu. À l'inverse, les dessins qui portent des mentions désignant des lieux, des sujets, sans la mention «ajusté» ne sont pas nécessairement fidèles au réel. Dans le présent carnet, par exemple, l'annotation «*de la loge a hubert*[48]» montre un panorama manifestement transformé par rapport à ce que l'artiste pouvait observer depuis une fenêtre, chez son ami. Toujours depuis la Casa Giannotti, Valenciennes redessine la silhouette de l'église de la Trinité-des-Monts, sur une feuille annotée simplement «*de ma loge*[49]». Malgré son aspect très réaliste, une autre feuille du même carnet, annotée «*bords du Tibre*», représente un pont qui n'existe pas tel quel[50]. Le terme

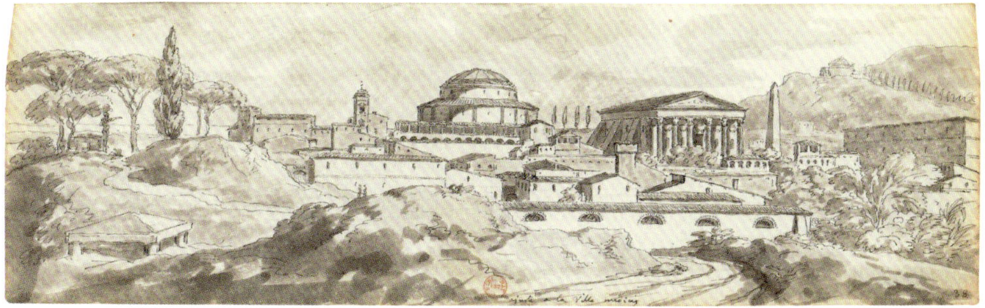

Fig. 8. Pierre Henri de Valenciennes, «*ajusté au Vatican comme c'était antiquement*», 1778, plume et encre brune, lavis d'encre brune, Paris, BnF, Vf 31 c Rés. Pet fol, folio 43

« ajusté » a donc le mérite de l'honnêteté mais ne doit pas laisser croire que les indications de lieux qui en sont dépourvues sont des représentations fidèles de Rome et de ses environs. L'artiste modifie sans scrupules son sujet, privilégiant les rapports entre les volumes et la composition générale, quitte à simplifier ou à tronquer les architectures. L'agencement des volumes des bâtiments, leur succession dans l'espace, qu'il traduit avec un esprit de synthèse, semblent le séduire davantage que leur dimension pittoresque ou ornementale[51]. Rappelons que Valenciennes a étudié à Rome la perspective « jusque dans ses détails les plus minutieux », « sous un excellent professeur de mathématiques[52] ». De nombreuses études de perspective recensées dans son inventaire après-décès[53], « plus de cinq cents pages in-folio[54] », en témoignent. Comme l'a noté Luigi Gallo à la suite d'Anna Ottani Cavina, Valenciennes s'est intéressé avant tout à l'architecture de la Ville éternelle, réduisant les monuments à des formes géométriques, allant parfois jusqu'à la vider de toute vie ou de tout pittoresque pour en faire une « ville du silence et de la solitude », à l'opposé de celle restituée par Jean Honoré Fragonard et Hubert Robert[55]. Les monuments ne comptent pas tant pour eux-mêmes que pour les possibilités qu'ils offrent en terme d'expérimentation artistique. L'imprécision des annotations de lieu contribue à ne faire des sites représentés qu'un prétexte pour des compositions[56].

Les points de vue retenus par l'artiste sont rarement les plus connus ou les plus attendus. Comme sans doute d'autres paysagistes, Valenciennes n'hésite pas à grimper sur les monuments, à monter au sommet de bâtiments pour dessiner des vues en hauteur qui trahissent son intérêt pour la perspective. Il aime aussi dessiner depuis une fenêtre haute, la sienne ou celle d'un camarade (voir folios 1, 39, 40, 51 et 52). Il donnera à son tour aux lecteurs de ses *Éléments de perspective pratique…* le conseil, en arrivant dans une grande cité, « d'aller d'abord à l'endroit le plus élevé ou sur des clochers, pour avoir la vue de la ville entière et des environs, et pour connaître parfaitement la topographie[57] ».

L'annotation « *composé* », enfin, se trouve aussi fréquemment dans le présent carnet où elle apparaît onze fois, seule, sur une série de feuilles en fin d'ouvrage[58], tandis que l'artiste ne l'utilise qu'à deux reprises dans le carnet conservé à la Bibliothèque nationale de France, complétée par des indications de lieu[59], et pas du tout dans l'autre carnet du premier séjour romain du Louvre[60]. Luigi Gallo a noté que Valenciennes recompose parfois entièrement ses dessins d'après nature, jusqu'à parvenir à élaborer un paysage inspiré par la forme d'un nuage, comme c'est le cas ici au folio 75 : « *composé d'après un nuage*[61] ». L'artiste explicite cette pratique dans ses *Éléments de perspective pratique…* en montrant comment le dessinateur doit se sentir libre d'adapter ce qu'il voit pour le rendre plus séduisant : « une petite cabane située sur le sommet d'une montagne, peut, d'un coup de crayon, se transformer en un temple élégant ; […] les buissons deviennent des arbres vigoureux ; […] on fait d'une pierre un rocher, et d'un rocher une montagne[62] ».

Nature et architecture ne sont donc qu'un point de départ pour l'inspiration de Valenciennes, qui les détourne fréquemment pour dessiner parfois tout autre chose, en l'indiquant (« *ajusté* », « *composé* ») ou non.

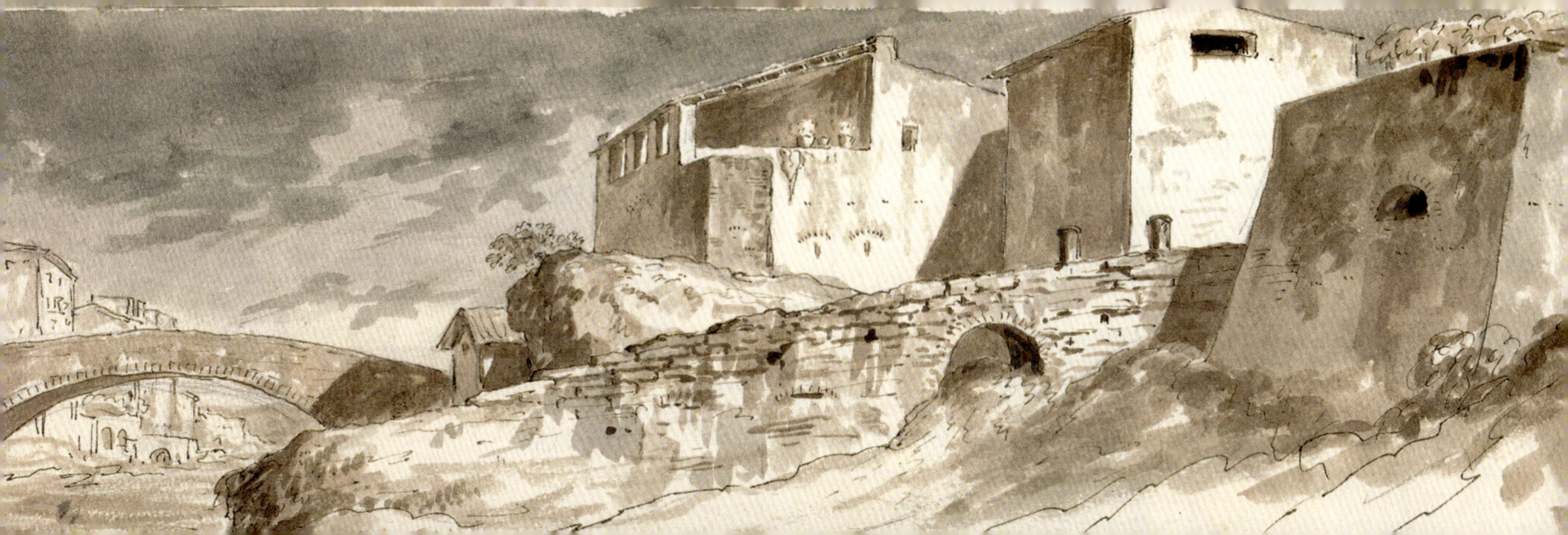

Livre A Dessiner De P… Devalenciennes 1778
Rome

RF 12966

Folio 38 recto, graphite, lavis brun, lavis gris, plume et encre brune

DESCRIPTION DE L'ORGANISATION DU CARNET

En combien de temps doit-on finir une étude de paysage? « Rigoureusement dans l'intervalle de deux heures au plus », recommande l'auteur des *Éléments de perspective pratique…* au sujet des études peintes[63]. Sachant que Valenciennes dessinait au graphite puis reprenait ses croquis à l'encre le soir ou peut-être les jours suivants, il pouvait facilement exécuter plusieurs dessins, technique plus rapide que l'huile, dans une seule journée. Cela explique l'organisation des folios du carnet par séries topographiques. Les feuillets du présent carnet semblent en effet correspondre à une suite de promenades, terme qu'Hubert Robert utilisait pour désigner ses propres carnets de dessins[64]. Les annotations de lieu y sont suffisamment précises (à l'exception, bien sûr, des vues « composées ») pour qu'on puisse détailler les déambulations de l'artiste dans Rome et ses excursions dans la campagne. Valenciennes rayonne dans un périmètre relativement resserré et homogène autour de la Casa Giannotti, à proximité de la Porta del Popolo, où il réside, et qu'il franchit pour mener des expéditions au nord de la ville, vers la villa Giulia, le Ponte Molle, la fontaine de l'Acqua Acetosa, le Ponte Salario, la basilique Sainte-Agnès-hors-les-Murs ou encore sur la route d'Orvieto (fig. 9). Cette dernière excursion (folios 4 à 17), loin des murs de Rome, fait ainsi figure d'exception. Dans tous les autres cas, le port de Ripa Grande, la basilique Saint-Jean-de-Latran, la basilique Sainte-Agnès-hors-les-Murs, le Ponte Salario, le Ponte Molle et la basilique Saint-Pierre de Rome marquent les limites extrêmes des promenades de Valenciennes. Il emprunte aussi volontiers les rives du Tibre, soit pour aller d'un lieu à l'autre (folios 42 et 43), soit comme destination à part entière (folios 23 à 38). L'artiste n'épuise pas en une seule série de croquis les sites sur lesquels il se rend mais au contraire il retourne souvent dans les mêmes lieux, que l'on retrouve décrits au sein du même carnet[65] ou bien d'un carnet romain à l'autre[66]. Il s'attache aussi bien à décrire les ruines antiques, comme le Colisée (folio 2) ou le temple de Minerve Medica (folio 3), que l'architecture moderne avec des monuments comme la basilique Saint-Pierre de Rome, Saint-Jean-de-Latran et le théâtre Alibert (folios 47, 49 et 89), ou vernaculaire (folios 78 et 85), ou encore la campagne (folios 14 et 15). Le carnet peut donc être découpé suivant les séquences suivantes :

Folio 1 : Casa Giannotti
Folio 1 bis : Piazza Termini, couvent des Chartreux
Folios 2 et 3 : de la basilique Saint-Jean-de-Latran, vers le Colisée et vers le temple de Minerve Medica
Folios 4 à 17 : excursion sur la route d'Orvieto, à partir du Ponte Molle
Folios 18 à 22 : Piazza Barberini et alentours
Folios 23 à 38 : sur les « bords du Tibre »
Folios 39 à 41 : Casa Giannotti, depuis la « loge à Hubert »

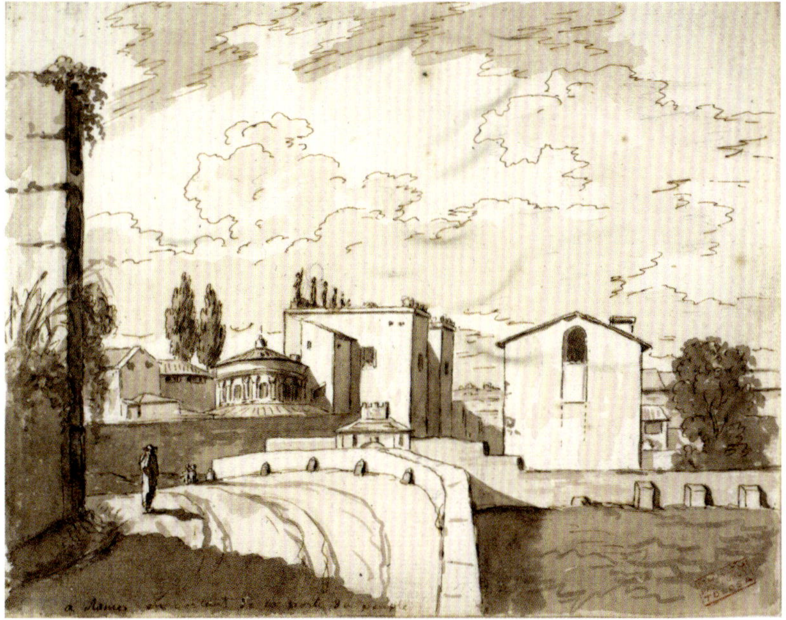

Fig. 9. Pierre Henri de Valenciennes, « *À Rome en sortant de la porte du peuple* », 1777-1780, plume et encre brune, lavis d'encre brune, Toulouse, musée Paul-Dupuy, inv. 66-46-10

Folios 42, 42 verso et 43 : de la Porta Pinciana au Ponte Salario en passant par la basilique Sainte-Agnès-hors-les-Murs
Folios 44 à 47 : San Martino ai Monti jusqu'à Saint-Jean-de-Latran
Folios 48 à 53 : autour de et depuis la Casa Giannotti
Folios 54 à 56 : derrière Saint-Pierre de Rome
Folios 57 à 62 : les « bords du Tibre »
Folio 63 : thermes de Dioclétien
Folio 64 : les « bords du Tibre »
Folios 65 à 72 : paysages « composés »
Folios 73 et 74 : les « bords du Tibre »
Folios 75 et 76 : paysages « composés »
Folios 77 et 78 : du château Saint-Ange au Vatican
Folios 79 à 81 : autour de la villa Borghèse
Folios 82 à 85 : aux environs de la fontaine de l'Acqua Acetosa
Folios 86 à 90 : derrière Saint-Pierre de Rome
Folio 91 : Sainte-Agnès-hors-les-Murs
Folio 92 : Ripetta
Folio 93 : aux environs du Ponte Salario
Folio 93 verso : la villa Negroni

Quand ils représentent des lieux éloignés géographiquement les uns des autres (voir les folios 91, 92 et 93 par exemple), ces dessins ont vraisemblablement été exécutés pendant des journées différentes. En revanche, lorsque plusieurs dessins sur des folios consécutifs se rapportent au même lieu (par exemple folios 18 à 22 ou 44 à 47) ou lorsqu'ils représentent des bâtiments ou des sites proches les uns des autres, permettant de retracer un parcours, on peut supposer que Valenciennes les a tracés dans la même journée. La plupart du temps ces séquences consistent en trois ou quatre croquis. Deux d'entre elles font toutefois exception en raison de leur longueur : l'excursion de l'artiste sur la route d'Orvieto (folios 4 à 17) ainsi qu'une promenade sur les rives du Tibre (folios 23 à 38), soit seize et dix-huit croquis. Il semble évident que Valenciennes a mené son excursion vers Orvieto, depuis le Ponte Molle puis en retournant vers Rome, en une seule journée. Cela permet donc d'envisager que la longue séquence de dessins des bords du Tibre (folios 23 à 38) correspond également à une seule journée. L'artiste serait ainsi capable de produire jusqu'à dix-huit dessins en un jour (rappelons toutefois que ces dessins sont repris à l'encre dans un second temps). Si Valenciennes peut dessiner aussi rapidement, son rythme habituel de trois ou quatre croquis par promenade paraît alors relativement modeste. L'artiste insistait sur la nécessité d'une exécution rapide des croquis : « il est absurde à un artiste de passer toute une journée à copier d'après nature une seule vue », notamment en raison des changements atmosphériques soudains, certes plus perceptibles par le rendu de la couleur en peinture que par le camaïeu des encres[67]. Il faut sans doute voir dans la pratique du dessin en plein air par Valenciennes et dans l'usage de son carnet une habitude régulière (sans que le carnet puisse permettre de dire qu'elle soit quotidienne), qu'il associe à ses déplacements dans Rome – les séries d'Orvieto et des rives du Tibre évoquées ci-dessus faisant exception. En effet, dans ces deux cas, le nombre de dessins exécutés indique que ces croquis étaient sans doute l'objectif même de ces promenades, à l'occasion de journées sans doute exclusivement consacrées au dessin en plein air.

Contrairement aux deux autres carnets qu'on peut dater aussi de 1778[68], celui-ci ne donne aucune indication de saison ou de climat, mais on peut imaginer que les conditions météorologiques ont parfois amené Valenciennes à renoncer à ses promenades à pied dans la ville ou à la campagne, ou encore que des moments de fatigue ou des épisodes de maladie l'ont obligé à rester chez lui. Cette pratique est clairement indiquée par Valenciennes qui annote alors ses dessins : « *de la fenêtre* [ou de la loge] *a Hubert* » (folios 39 et 40), « *de ma chambre* » (folio 51), « *de ma loge* » (folio 52). Elle n'est pas spécifique à ce carnet : on trouve d'autres vues depuis un intérieur dans plusieurs autres carnets romains ainsi que dans des études peintes[69]. En 1808, Valenciennes encourageait ainsi une jeune élève malade à peindre ce qu'elle voyait depuis sa fenêtre, rappelant qu'il l'avait fait lui-même : « ce ne serait qu'un mur que vous trouverez à étudier; souvenez-vous que j'ai fait des études à Rome d'après des vieilles cheminées qui étant peintes devenaient très intéressantes dans les détails de la couleur[70] ».

ÉTUDE MATÉRIELLE

Le carnet a une reliure plein parchemin souple, avec supports de couture passants. Cette reliure porte au dos les annotations manuscrites, à la plume et encre brune « LIVRE A DESSINER DE P... DEVALENCIENNES 1778 » et « ROME ». La première annotation est aujourd'hui partiellement recouverte par une étiquette manuscrite à l'encre brune « VALENCIENNES RF 12966 ».

Le carnet comporte 96 feuillets. La feuille numérotée 67 bis recto est rapportée et collée au verso de la précédente. Le premier et le soixante-neuvième feuillet ont été paginés au graphite, après l'entrée du volume dans les collections publiques. Les autres sont numérotés 1 à 93 à la plume et encre brune. La partie droite du feuillet numéroté 93 a été déchirée : le numéro de feuillet à la plume et encre brune, plus grand que celui des autres feuillets, a pu être ajouté après la déchirure. La numérotation des folios 1 bis à 17 a été inscrite dans le sens vertical, puis à partir du folio 18 dans le sens horizontal, correspondant au sens de lecture du dessin.

Les dessins sont tracés au graphite directement sur les feuilles, au recto seulement, à l'exception des feuillets 42 et 93 qui sont dessinés au recto et au verso. La plupart sont ensuite repris au lavis brun et à la plume et encre brune (encre métallo-gallique, noire à l'origine), parfois complétés par un lavis gris (encre de carbone). De nombreuses pages présentent des traces d'essais de plume et d'encre ou parfois même de lavis (voir par exemple folio 91) dans l'angle inférieur droit. Chaque feuillet porte en bas au milieu ou parfois décalées à gauche ou à droite des annotations manuscrites au graphite, et reprises à l'encre brune, concernant les conditions d'exécution des dessins (localisation, « *ajusté* », « *composé* »). Cette mention au graphite est parfois partielle, Valenciennes prévoyant en effet de la compléter plus tard[71]. Une fois les indications de lieu repassées à l'encre, Valenciennes les a parfois complétées pour les préciser, comme l'indique l'usage d'encres de couleurs différentes[72]. Rappelons que c'est le vieillissement de ces deux encres de nature différente (encre de carbone et encre métallo-gallique) qui leur a donné aujourd'hui des couleurs différentes, mais que, au moment où Valenciennes les a utilisées, la couleur des encres était uniforme (noire). Les annotations ont été reprises à l'encre avant les dessins eux-mêmes (voir par exemple folio 28).

Le papier du carnet a un filigrane italien, un oiseau sur trois monts dans un cercle surmonté de la lettre F, avec les lettres E et S de part et d'autre de l'oiseau (fig. 10). On le relève aux feuillets 1, 2, 4, 16, 17, 18, 22, 32, 33, 34, 38, 48, 50, 52, 54, 64, 65, 67, 70, 79, 80, 82, 84.

Les dimensions extérieures du carnet (de la couverture) sont : H. 28,3 ; L. 10,5 ; ép. 2,2 cm.

Les feuilles mesurent : H. 27,4 ; L. 9,7 cm, à l'exception du feuillet n° 93, lacunaire (H. 23,5 cm).

La marque du Louvre (L. 1886) est apposée en bas à gauche de chaque dessin.

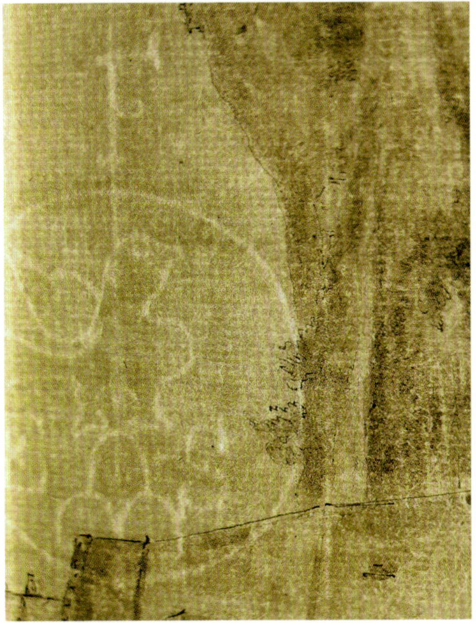

Fig. 10. Filigrane du carnet (folio 4)

HISTORIQUE

Exécuté en 1778 à Rome, conservé par Valenciennes jusqu'à sa mort ; vente de l'atelier de Valenciennes à Paris, 26 avril 1819, partie du lot n° 15 ; acquis par le comte Pierre Charles de l'Espine (1750-1821) ; reçu par héritage par son fils le vicomte Alexandre Émile de l'Espine (1799-1865), puis son petit-fils le comte Marie Émile Oscar de l'Espine (1827-1892), son arrière-petite-fille Eugénie Marie Caroline Amélie Henriette de l'Espine, princesse Louis de Cröy (1867-1932) ; legs sous réserve d'usufruit de la princesse Louis de Croÿ au musée du Louvre en 1930, entré dans les collections du musée du Louvre en 1932[73].

Expositions

Exposition des œuvres provenant des donations faites par Madame la Princesse Louis de Croÿ et Monsieur Louis Devillez, Paris, musée du Louvre, 1930-1931 (folios 42 verso et 43)

Monuments et sites d'Italie, vus par les dessinateurs français de Callot à Degas, Paris, musée du Louvre, département des Arts graphiques, XXe exposition du Cabinet des dessins, 1958-1959 (folio 35)

French Landscape Drawings and Sketches of the Eighteenth Century, Londres, British Museum, 24 novembre 1977-12 mars 1978, n° 130 (folio 14)

Le Paysage en Europe du XVIe au XVIIIe siècle, Paris, musée du Louvre, XCV^e^ exposition du Cabinet des dessins, 1989-1990, n° 144 (folio 69)

Réserve, les suspens du dessin, Paris, musée du Louvre, novembre 1995-février 1996 (folio 41)

1. Valenciennes, 1800, p. 630.
2. Vincent Pomarède dans Paris, 1994, p. 81.
3. Voir Lacambre, 1976.
4. Paris, 1769. Voir Gallo, 2017, p. 25, note 7.
5. Le premier témoignage daté de l'installation de Valenciennes à Paris est un dessin portant l'annotation «1773» (musée du Louvre, département des Arts graphiques, RF 13002), voir Luigi Gallo dans Toulouse, 2003, note 35, p. 123.
6. Gallo, 2017, p. 30.
7. *Ibid.*, p. 31.
8. Musée du Louvre, département des Arts graphiques, RF 12971, voir Gallo, 2017, p. 31, note 47.
9. Toulouse, 1956-1957, p. 8-10.
10. Gallo, 2017, p. 51, voir également Valenciennes, 1800, p. 630.
11. Gallo, 2017, p. 255.
12. Voir Valenciennes, 1800, p. 620.
13. *Ibid.*, p. 563.
14. *Ibid.*, p. 595-596.
15. Gallo, 2017, p. 31, note 48.
16. Musée du Louvre, département des Arts graphiques, RF 12973, folio 1.
17. Luigi Gallo dans Spolète, 1996 p. 38, notes 20 et 21.
18. Michel, 1996, p. 44 ; Gallo, 2017, p. 32.
19. Lacambre, 1978, p. 170-171, notes 22 et 23 ; Gallo, 2014, p. 47, note 28, et p. 48. Voir folio 1 du présent carnet.
20. Reproduit dans Michel, 1996, fig. I.7.
21. Luigi Gallo dans Toulouse, 2003, p. 47-57 ; Gallo, 2014.
22. Voir par exemple Arlette Sérullaz dans Rome, 1981-1982, p. 42-83, et Luigi Gallo dans Toulouse, 2003, p. 47-57.
23. *Notice des Tableaux, Dessins, Estampes, Livres, etc., composant le cabinet de feu M. Valenciennes*, Paris, 26 avril 1819, lot n° 13.
24. Voir Paris-Versailles, 1989, n° 26, p. 84.
25. Harvard, Fogg Art Museum, 1943.1815.19.11.A, ou musée du Louvre, département des Arts graphiques, RF 54351 et RF 54354.
26. David, graphite et lavis d'encre grise, H. 16,6 ; L. 22 cm, musée du Louvre, département des Arts graphiques, Inv. 26082.
27. David, graphite et lavis d'encre grise, H. 16,6 ; L. 22,2 cm, Rouen, musée des Beaux-Arts, Inv. 975.4.2264.
28. David, pierre noire, H. 21,3 ; L. 14,8 cm, Cambridge, Fogg Art Museum, 1943.1815.19.13.B, verso.
29. Gallo, 2017, p. 60. Voir par exemple au musée du Louvre, département des Arts graphiques : RF 12979 à 12983 et RF 12946 à 12957, provenant d'un carnet démembré, numérotés 1 à 25, ou à Toulouse, musée Paul-Dupuy, paysages italiens provenant de trois carnets démembrés : Inv. 66-42-2, 66-46-8, 66-46-30, 66-46-10, 66-46-30, 66-46-33, 66-46-43, 66-4646, 66-46-49, 66-46-51, 66-46-55, 66-46-56, 66-46-57.
30. *Notice des Tableaux, Dessins, Estampes, Livres, etc., composant le cabinet de feu M. Valenciennes*, Paris, 26 avril 1819, lot n° 15.
31. Département des Arts graphiques, RF 12965, 12966, 12967, 12968, 12969, 12970, 12971, 14198, 14207, 14208, 14209, 12972 et 12973 (ces deux derniers carnets ne comportent pas de dessins).
32. Département des Estampes et de la Photographie, Vf 31 c Rés. Pet fol.
33. Département des Arts graphiques, RF 14198, 14207, 14208, 14209.
34. Département des Arts graphiques, RF 12971.
35. Département des Arts graphiques, RF 12965 (H. 10,5 ; L. 30,7 cm, 139 feuilles), RF 12966 (H. 10,3 ; L. 28 cm, 96 feuilles), et BnF, Vf 31 c Rés. Pet fol (H. 11,5 ; L. 35,8 cm, le dernier folio numéroté 194, de nombreuses feuilles manquantes).

36. Voir dans le présent carnet le folio 80.

37. Voir au musée du Louvre, département des Peintures, « *a Roma n° 1* », H. 10 ; L. 26 cm, RF 2985, ou *Le Palais de Némi*, H. 10 ; L. 31,5 cm, RF 2896.

38. Lacambre, 1978, p. 146.

39. Valenciennes, 1800, p. 294.

40. *Ibid.*, p. 631.

41. Marie-Pierre Salé, « Dessiner en plein air », dans Paris, 2017-2018, p. 19.

42. *Ibid.*

43. Valenciennes, 1800, p. 376.

44. BnF, Vf 31 c Rés. Pet fol, folio 5.

45. BnF, Vf 31 c Rés. Pet fol, folios 10, 11, 28, 29.

46. Dans le présent album, folio 51.

47. Dans le présent album, folio 84.

48. Voir folio 40.

49. Voir folio 53.

50. Voir folio 38.

51. Voir Luigi Gallo, « L'Opera grafica di Pierre Henri di Valenciennes », dans Spolète, 1996, p. 37-42.

52. Valenciennes, 1800, préface, p. XVIII.

53. Gallo, 2017, p. 32, note 60.

54. Valenciennes, 1800, préface, p. XVIII.

55. Gallo, 2017, p. 288.

56. Scherb, 2001, p. 64.

57. Valenciennes, 1800, p. 628.

58. Folios 65 à 72, puis 75 et 76.

59. BnF, Vf 31 c Rés. Pet fol, folios 48 et 53.

60. RF 12965.

61. Gallo, 2017, p. 33, note 66.

62. Valenciennes, 1800, p. 420-421.

63. *Ibid.*, 1800, p. 407.

64. Le terme est cité par Alexandre Paillet, qui a rédigé le catalogue de la vente après décès d'Hubert Robert, avril 1809, lot 353 : « Cinquante Volumes et Livrets remplis de Croquis que Robert appelait ses Promenades, offrant les idées les plus ingénieuses et les plus utiles pour la Composition, qui seront divisés en plusieurs lots. » Je remercie Sarah Catala de m'avoir indiqué cette référence.

65. Les bords du Tibre, le Ponte Molle, Sainte-Agnès-hors-les-Murs, Saint-Pierre de Rome, le château Saint-Ange, le site de l'Acqua Acetosa, le port de Ripetta.

66. Par exemple dans le carnet RF 12965 (musée du Louvre, département des Arts graphiques) : le château Saint-Ange, les bords du Tibre, le Ponte Molle, le port de Ripa Grande, la villa Giulia, la villa Borghèse, la villa Meline, Saint-Pierre de Rome.

67. Gallo, 2017, p. 241 ; Valenciennes, 1800, p. 405.

68. Musée du Louvre, département des Arts graphiques, RF 12965 et BnF, Vf 31 c Rés. Pet fol.

69. Musée du Louvre, département des Arts graphiques, RF 12965 (folio 126), RF 14208 (folios 1, 2 et 3), ainsi que les pages d'un carnet démembré : RF 14211, 14214, 14215. Au département des Peintures, RF 3036 et 2991 portent au verso l'annotation « *loggia a Roma* ».

70. Lacambre, 1986, p. 160.

71. Voir par exemple dans le RF 12965, folio 6, au graphite : « *temple de* [...] *dans le campo vaccino* ». Valenciennes a laissé un vide après « *temple de* » pour compléter une fois le renseignement obtenu.

72. *Ibid.*, folio 17 : « [plume et encre brune] *vue d'une partie du Vatican* [plume et encre noire] *au soleil couchant* ». Voir aussi le folio 91 dans le présent carnet.

73. Sur la famille de l'Espine, voir Vincent Pomarède dans Paris, 1994, p. 81-85.

FOLIO I, RECTO

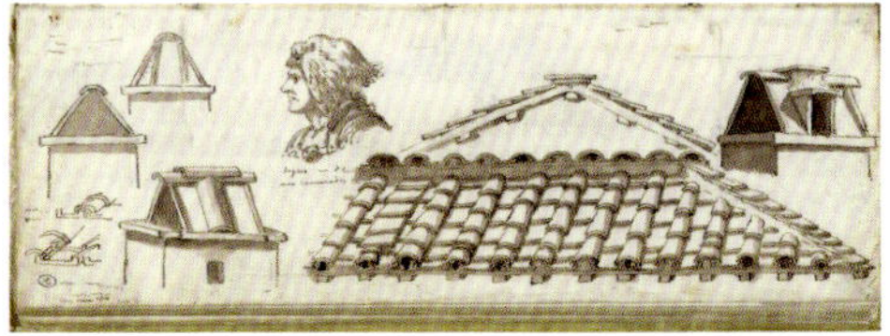

Graphite, lavis brun, plume et encre brune. À la plume et encre grise au centre : *d'après un de mes camarades*; au graphite en bas à droite : *1*

Ce dessin a peut-être été exécuté à la Casa Giannotti, où Valenciennes résidait en compagnie de plusieurs artistes français et étrangers (voir *supra*, p. 15). Depuis les fenêtres du dernier étage, l'artiste pouvait observer les toitures environnantes (voir folios 39 à 41 et 52 à 53), tandis qu'un de ses voisins et « camarades », que Valenciennes affublé d'un oiseau mort sur la tête, a pu poser pour lui. Il pourrait s'agir du Nantais Louis Crucy (1756-1837), à Rome depuis 1775, et qui partageait le logement de Valenciennes en 1779 et 1780. On retrouve la bouche aux commissures tombantes sur un portrait de Crucy par Jacques François Sablet (*Louis Crucy sur un chantier naval*, 1805, huile sur toile, collection particulière). L'étude de cheminées, tuiles et faitages est révélatrice de l'intérêt que Valenciennes semble avoir pour des détails très techniques : on peut ainsi rapprocher ces dessins d'une feuille d'étude de palans et de crochets conservée au musée Paul-Dupuy à Toulouse (fig. 11), d'une page de détails d'architecture copiés à Tivoli (musée du Louvre, département des Arts graphiques, RF 12969, folio 1), ou encore d'une étude de harnachement de bœufs (musée du Louvre, département des Arts graphiques, RF 12970, folio 9).

Ce feuillet liminaire n'est pas représentatif du carnet; il n'y a pas d'autres détails d'architecture isolés dans la suite des dessins, ni de visages humains. Les seuls personnages que dessine ensuite Valenciennes sont des silhouettes sans physionomie, qui se bornent à mettre en valeur le paysage.

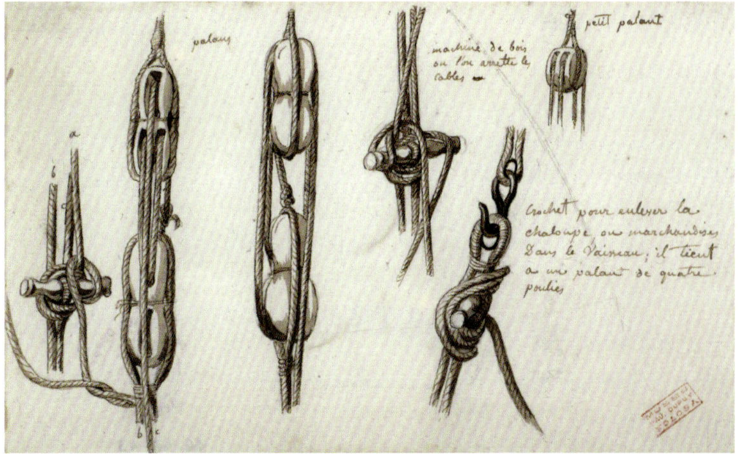

Fig. 11. Pierre Henri de Valenciennes, *Études de palans et de crochets*, graphite, plume et encre brune, lavis brun et gris, Toulouse, musée Paul-Dupuy, Inv. 66-46-45

FOLIO 1 BIS

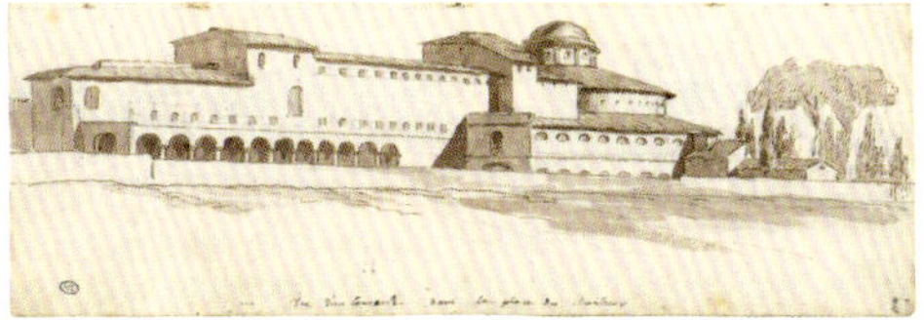

Graphite, lavis brun, plume et encre brune.
À la plume et encre brune en bas au milieu : *Vue d'un Couvent dans la place des chartreux*; au graphite, à droite : *1* et *bis*

Ce couvent jouxtait l'église Santa Maria degli Angeli, construite dans les ruines des thermes de Dioclétien, Piazza di Termini, actuelle Piazza della Repubblica, à Rome (voir folio 63). Valenciennes a dessiné le couvent à au moins deux autres reprises (musée du Louvre, département des Arts graphiques, RF 14207, folios 16 et 22).

Le peintre appréciait la sobriété qu'apportent les couvents à la ville : « l'extérieur, percé de peu de fenêtres, offre de grandes parties lisses, qui, par leur effet tranquille et large, reposent l'œil en contribuant parfaitement à augmenter la sévérité du style […] » (Valenciennes, 1800, p. 596).

FOLIO 2 RECTO

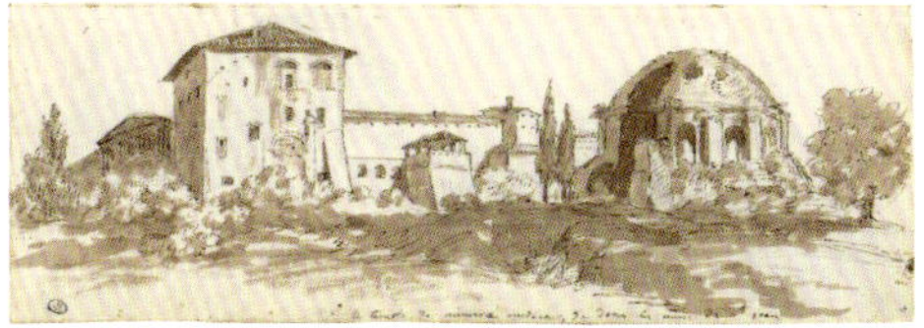

Graphite, lavis brun, plume encre brune.
À la plume et encre brune en bas au milieu : *Le colisée de dessus les murs de St jean*; à droite : *2*

Depuis la basilique Saint-Jean-de-Latran, Valenciennes jouissait d'une vue dégagée sur le Colisée. Il a également exécuté des vues d'architecture autour de la basilique dans un autre carnet (musée du Louvre, département des Arts graphiques, RF 14207, folios 4, 5, 6 et 8).

FOLIO 3 RECTO

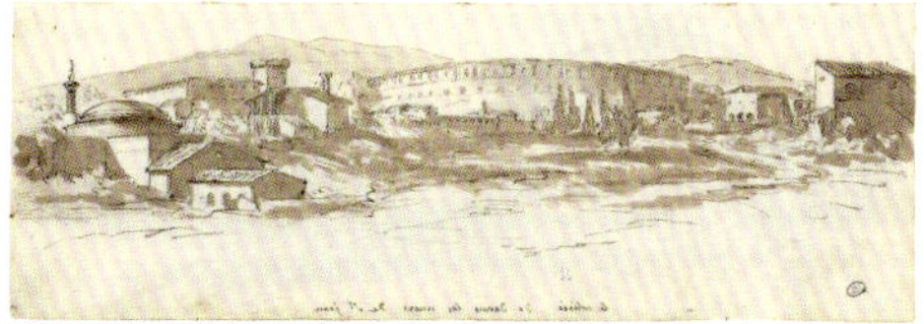

Graphite, lavis brun, plume et encre brune.
À la plume et encre brune en bas au milieu : *Le temple de minerva medica, de dessus les murs de St jean*; à droite : *3*

Toujours depuis la basilique Saint-Jean-de-Latran, après avoir dessiné le Colisée à sa gauche, Valenciennes se tourne sur sa droite pour représenter les vestiges du temple de Minerve Medica, situé à l'est de Rome, sur l'Esquilin, près de la Porta Maggiore. Il est rare que Valenciennes représente un édifice en ruine. À l'inverse de beaucoup de ses contemporains, il n'éprouve pour les ruines, « tristes et froids squelettes », qu'un goût très modéré. « Les idées que nous suggèrent involontairement cette décomposition graduelle et cette destruction continue portent dans l'âme une atteinte de tristesse et de mélancolie pénible et douloureuse » (Valenciennes, 1800, p. 413-414). C'est pourquoi il ne souligne pas l'état de délabrement du nymphée, en partie écroulé et envahi par la végétation ; à peine devine-t-on que la zone sombre sur la gauche du bâtiment n'est pas une porte mais une béance de la coupole effondrée.

FOLIO 4 RECTO

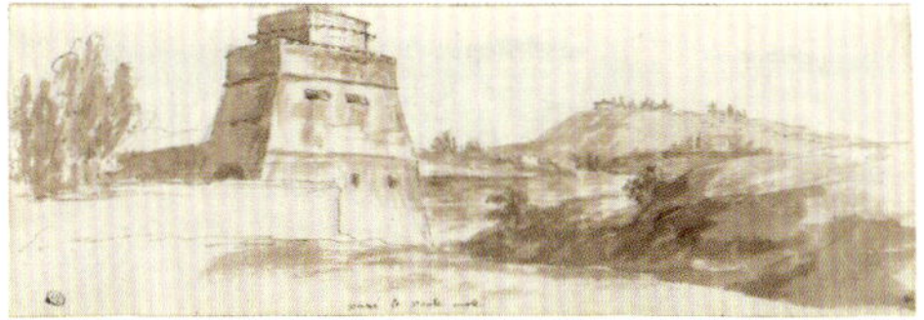

Graphite, lavis brun, plume et encre brune.
À la plume et encre brune en bas au milieu : *passé le ponte mole*; à droite : *4*

Le Ponte Molle, ou pont Milvius, construction antique restaurée et reconstruite à plusieurs reprises, enjambe le Tibre au nord de la ville, « à deux milles et demi de la porte de Rome » (Lacombe ?, 1790, vol. 2, p. 194). Comme l'indique l'annotation, Valenciennes vient de traverser le fleuve et se retourne vers le pont dont il représente la tour. Ce dessin marque le début d'une série de croquis pris au cours d'une excursion dans la campagne romaine, sur la route d'Orvieto. Valenciennes a représenté le pont en entier au folio 27 de ce carnet.

FOLIO 5 RECTO

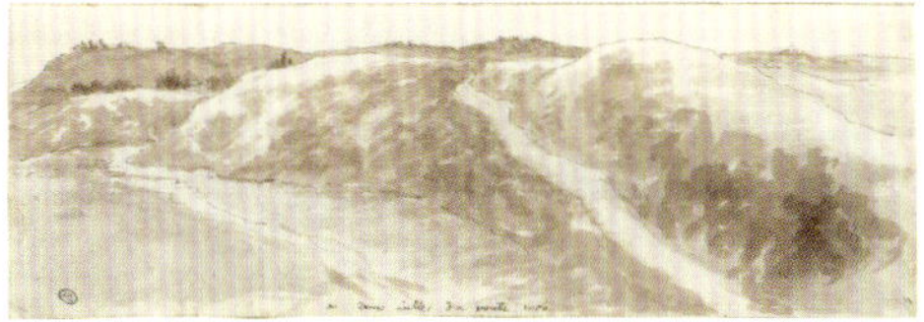

Graphite, lavis brun, lavis gris, plume et encre brune. À la plume et encre brune en bas au milieu : *a deux milles du ponte mole*; à droite : *5*

Les feuillets 4 à 17 illustrent une excursion sur la route d'Orvieto. Valenciennes n'est assurément pas allé jusqu'à la ville, située à environ 120 kilomètres au nord de Rome, mais il chemine en direction d'Orvieto avant de rebrousser chemin.

FOLIO 6 RECTO

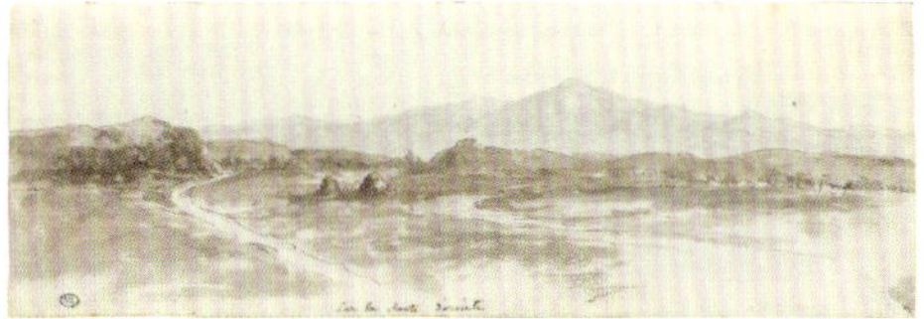

Graphite, lavis brun, lavis gris, plume et encre brune. À la plume et encre brune en bas au milieu : *Sur la Route d'orviete*; à droite : *6*

Valenciennes a pu emprunter la Via Cassia, une ancienne voie romaine qui partait vers Florence depuis le pont Milvius. Elle menait notamment au tombeau de Néron, que l'artiste évoque dans un autre carnet romain, avec un dessin légendé ainsi « près le tombeau de Néron sur la route de Florence » (musée du Louvre, département des Arts graphiques, RF 12965, folio 112). Même si l'utilisation de l'expression « route de Florence » et non « d'Orviete » peut laisser penser que l'artiste a pris un autre itinéraire pour sa promenade entre Rome et Orvieto, l'hypothèse de la Via Cassia semble la plus vraisemblable (voir folio 8).

FOLIO 7 RECTO

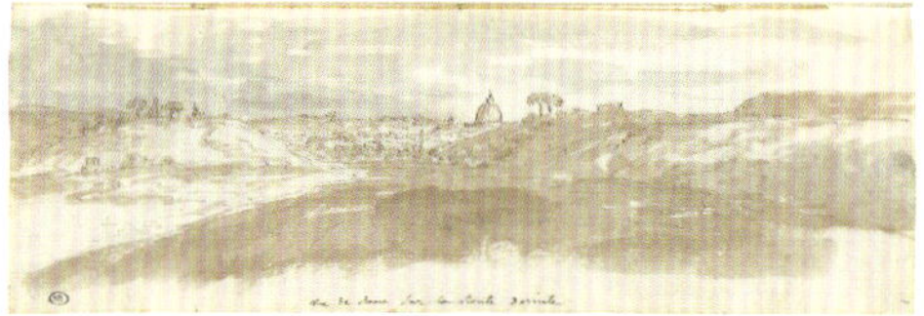

Graphite, lavis brun, lavis gris, plume et encre brune. À la plume et encre brune en bas au milieu : *Vue de Rome Sur la Route d'orviete*; à droite : *7*

Valenciennes se retourne vers Rome : la silhouette de la ville est dominée par la coupole de la basilique Saint-Pierre.

FOLIO 8 RECTO

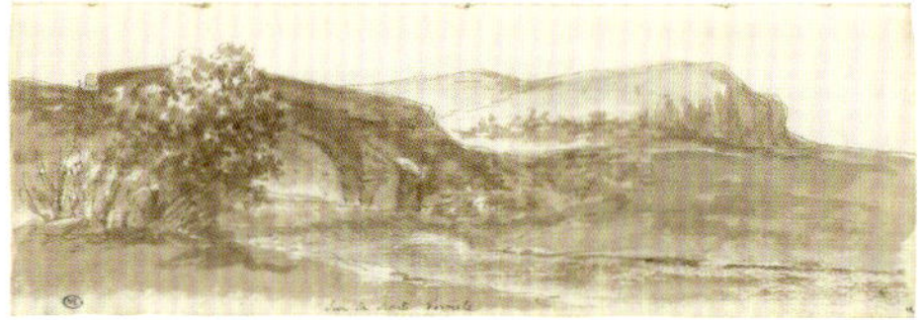

Graphite, lavis brun, lavis gris, plume et encre brune. À la plume et encre brune en bas au milieu : *Sur la Route d'orviete*; à droite : *8*

Valenciennes dessine très vraisemblablement ici, ainsi qu'au folio 9, la rivière de l'Aniene, un affluent du Tibre, qui croise la Via Cassia (voir aussi folio 43).

FOLIO 9 RECTO

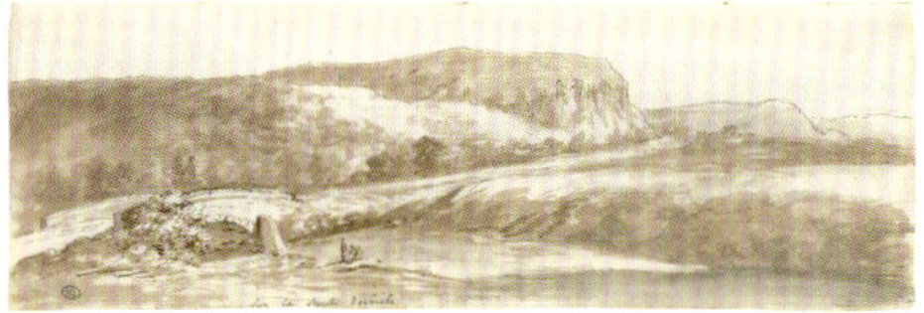

Graphite, lavis brun, lavis gris, plume et encre brune. À la plume et encre brune en bas au milieu : *Sur la Route d'orviete*; à droite : *9*

FOLIO 10 RECTO

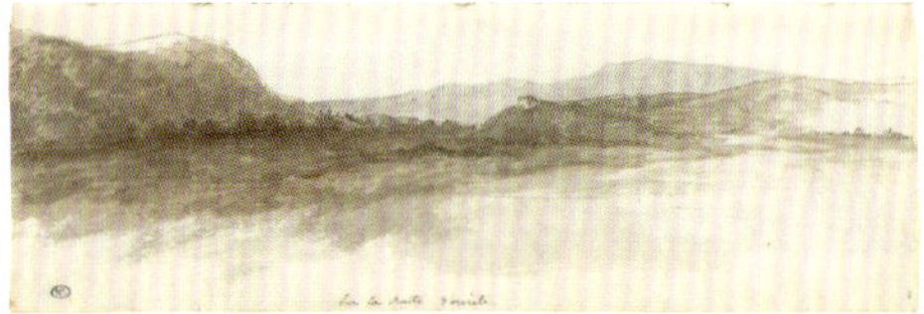

Graphite, lavis brun, lavis gris, plume et encre brune. À la plume et encre brune en bas au milieu : *Sur la Route d'orviete*; à droite : *10*

Au loin, Valenciennes observe la crête de la chaîne des Apennins (voir aussi folio 11).

FOLIO 11 RECTO

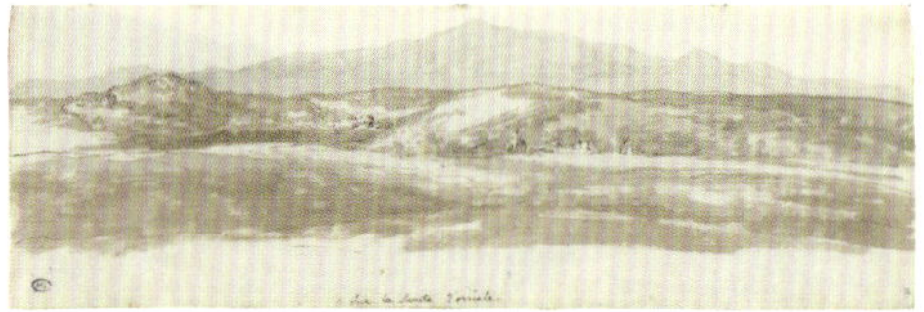

Graphite, lavis brun, lavis gris, plume et encre brune. À la plume et encre brune en bas au milieu : *Sur la Route d'orviete*; à droite : *11*

FOLIO 12 RECTO

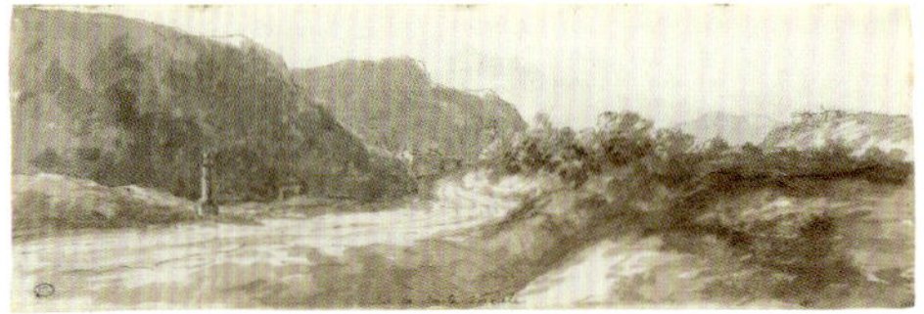

Graphite, lavis brun, lavis gris, plume et encre brune. À la plume et encre brune en bas au milieu : *Sur la Route d'orviete*; à droite : *12*

FOLIO 13 RECTO

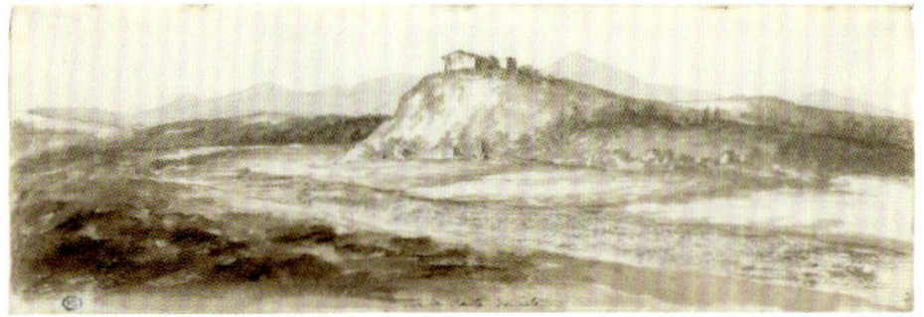

Graphite, lavis brun, lavis gris, plume et encre brune. À la plume et encre brune en bas au milieu : *Sur la Route d'orviete*; à droite : *13*

FOLIO 14 RECTO

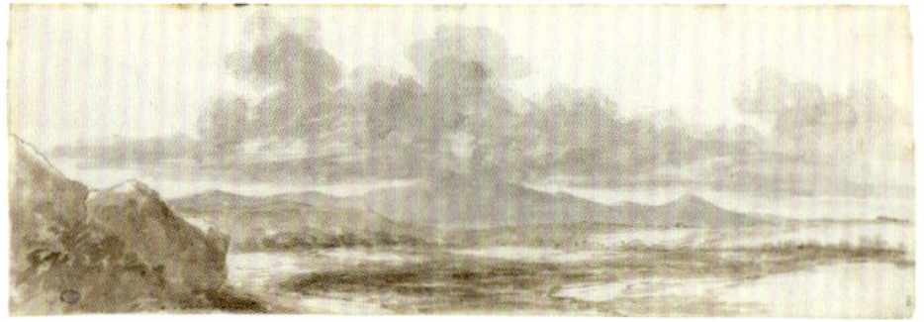

Graphite, lavis brun, lavis gris, plume et encre brune. À la plume et encre brune en bas au milieu : *Sur la Route d'orviete*; à droite : *14*

L'étude des nuages est « extrêmement essentielle » aux yeux de Valenciennes. Si ce « spectacle ravissant et magnifique » n'obéit pas à la perspective, il est néanmoins régi par une « perspective des sentiments » qui nécessite beaucoup de soin et d'observation (Valenciennes, 1800, p. 219).

FOLIO 15 RECTO

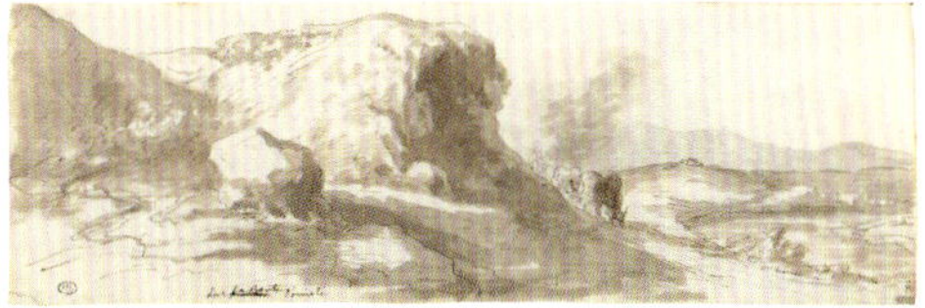

Graphite, lavis brun, lavis gris, plume et encre brune. À la plume et encre brune en bas à gauche : *Sur la Route d'orviete* (un mot illisible barré) ; à droite : *15*

Ce type de paysage escarpé se retrouve dans un autre carnet de Valenciennes, avec une mise en page en hauteur (fig. 12) et également annoté « *sur la route d'Orviete* ».

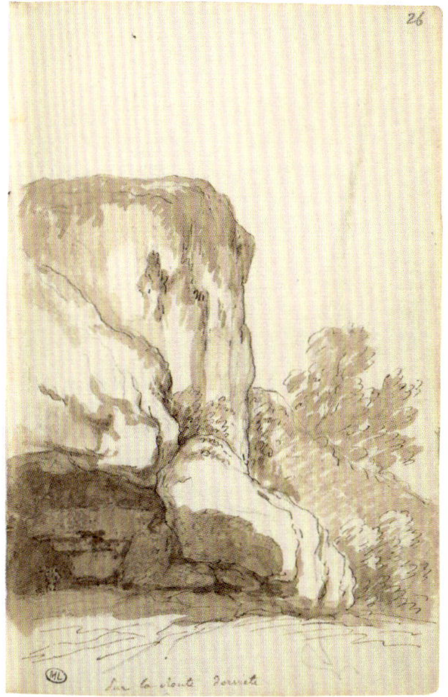

Fig. 12. Pierre Henri de Valenciennes, « *Sur la route d'Orviete* », vers 1782-1786, plume et lavis brun, Paris, musée du Louvre, département des Arts graphiques, RF 14207, folio 26

FOLIO 16 RECTO

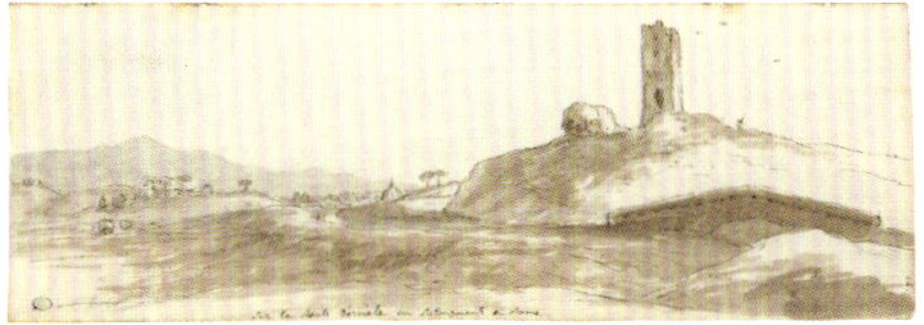

Graphite, lavis brun, lavis gris, plume et encre brune. À la plume et encre brune en bas au milieu : *Sur la Route d'orviete en Retournant a Rome* ; à droite : *16*

La mention manuscrite nous permet de suivre le trajet du peintre, qui revient sur ses pas après s'être éloigné de Rome de quelques kilomètres.

FOLIO 17 RECTO

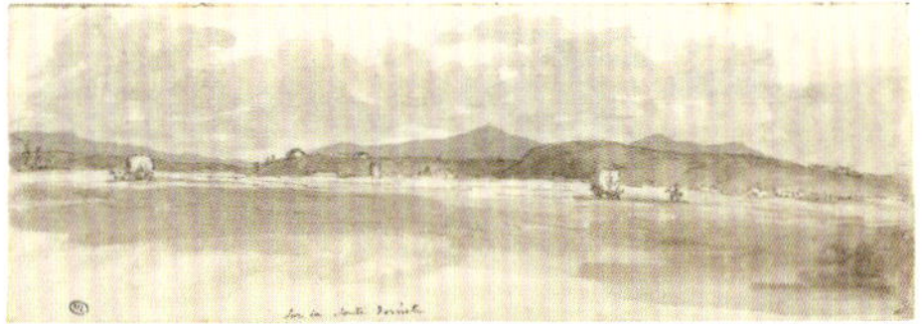

Graphite, lavis brun, lavis gris, plume et encre brune. À la plume et encre brune en bas au milieu : *Sur la Route d'orviete* ; à droite : *17*

Ce folio est le dernier qui porte une numérotation verticale. Le changement d'orientation de la numérotation au folio suivant indique à la fois clairement que le folio 17 correspond à la fin d'une séquence et que Valenciennes n'a sans doute pas numéroté d'un seul trait l'ensemble des folios.

FOLIO 18 RECTO

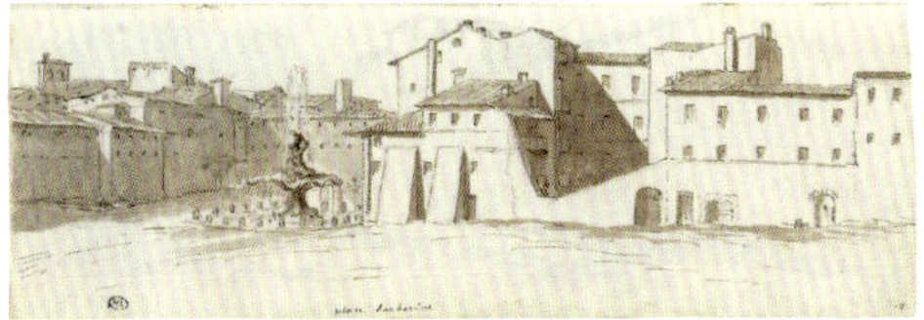

Graphite, lavis brun, lavis gris, plume et encre brune. À la plume et encre brune en bas au milieu : *place Barberine*; à droite : *18*

La place Barberini est située à un quart d'heure à pied du logement de Valenciennes. « [É]tant dans un quartier peu fréquenté, les édifices en sont pauvres » (La Lande, 1769, t. III, p. 531). Valenciennes a représenté la fontaine du triton, œuvre du Bernin, qui se trouvait au centre de la place : « l'idée de cette fontaine est très ingénieuse et très bien rendue » (*ibid.*).

FOLIO 19 RECTO

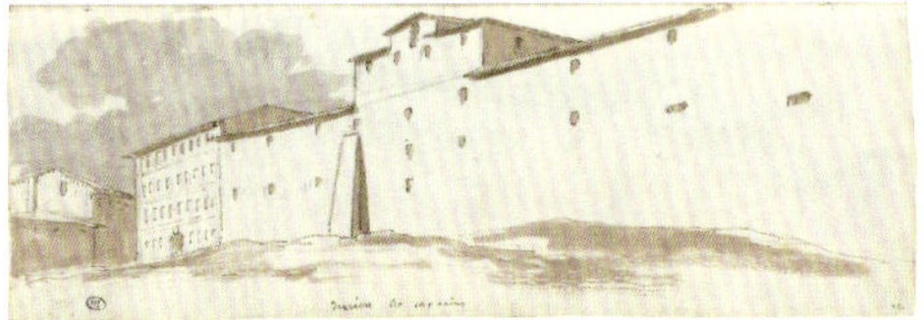

Graphite, lavis brun, lavis gris, plume et encre brune. À la plume et encre brune en bas au milieu : *derrière les capucins*; à droite : *19*

Le couvent des Capucins était voisin de la place Barberini, dessinée au feuillet précédent ; seule son église, Santa Maria della Concezione dei Cappucini, subsiste aujourd'hui. Derrière ses hauts murs se trouvaient les jardins de la villa Ludovisi. Valenciennes tourne autour du bâtiment pour en donner trois vues dans ce carnet (voir folios 20 et 21). Il a réinterprété cette architecture monumentale et austère dans un autre carnet également daté de 1778, en l'intégrant à un caprice architectural (fig. 13).

Fig. 13. Pierre Henri de Valenciennes, « *aux Capucins ajusté* », 1778, plume et encre grise, lavis d'encre grise, Paris, BnF, Vf 31 c Rés. Pet fol, folio 18

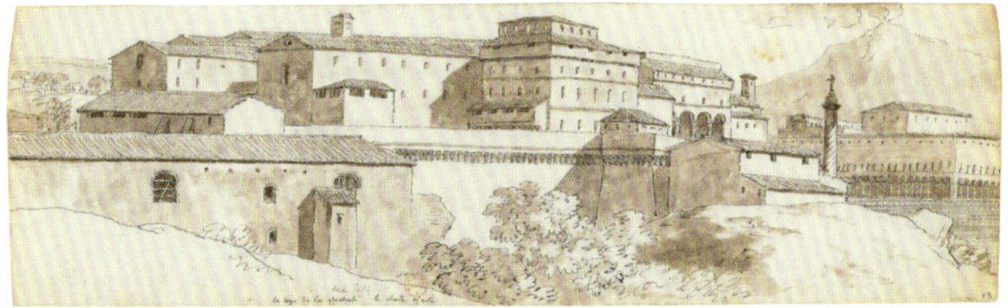

FOLIO 20 RECTO
SE PROLONGEANT SUR LE FOLIO 19 VERSO

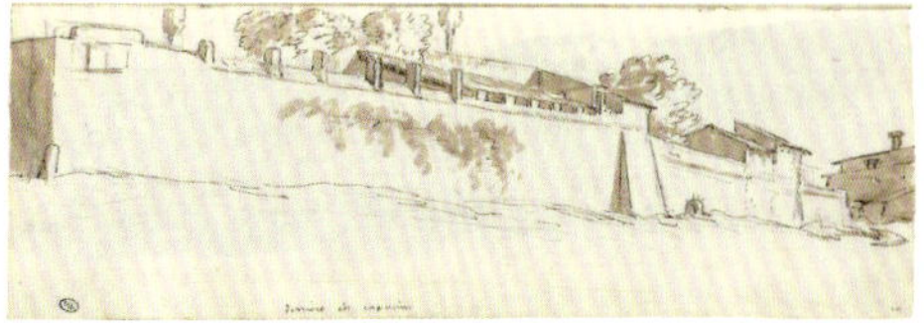

Graphite, lavis brun, plume et encre brune. À la plume et encre brune en bas au milieu : *derrière les capucins*; à droite : *20*

Cette nouvelle esquisse du couvent des frères mineurs des Capucins est rapide, peu chargée en lavis, avec des traits de graphite laissés très apparents. Valenciennes déroge à la composition générale de ses feuillets en prolongeant les cyprès sur le verso du feuillet précédent.

FOLIO 21 RECTO

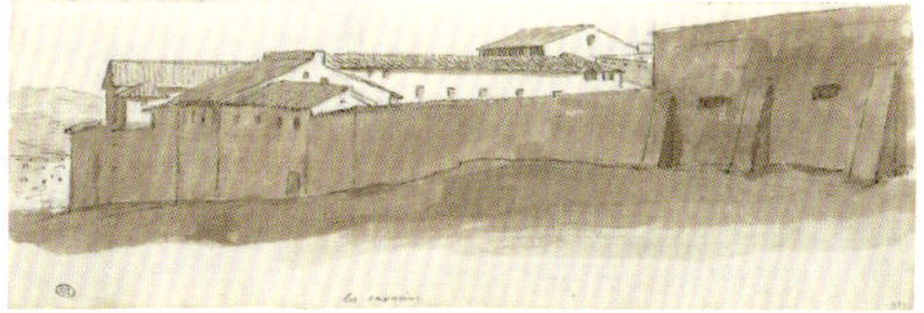

Graphite, lavis brun, plume et encre brune.
À la plume et encre brune en bas au milieu : *les capucins*; à droite : *21*

Ce troisième dessin du même couvent montre que Valenciennes en a fait le tour afin de le dessiner du côté diamétralement opposé, comme l'indique l'ombre qui baigne le mur d'enceinte.

FOLIO 22 RECTO

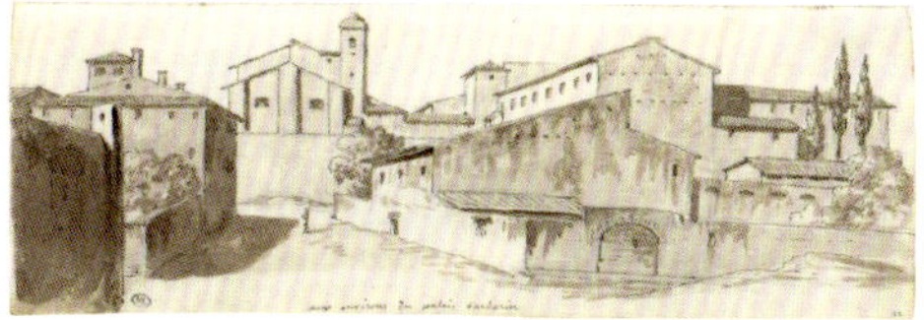

Graphite, lavis brun, plume et encre brune.
À la plume et encre brune en bas au milieu : *aux environs du palais barbarin*; à droite : *22*

Valenciennes dessine aussi le palais Barberini et le mur de ses jardins dans un autre carnet (musée du Louvre, département des Arts graphiques, RF 14207, folios 15 et 23).

FOLIO 23 RECTO

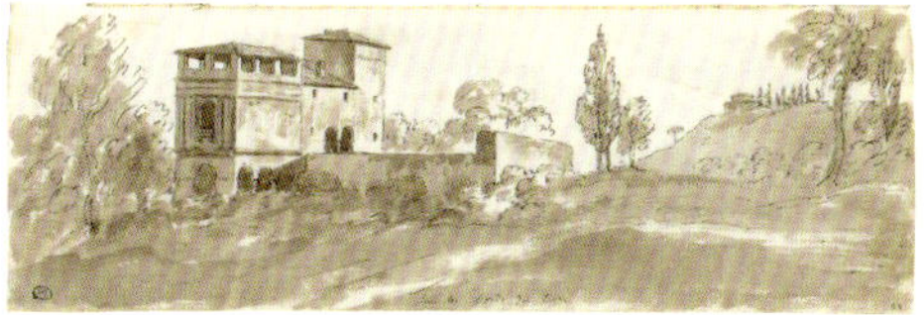

Graphite, lavis brun, plume et encre brune.
À la plume et encre brune en bas au milieu : *Sur les bords du Tibre*; à droite : *23*

Valenciennes exécuta de nombreux croquis sur les rives du Tibre (voir, par exemple, au musée du Louvre, département des Arts graphiques, RF 12198, folio 9 verso, RF 12967, folios 21, 22 et 27). Ici il longe vraisemblablement le fleuve jusqu'à la fontaine de l'Acqua Acetosa (voir folio 25).

FOLIO 24 RECTO

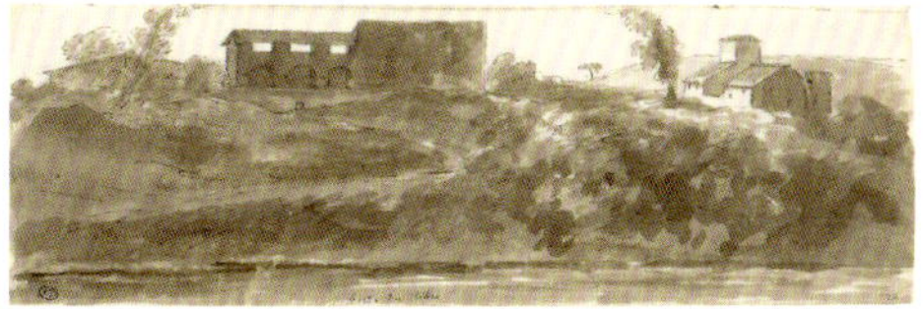

Graphite, lavis brun, plume et encre brune.
À la plume et encre brune en bas au milieu : *bords du Tibre*; à droite : *24*

Ce dessin, comme le précédent, offre un lavis brun chargé; la masse sombre du bâtiment se détache ainsi sur un ciel dont le blanc semble brûlant, transcrivant l'intensité de la lumière romaine. C'est sans doute en se souvenant de ces séances de dessin au bord du Tibre que Valenciennes a écrit : « Il n'y a qu'à se porter sur les bords des rivières, lorsque l'air brûlant de l'été force les hommes à aller s'y plonger, pour trouver de la fraîcheur ; c'est là que le peintre doit étudier les effets de la nature, les réfléchir, les combiner » (Valenciennes, 1800, p. 292-293).

FOLIO 25 RECTO

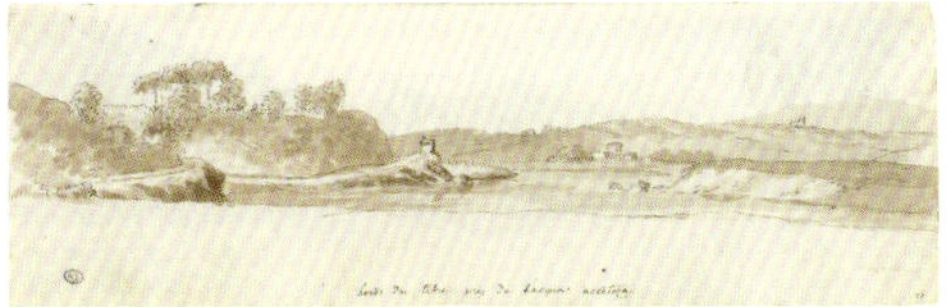

Graphite, lavis brun, plume et encre brune.
À la plume et encre brune en bas au milieu : *bords du Tibre près de l'acqua accetoza* ; à droite : *25*

L'Acqua Acetosa est une fontaine « qui passe pour être salutaire, à deux milles de la porte du peuple » (La Lande, 1769, t. V, p. 296), porte près de laquelle réside Valenciennes. L'artiste s'est placé ici juste à gauche de la fontaine, qui occuperait le premier plan de son dessin, laissé vierge, et s'est tourné vers la boucle du Tibre qui jouxte l'édifice (voir fig. 14). Valenciennes se rend à de multiples reprises sur ce site, manifestement apprécié des paysagistes, ou dans ses environs (voir, dans ce carnet, folios 57 et 83 à 85, ainsi qu'au musée du Louvre, département des Arts graphiques, RF 13023 et RF 12965, folios 132 à 137, et au musée Paul-Dupuy, Toulouse, Inv. 66 46 42).
On accédait à la fontaine « par une rue qui est auprès de Papa Giulio [la villa Giulia], d'où l'on entre dans une place » (La Lande, 1769, t. V, p. 296) : la villa Giulia est un site que Valenciennes représente également dans le même carnet (folio 79).

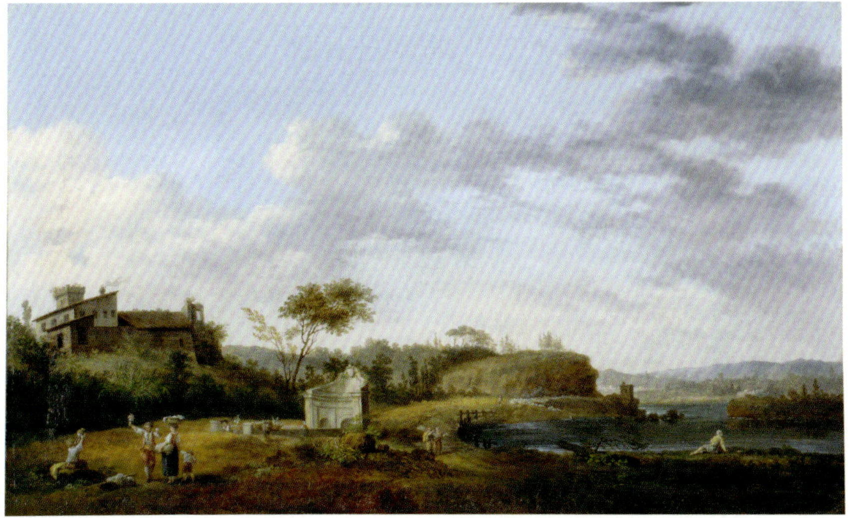

Fig. 14. Jules César Denis Van Loo, *La Fontaine de l'Acqua Acetosa*, 1784-1794, huile sur toile, Toulouse, musée des Augustins, Inv. 2004.1.294

FOLIO 26 RECTO

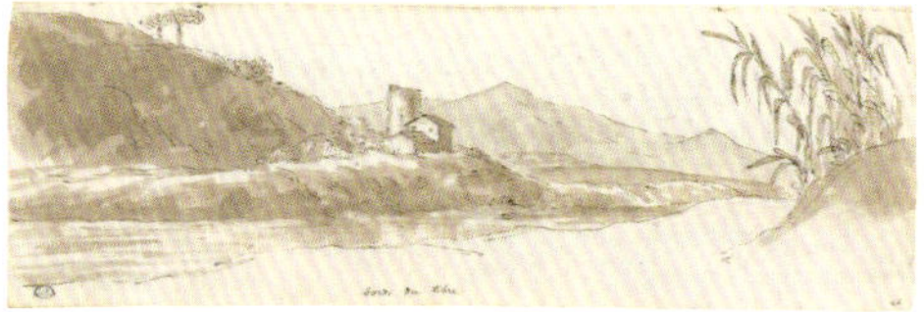

Graphite, lavis brun, plume et encre brune.
À la plume et encre brune en bas au milieu : *bords du Tibre* ; à droite : *26*

Valenciennes donne de la profondeur au paysage en représentant des plantes aquatiques au premier plan à droite, un artifice rarement utilisé dans ses études d'après nature.

FOLIO 27 RECTO

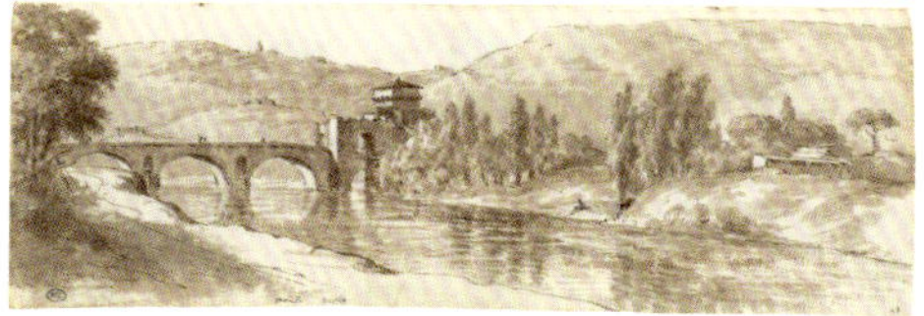

Graphite, lavis brun, plume et encre brune.
À la plume et encre brune en bas à gauche : *ponte mole* ; à droite : *27*

Ce dessin particulièrement abouti, d'une plume moins rapide et plus attentive, montre un soin tout particulier apporté aux jeux de lumière sur l'eau. Trois silhouettes sur le pont et un pêcheur sur la rive animent le paysage. Valenciennes revient probablement ici de son excursion à la fontaine de l'Acqua Acetosa (folios 23 à 26). Comme l'indique une annotation sur une étude de Jean Thomas Thibault, à Rome entre 1786 et 1790, le chemin « *de ponte molle à l'acqua acetoza* » était sans doute très pratiqué par les dessinateurs (musée du Louvre, département des Arts graphiques, RF 14413). Plus largement, le Ponte Molle, motif représenté déjà par Claude Gellée (musée du Louvre, département des Arts graphiques, Inv. 26684), est un lieu où Valenciennes se rendit fréquemment (voir folios 4, 5 et 82, ainsi qu'au musée du Louvre, département des Arts graphiques, RF 12965, folios 107 et 119, et RF 14207, folio 24).

FOLIO 28 RECTO

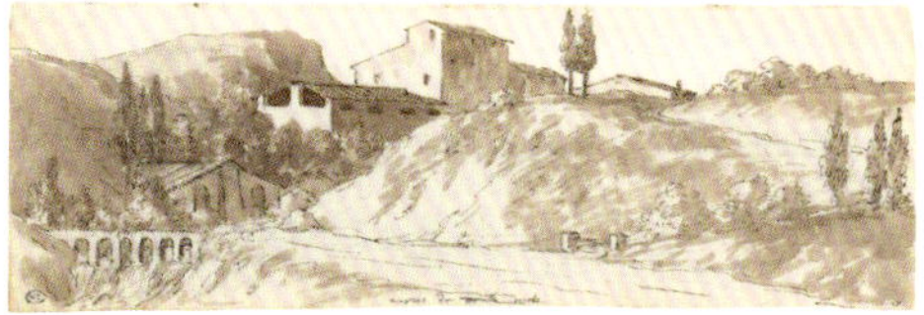

Graphite, lavis brun, plume et encre brune.
À la plume et encre brune en bas au milieu : *auprès du ponte mole* ; à droite : *28*

FOLIO 29 RECTO

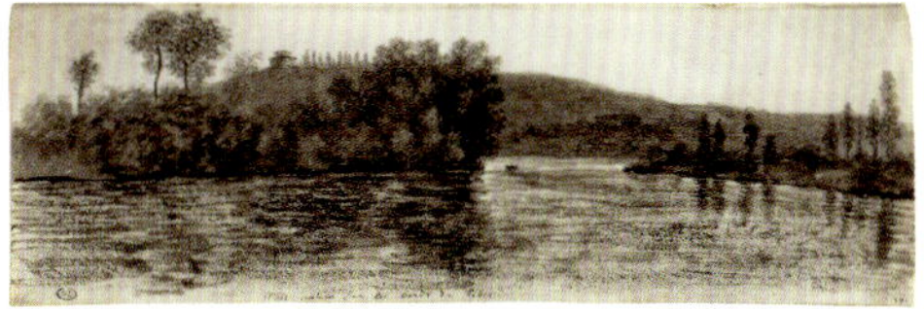

Graphite et lavis brun. À la plume et encre brune en bas au milieu : *Ville meline Sur les bords du Tibre* ; à droite : *29*

Peu après le Ponte Molle, Valenciennes observe la villa Mellini, juchée sur la colline du Monte Mario, sur la rive droite du Tibre, et aujourd'hui détruite. Il se rendit sur le site même de la villa à au moins une autre reprise (musée du Louvre, département des Arts graphiques, RF 12965, folios 120 et 121).

Ce dessin fait exception dans ce carnet, d'une part par son effet de pénombre, d'autant plus frappant que le ciel est clair, et d'autre part parce que le frémissement de l'eau est rendu par un effet brossé irrégulier, dû à l'utilisation d'un pinceau à peine mouillé.

FOLIO 30 RECTO

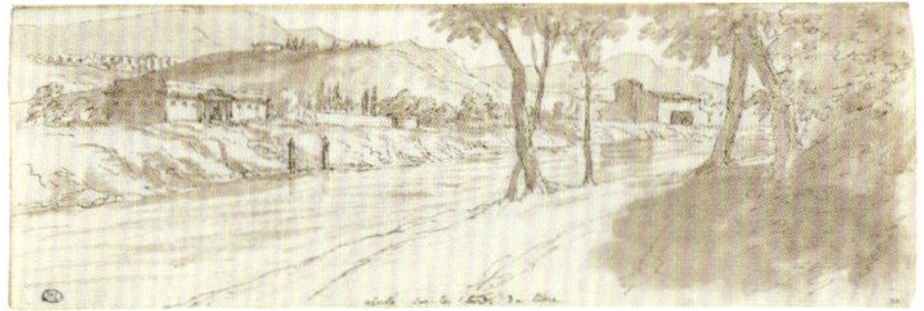

Graphite, lavis brun, plume et encre brune. À la plume et encre brune en bas au milieu : *ajusté Sur les bords du Tibre* ; à droite : *30*

FOLIO 31 RECTO

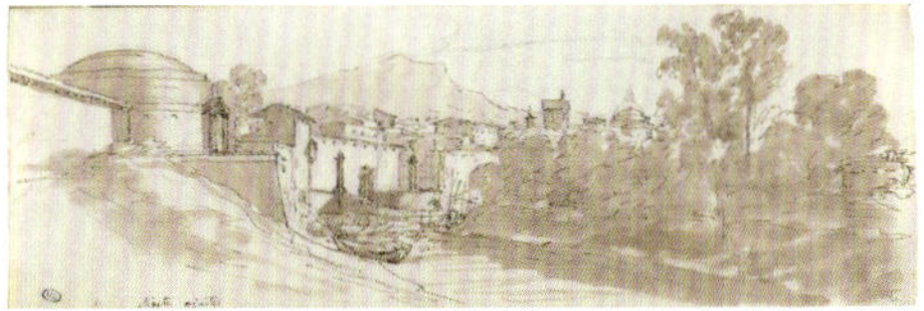

Graphite, lavis brun, plume et encre brune. À la plume et encre brune en bas à gauche : *Ripete ajustée* ; à droite : *31*

Comme l'indique la mention « *ajusté* », Valenciennes réinterprète ici le port de Ripetta, sur la rive ouest du Tibre, à quelques minutes de la Via del Babuino, où il résidait (voir aussi folios 50, 60 et 64). On reconnaît les deux colonnes où étaient marqués les niveaux de crue du Tibre. En revanche, la présence d'un bâtiment à large coupole, proche de celle du Panthéon, est une invention de l'artiste. À droite, on voit nettement la manière dont Valenciennes a d'abord dessiné au graphite une coupole surmontée d'un clocheton, puis l'a modifiée en lui donnant une forme différente, aplanie, lorsqu'il l'a reprise à la plume.

FOLIO 32 RECTO

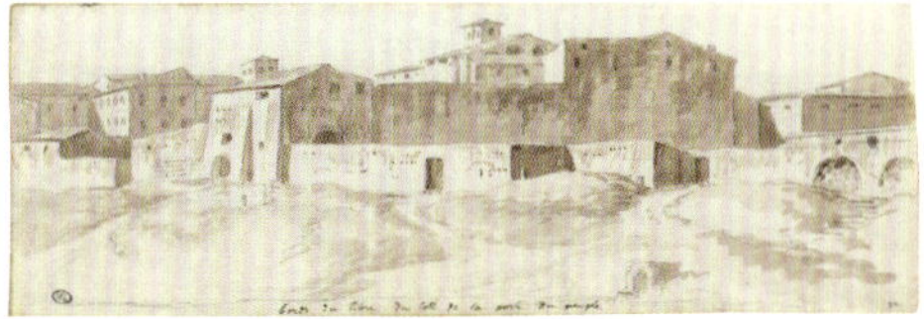

Graphite, lavis brun. À la plume et encre brune en bas au milieu : *bords du Tibre du Coté de la porte du peuple* ; à droite : *32*

Du port de Ripetta, Valenciennes a pu remonter vers le nord de Rome jusqu'à la Porta del Popolo, à moins qu'il ne s'agisse là du point de départ d'une nouvelle promenade sur les rives du Tibre, en descendant vers le sud (voir folio 38).

FOLIO 33 RECTO

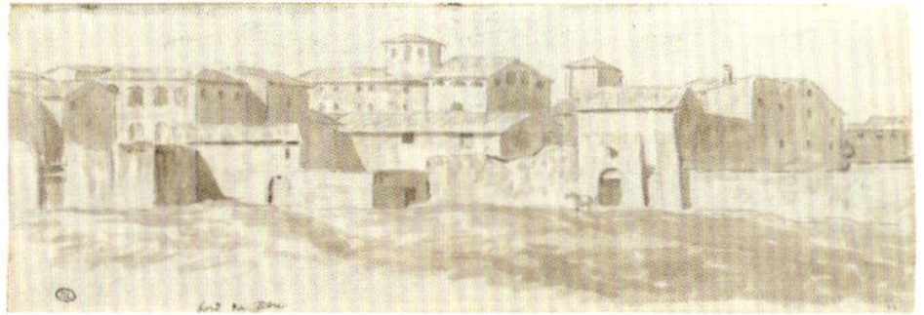

Graphite et lavis brun. À la plume et encre brune en bas à gauche : *bords du Tibre*; à droite : *33*

Il s'agit de la même vue qu'au folio 32 : l'artiste s'est seulement décalé de quelques dizaines de mètres vers la gauche. L'éclairage sensiblement identique laisse penser que les deux dessins ont été faits successivement, dans un laps de temps resserré. Sur ce deuxième dessin, un cheval et son cavalier se devinent à peine devant la porte.

FOLIO 34 RECTO

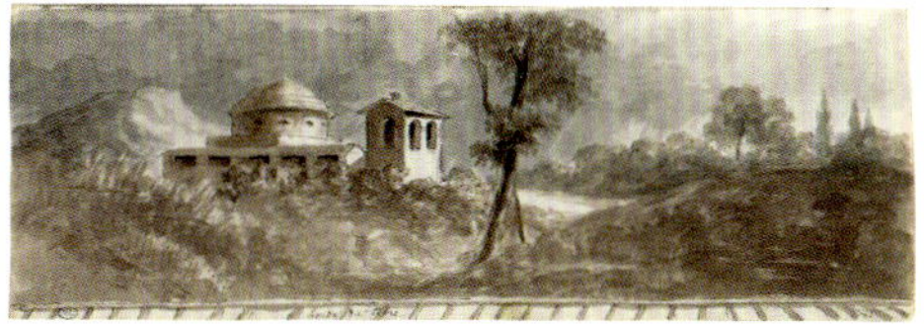

Graphite, lavis brun, lavis gris, plume et encre brune. À la plume et encre brune en bas à gauche : *bords du Tibre*; à droite : *34*

Le ciel est chargé de nuages, l'ambiance est orageuse. Valenciennes dessine depuis ce qui semble être un pont, dont la rambarde est représentée de manière assez audacieuse le long du bord inférieur du dessin. Au verso du feuillet précédent (folio 33), il a esquissé au graphite le sommet de l'arbre, laissant sa composition se prolonger sur la page supérieure.

FOLIO 35 RECTO

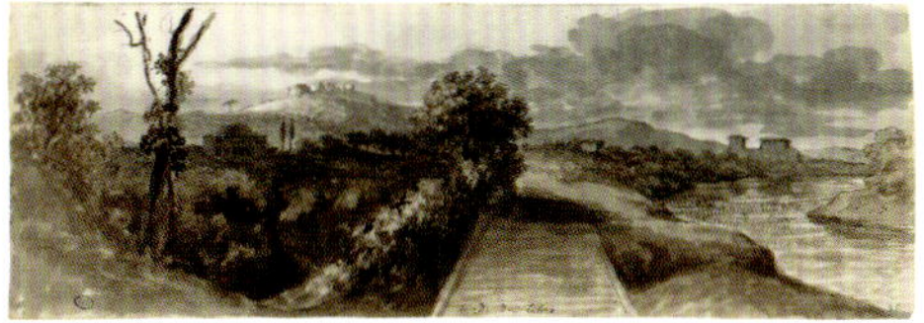

Graphite, lavis brun, lavis gris, plume et encre brune. À la plume et encre brune en bas au milieu : *bords du Tibre*; à droite : *35*

Comme au folio 34, le motif de l'arbre se poursuit au verso du folio précédent, au graphite. Un pinceau très sec, évoquant un crayon, permet de rendre le scintillement de l'eau du fleuve, à droite.

FOLIO 36 RECTO

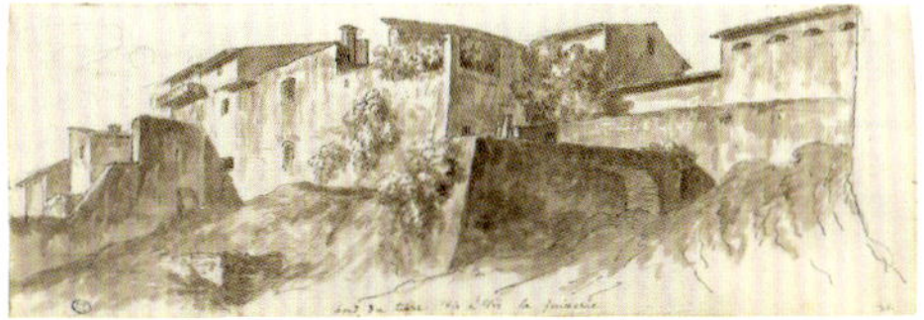

Graphite, lavis brun, plume et encre brune.
À la plume et encre brune en bas au milieu : *bords du tibre Vis à Vis la juiverie*; à droite : *36*

La Juiverie était le ghetto juif de Rome, clos de murs et fermé la nuit, situé dans le quartier

Sant'Angelo, sur la rive gauche du Tibre et à proximité du théâtre de Marcellus : « on ne peut rien voir de plus misérable et de plus sale que la juiverie » (La Lande, 1769, t. IV, p. 338).

FOLIO 37 RECTO

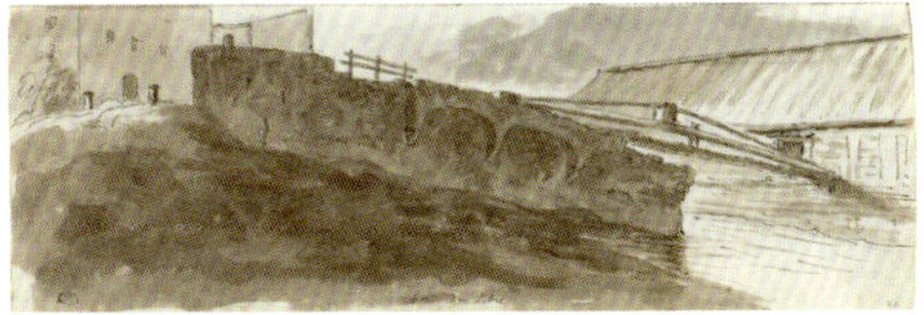

Graphite, lavis brun, lavis gris, plume et encre brune. À la plume et encre brune en bas au milieu : *bords du Tibre*; à droite : *37*

Après être passé devant le ghetto juif, Valenciennes se trouve vraisemblablement ici sur l'île Tibérine. Il représente sans doute au premier plan un pan de mur antique et à droite un des moulins à grains installés autour de l'île (fig. 15). Il place deux personnages sur le pont et, en contrebas sur la rive, un autre qui semble être vêtu d'une toge.

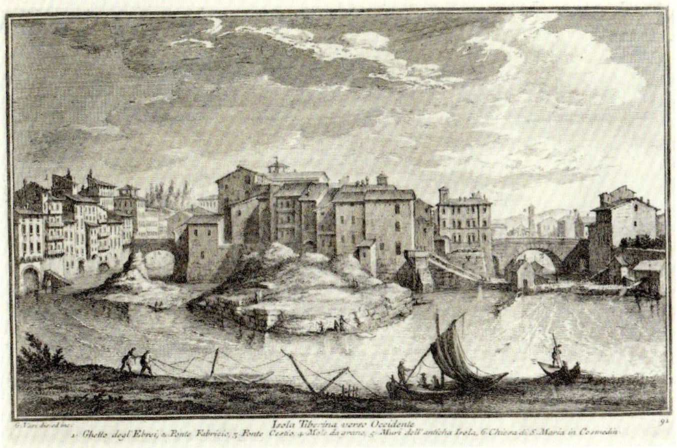

Fig. 15. Giuseppe Vasi, « Isola Tiberina verso Occidente », *Delle magnificenze di Roma antica e moderna*, livre V, *I Ponti e gli edifici sul Tevere*, 1754, planche 91

FOLIO 38 RECTO

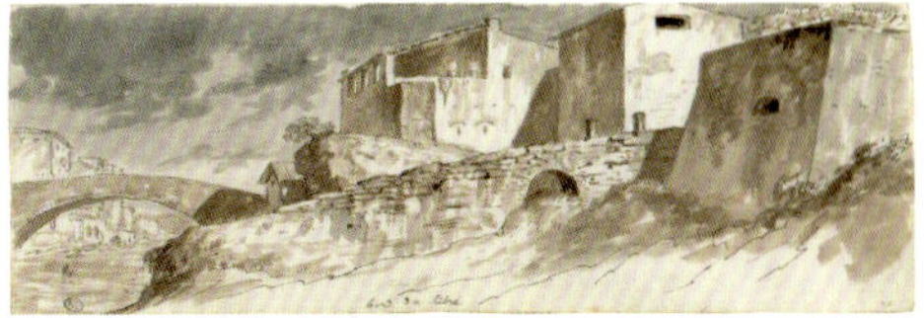

Graphite, lavis brun, lavis gris, plume et encre brune. À la plume et encre brune en bas au milieu : *bords du Tibre*; à droite : *38*

Ce pont ne correspond à aucun de ceux gravés par Giuseppe Vasi dans *Delle magnificenze di Roma antica e moderna*. Il est donc vraisemblable que, comme on le constate à plusieurs reprises dans ce carnet avec d'autres motifs architecturaux, Valenciennes a recomposé un pont existant. Le pont Fabricius, ou Ponte Quattro Capi, localisé à proximité du quartier juif (folio 36), pourrait alors être ce pont réinterprété. En effet, Valenciennes se trouve sans doute sur l'île Tibérine, côté ouest, alors moins urbanisée qu'aujourd'hui.

FOLIO 39 RECTO

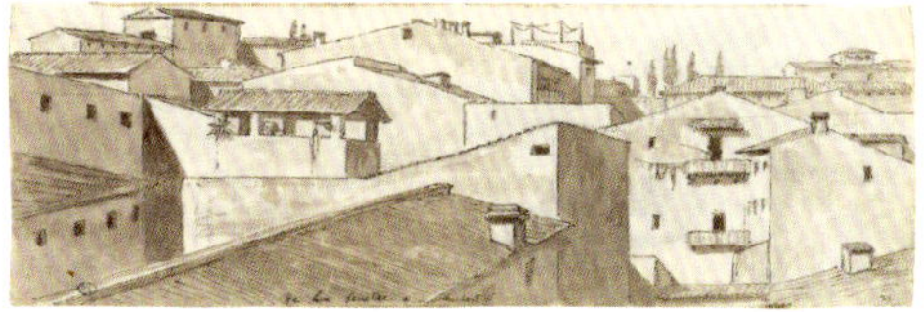

Graphite, lavis brun, plume et encre brune.
À la plume et encre brune en bas au milieu : *de ~~m~~la fenetre a hubert* ; à droite : *39*

Valenciennes, comme de nombreux jeunes artistes, résida d'octobre 1777 à 1782 à la Casa Giannotti, au 179 Via del Babuino. Cette rue en contrebas de la villa Médicis relie la Piazza del Popolo et la Piazza di Spagna. Valenciennes dessinerait ici depuis l'appartement, situé au dernier étage, qu'il partage vraisemblablement avec l'architecte français Auguste Cheval de Saint-Hubert (1755-1798), ami puis beau-frère de David, qui séjourne à Rome de 1778 à 1780 (identifié par Luigi Gallo, voir Gallo, 2014, p. 47).

La confusion sur l'annotation, indiquant d'abord « *de ma fenetre* » et corrigée ensuite par Valenciennes, est révélatrice de cette proximité des deux artistes.

L'estampe par Giovanni Battista Falda montre la perspective de la Via del Babuino : l'église au premier plan se situe au numéro 149, tandis que le numéro 179, du même côté de la rue, est plus proche de la Piazza del Popolo, au fond (fig. 16). Voir également le folio suivant.

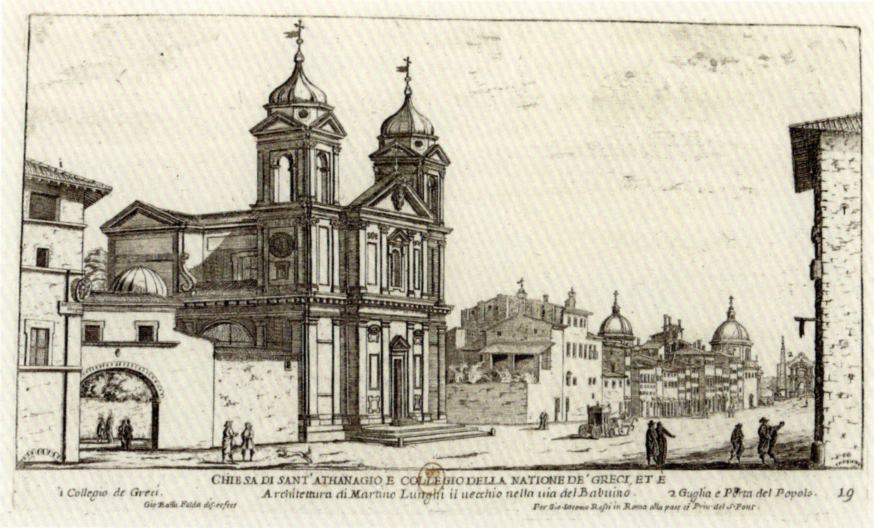

Fig. 16. Giovanni Battista Falda, L'église Sant'Atanasio dei Greci, via del Babuino, eau-forte, dans *Il nuovo Teatro delle Fabriche et edificii, in prospettiva di Roma moderna*, vol. 1, 1665, Rome

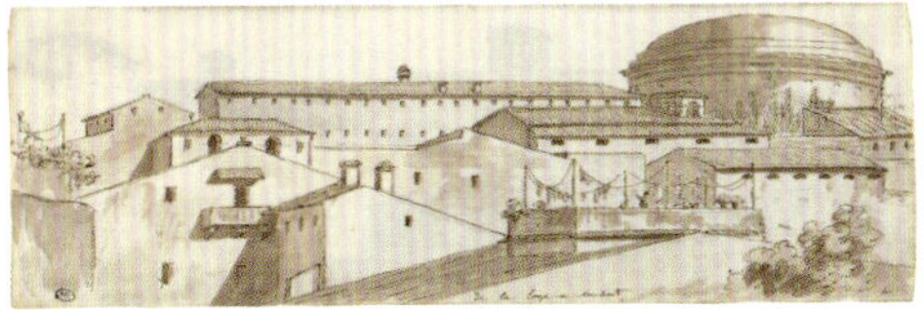

Graphite, lavis brun, plume et encre brune.
À la plume et encre brune en bas à droite :
de la loge a hubert et *40*

Valenciennes exécute une seconde vue depuis la fenêtre de Saint-Hubert (voir folio 39).

On retrouve la coupole dans d'autres vues annotées « *de ma loge* » et « *de ma fenêtre* » (musée du Louvre, département des Arts graphiques, RF 13019, et fig. 17). Luigi Gallo l'identifie comme étant la coupole du Panthéon, difficilement visible depuis la Via del Babuino, et fait l'hypothèse que ces deux dessins auraient été exécutés en 1782-1786 alors que Valenciennes se serait installé dans le quartier du Campo Marzio, à proximité du Panthéon (Gallo, 2017, p. 67-68, note 135). Cependant, si on compare la vue « *de ma fenêtre* » du dessin RF 12984 avec une huile sur papier conservée au Louvre (fig. 18) et qui représente clairement la Porta del Popolo, bien que celle-ci soit réinterprétée, et l'obélisque de la Piazza del Popolo, ou encore avec une feuille de carnet qui montre aussi la Porta del Popolo (BnF, Vf 31 c Rés. Pet fol, folio 34), il semble plutôt que le dôme soit celui, également réinterprété par Valenciennes, de l'église Santa Maria in Monte Santo, l'une des deux églises jumelles de la Piazza del Popolo, bien visible depuis la Via del Babuino (voir Scherb, 2001, p. 69).

La note pittoresque des personnages qui étendent du linge sur une terrasse, au premier plan à droite, est relativement rare chez Valenciennes.

Fig. 17. Pierre Henri de Valenciennes, « *De ma fenêtre* », 1778-1782, graphite, plume et encre brune, lavis gris, Paris, musée du Louvre, département des Arts graphiques, RF 12984

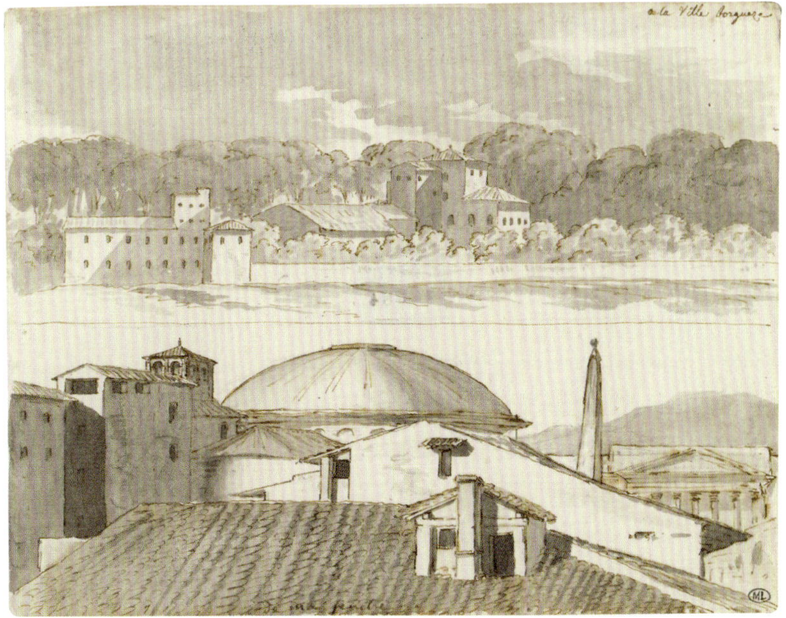

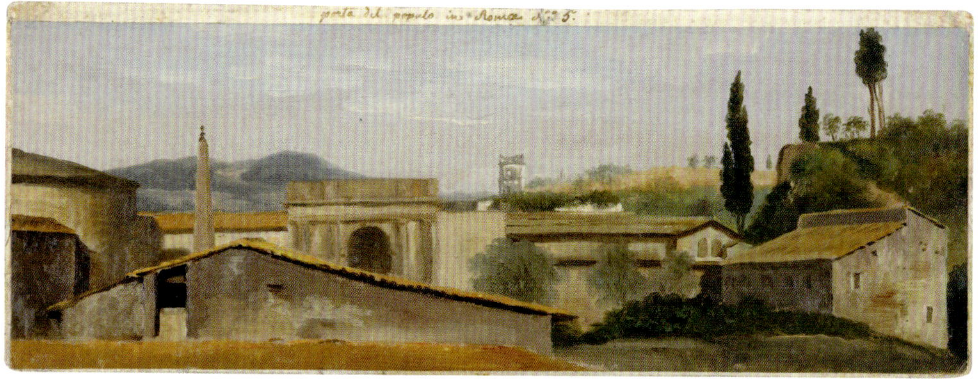

Fig. 18. Pierre Henri de Valenciennes, *Vue de la porte du Peuple à Rome*, huile sur papier, Paris, musée du Louvre, département des Peintures, RF 3038

FOLIO 41 RECTO

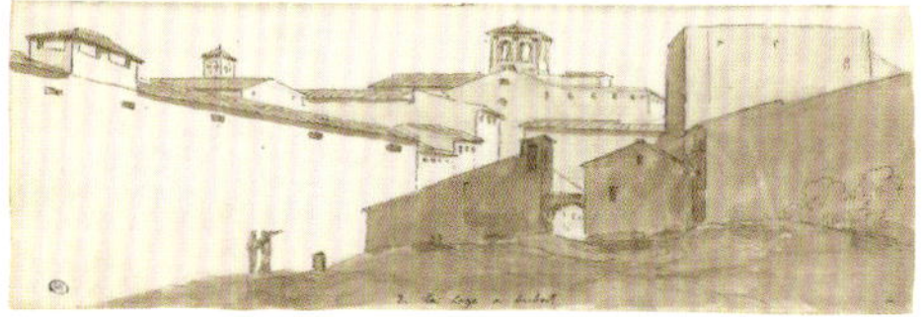

Graphite, lavis brun, plume et encre brune.
À la plume et encre brune en bas au milieu :
de la loge a hubert; à droite : *41*

Deux personnages vêtus à l'antique accentuent la grandeur des bâtiments : «C'est l'homme qui forme ordinairement l'échelle d'un tableau, et l'on ne mesure un objet à quelque plan que ce soit qu'en le comparant avec la figure qui est à côté» (Valenciennes, 1800, p. 238). Valenciennes serait descendu ici au pied de la Casa Giannotti (voir folios 39 et 40). Comme l'a noté Chiara Stefani, la mention «*de ma loge*», ou ici «*de la loge a hubert*», ne signifie pas toujours «du haut de ma loge». Il s'agit d'une indication topographique générique, comme le prouve ce dessin (Stefani, 1995, p. 76, note 25).

FOLIO 42 RECTO

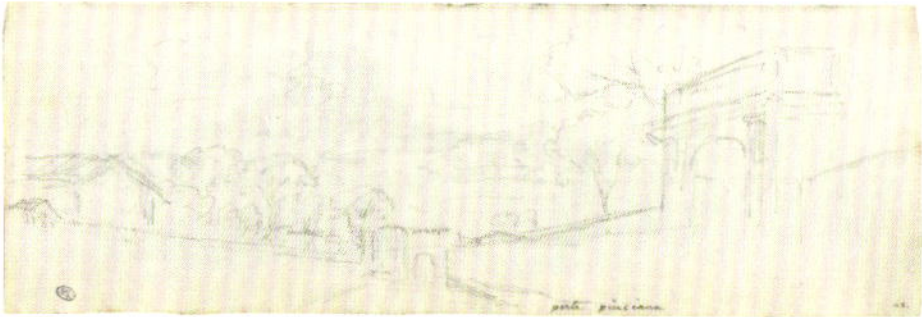

Graphite. À la plume et encre brune en bas à droite : *porta pinciana* et *42*

Ce feuillet est resté à l'état d'esquisse préparatoire, au graphite, et n'a pas été repris à la plume et au lavis d'encre brune ou grise.

La Porta Pinciana, vestige du mur d'Aurélien, se trouve en bordure des jardins de la villa Borghèse, au nord de Rome. On ne connaît pas d'arc de triomphe à proximité ; celui qu'esquisse Valenciennes, à une seule arcade, évoque l'arc de Titus, en réalité au centre de Rome.

FOLIO 42 VERSO

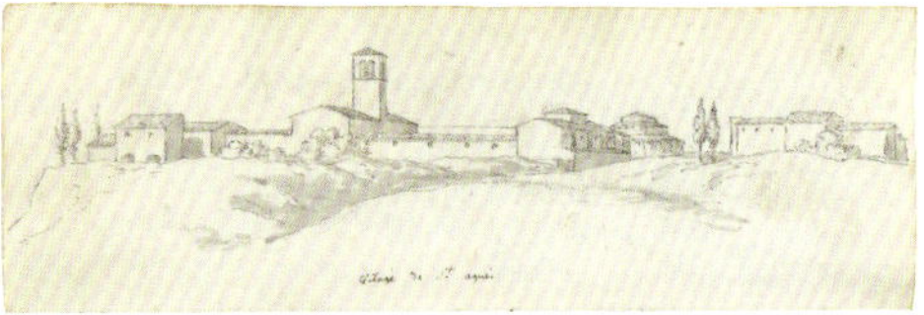

Graphite, lavis gris, plume et encre grise.
À la plume et encre brune en bas au milieu :
Vilage de St. agnés

Le recto de la feuille étant une légère esquisse au graphite (folio 42 recto), sans lavis qui pourrait transparaître au verso, Valenciennes fait exception à ses habitudes en dessinant au verso d'un folio. Il représente ici la basilique de Sainte-Agnès-hors-les-Murs, à environ une heure de marche de la Via del Babuino, au nord-est du centre de Rome. Le monument est entouré des vestiges de la basilique de Constantin, du mausolée de Sainte-Constance et de la basilique d'Honorius. On reconnaît le campanile de la basilique, qu'il a également représenté sur d'autres feuilles (voir folio 91 du présent carnet et fig. 19). Valenciennes s'est rendu à plusieurs reprises à

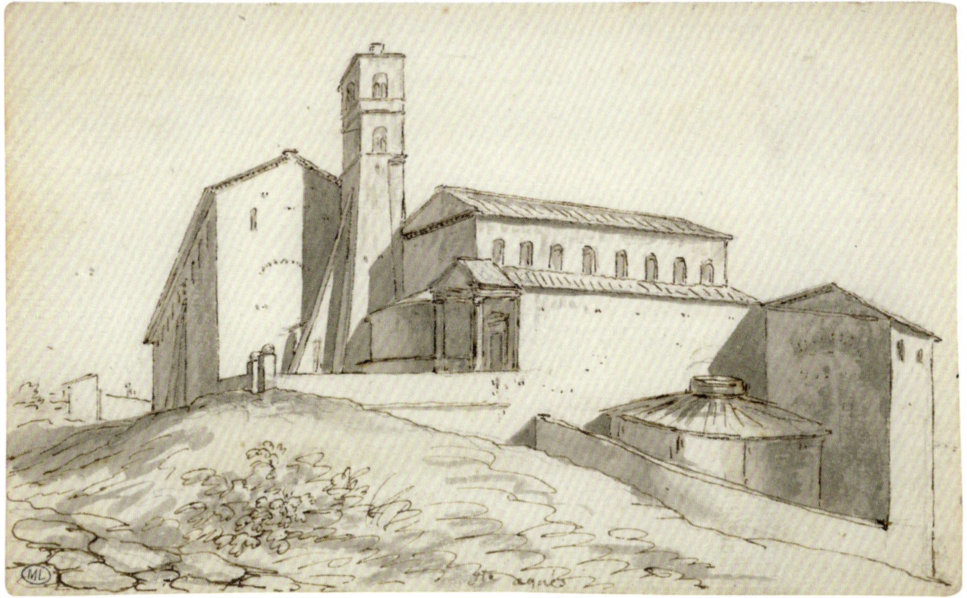

Fig. 19. Pierre Henri de Valenciennes, « *Sainte Agnès* », graphite, plume et encre brune, lavis d'encre grise, Paris, musée du Louvre, département des Arts graphiques, RF 14217

Sainte-Agnès (voir également musée du Louvre, département des Arts graphiques, RF 14207, folio 25, et Toulouse, musée Paul-Dupuy, Inv. 66-46-49).

FOLIO 43 RECTO

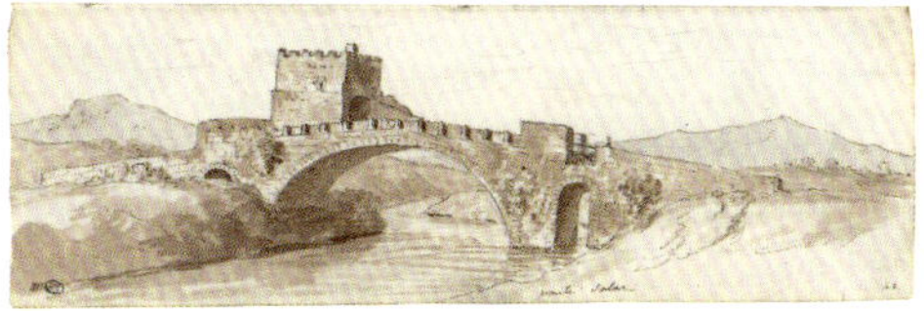

Graphite, lavis brun, lavis gris, plume et encre brune. À la plume et encre brune en bas à droite : *ponte Salar* et *43*

Valenciennes se trouve ici au nord de Rome, au bord de l'Aniene, un affluent du Tibre, pour dessiner le Ponte Salario, rendu célèbre par une gravure de Giovanni Battista Piranesi, éditée dans la série des *Vedute di Roma* (1756) [fig. 20]. Hubert Robert a lui aussi représenté ce pont, à l'huile, en 1775 (*Le Ponte Salario*, Washington, National Gallery of Art).

Enfin, Jacques Louis David a également été inspiré par ce pont, qu'il a recomposé dans un dessin conservé au Louvre (département des Arts graphiques, Inv. 26082). Valenciennes a représenté au moins à une autre reprise le Ponte Salario, dans deux feuillets d'un autre carnet conservé au Louvre (département des Arts graphiques, RF 12967, folios 7 et 8).

Fig. 20. Giovanni Battista Piranesi, *Le Ponte Salario*, 1756, Washington, National Gallery of Art

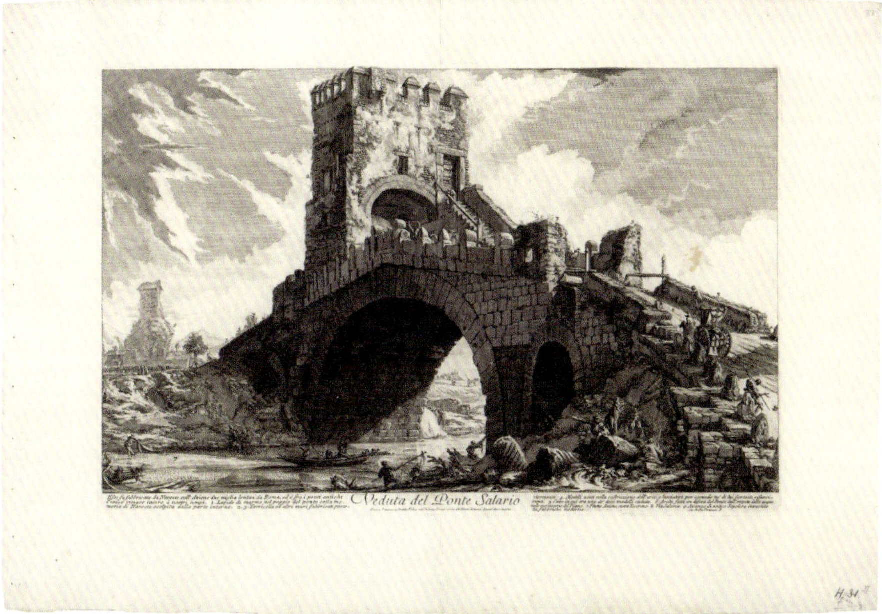

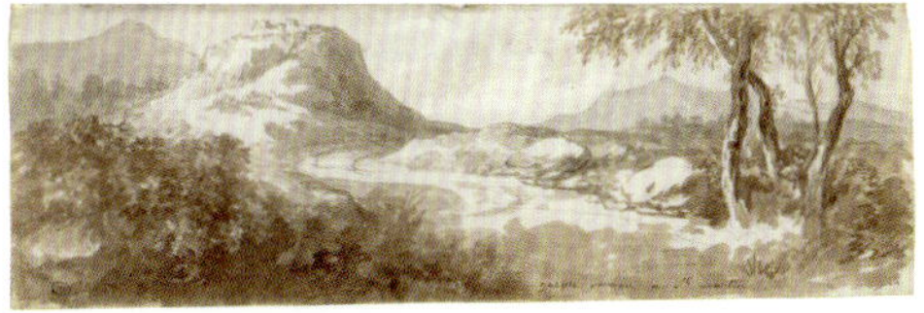

Graphite, lavis brun, lavis gris plume et encre brune. À la plume et encre brune en bas à droite : *gaspre poussin a St martin* et *44*

Comme l'a noté Luigi Gallo, Valenciennes, contrairement à la plupart des jeunes artistes français à Rome, n'a exécuté que très peu de copies (Gallo, 2017, p. 288, note 37). On ne connaît que cinq copies de sa main d'après les maîtres : il a copié un tableau du Dominiquin dans l'abbaye de Grottaferrata (musée du Louvre, département des Arts graphiques, RF 12965, folio 70), un détail – vraisemblablement – d'une peinture par un artiste qui pourrait bien être Girolamo Muziano (musée du Louvre, département des Arts graphiques, RF 14207, folio 21), et il a dessiné trois paysages d'après les fresques de Gaspard Dughet en l'église de San Martino ai Monti (folios 44, 45 et 46), située à mi-chemin entre les termes de Trajan et l'arc de Gallien.

Si Valenciennes rend hommage, dans ses *Éléments de perspective pratique…*, au Guaspre, grand paysagiste qui sait marier une couleur forte à des « effets vigoureusement prononcés », il le juge néanmoins inférieur à Poussin, Carrache, Titien ou le Dominiquin, car, par manque d'élan vers l'idéal, Dughet exalte insuffisamment le cœur et l'esprit du spectateur : « Il n'y a pas, dans tous leurs tableaux, un seul arbre où l'imagination puisse soupçonner une hamadryade ; pas une fontaine d'où elle voie sortir une naïade […]. Si [Virgile] eût fait un paysage, il n'eût pas peint un site du Gaspre ou de Claude » (Valenciennes, 1800, p. 377).

Valenciennes réinterprète librement les fresques de San Martino, supprimant à chaque fois la scène religieuse pour n'en conserver que le paysage. Dans ce premier dessin, c'est l'arrière-plan seul qui l'intéresse, avec son vallonnement, sa végétation dentelée, l'effet d'effacement des coloris dans le lointain (fig. 21).

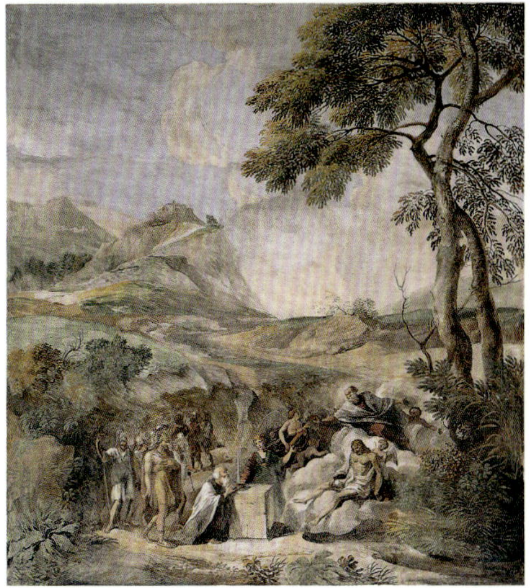

Fig. 21. Gaspard Dughet, *L'Annonce de la consécration de la basilique du Carmel pour la victoire de l'empereur Titus à Jérusalem en 70*, 1647-1651, fresque, Rome, église San Martino ai Monti

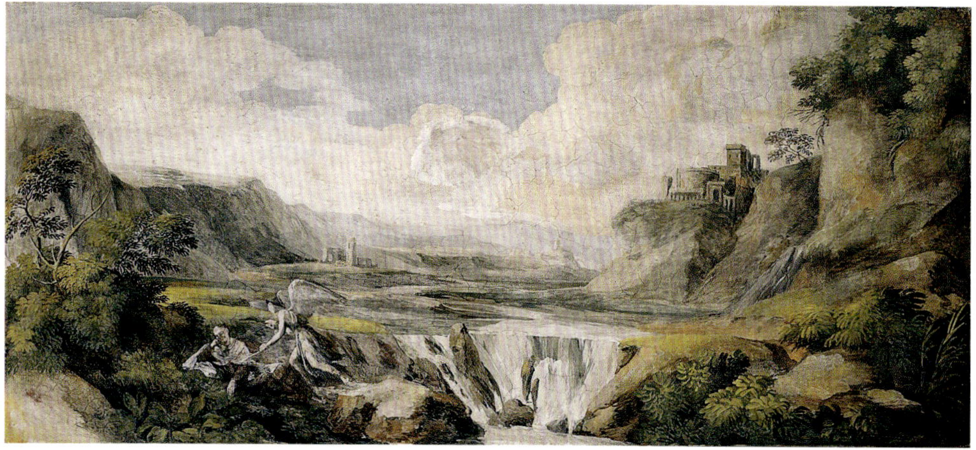

Fig. 22. Gaspard Dughet, *L'Apparition d'un ange au prophète Élie*, 1647-1651, fresque, Rome, église San Martino ai Monti

FOLIO 45 RECTO

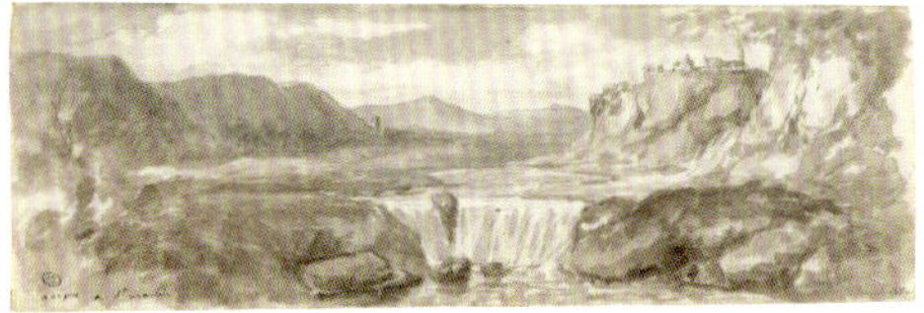

Graphite, lavis brun, lavis gris, plume et encre brune. À la plume et encre brune en bas à gauche : *gaspre à St martin* ; à droite : *45*

Devant cette *Apparition d'un ange au prophète Élie*, par Gaspard Dughet, en l'église San Martino ai Monti, Valenciennes se désintéresse, comme aux folios précédent et suivant, du sujet religieux au profit du paysage (fig. 22).

FOLIO 46 RECTO

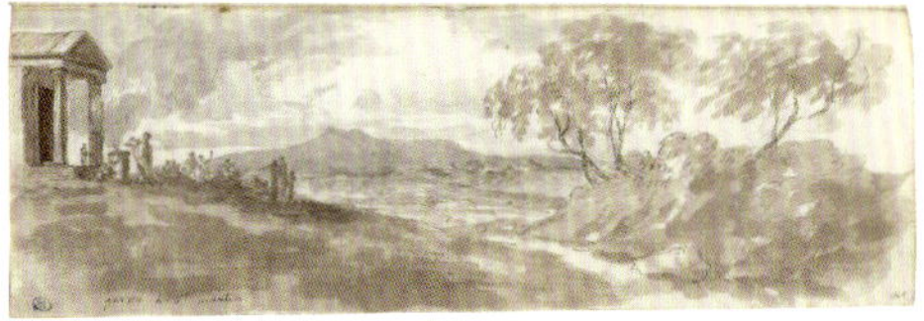

Graphite, lavis brun, lavis gris, plume et encre brune. À la plume et encre brune en bas à gauche : *gaspre a St martin* ; à droite : *46*

À San Martino ai Monti (voir folios 44 et 45), Valenciennes conserve le temple et la réunion de personnages sur la gauche de la fresque, mais transforme en cérémonie antique la messe peinte par Dughet (fig. 23) : à la place du prêtre et des fidèles, une figure drapée s'apprête à déposer des offrandes sur un autel fumant, entouré d'une assemblée debout ou prosternée.

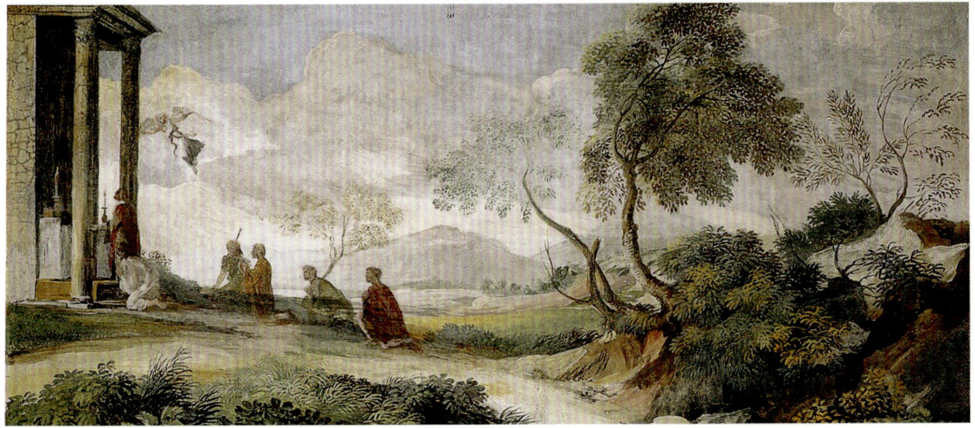

Fig. 23. Gaspard Dughet, *Saint Cyril célébrant la messe sur le mont Carmel*, 1647-1651, fresque, Rome, église San Martino ai Monti

FOLIO 47 RECTO

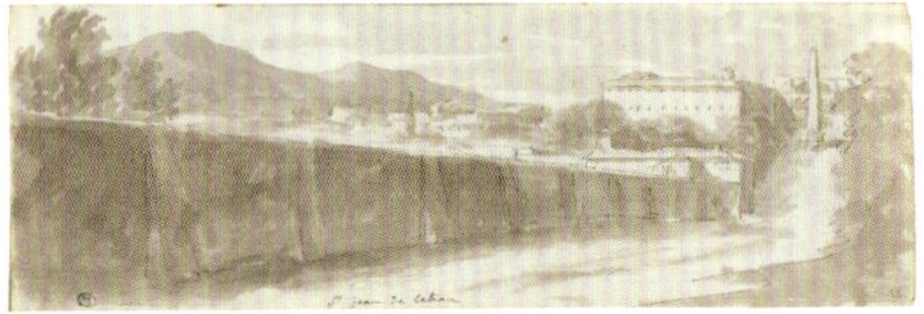

Graphite, lavis brun, lavis gris, plume et encre brune. À la plume et encre brune en bas au milieu : *St jean de latran* ; à droite : *47*

Venant peut-être de la basilique San Martino ai Monti, où il a dessiné d'après Gaspard Dughet, Valenciennes se tient dans la Via Lateranense, actuelle Via Merulana, et regarde vers la place Saint-Jean-du-Latran (voir fig. 24) : au loin s'élève l'obélisque du Latran, plus grand obélisque égyptien connu, daté du XVe siècle avant Jésus-Christ, et apporté à Rome par l'empereur Constance II (Lacombe ?, 1790, vol. 2, p. 116). Sur la gauche, on distingue le palais du Latran, et, derrière l'obélisque, la Loggia delle Benedizioni. Valenciennes se montre ici peu original : cet angle de vue avait déjà été adopté par Lievin Cruyl (1672-1673, plume et encre grise et brune, lavis d'encre grise et brune, aquarelle, gouache blanche sur vélin, New York, The Metropolitan Museum of Art, Inv. 1975.1.577) et fut repris également par Jean Thomas Thibault (vers 1786-1790, plume et encre brune et grise, lavis d'encre brune et grise, musée du Louvre, département des Arts graphiques, RF 14419). Valenciennes a également représenté le palais du Latran, l'obélisque et la Loggia delle Benedizioni au folio 4 du carnet conservé à la BnF (Vf 31 c Rés. Pet fol).

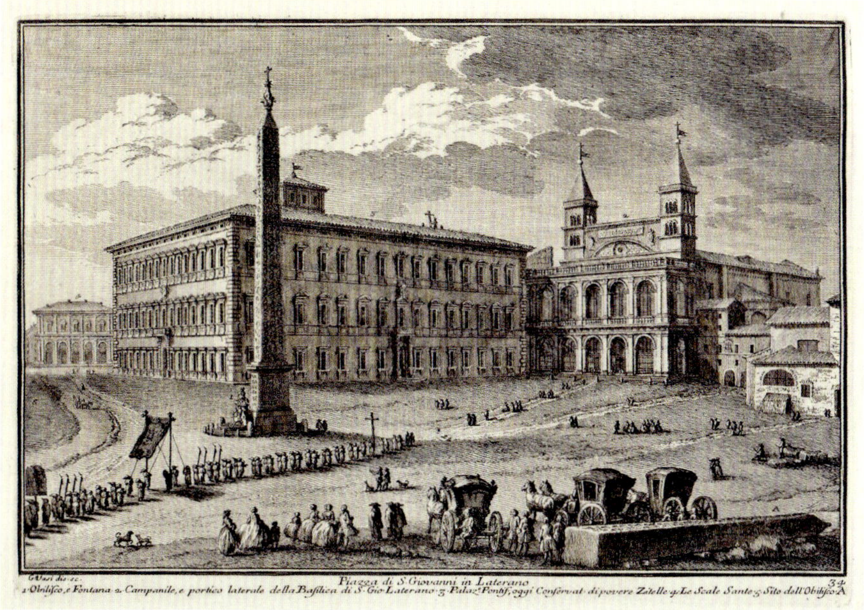

Fig. 24. Giuseppe Vasi, « Piazza di S. Giovanni in Laterano », dans *Delle magnificenze di Roma antica e moderna*, vol. 2, *Le piazze principali di Roma*, 1752, Rome, planche 34

FOLIO 48 RECTO

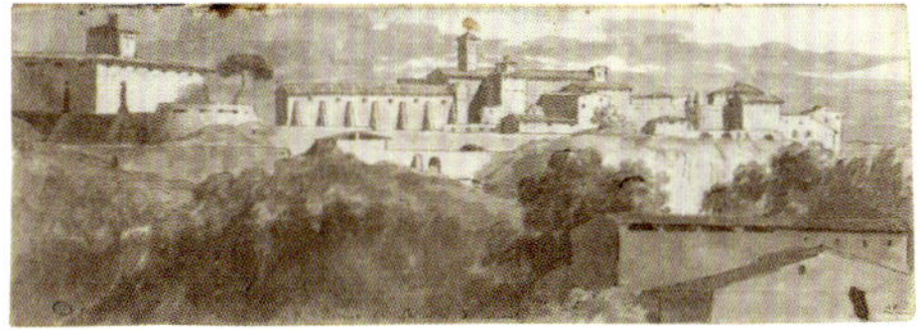

Graphite, lavis brun, lavis gris, plume et encre brune. À la plume et encre brune en bas au milieu : *de Dessus la Trinité du mont*; à droite : *48*

Valenciennes recompose ici la colline du Quirinal, en inscrivant à gauche un bâtiment dont la silhouette évoque le palais du Quirinal.

FOLIO 49 RECTO

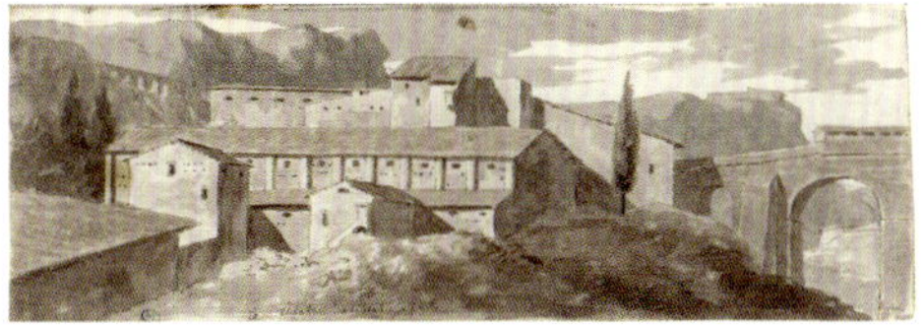

Graphite, lavis brun, lavis gris, plume et encre brune. À la plume et encre brune en bas au milieu : *le théâtre d'alibert ajusté*; à droite : *49*

Le théâtre Alibert, inauguré en 1718, fut le premier théâtre public d'Italie à la période moderne, « l'un des plus grands et des plus beaux de Rome » (La Lande, 1769, t. V, p. 182). Autrefois situé non loin de la villa Médicis et de la Trinité-des-Monts, juste derrière la Via del Babuino, à quelques minutes à pied de la Casa Giannotti où logeait Valenciennes, il ne jouissait pas de l'implantation montagneuse que lui dessine l'artiste, qui « ajuste » en imagination ce qu'il a sous les yeux, en ajoutant également un pont.

FOLIO 50 RECTO

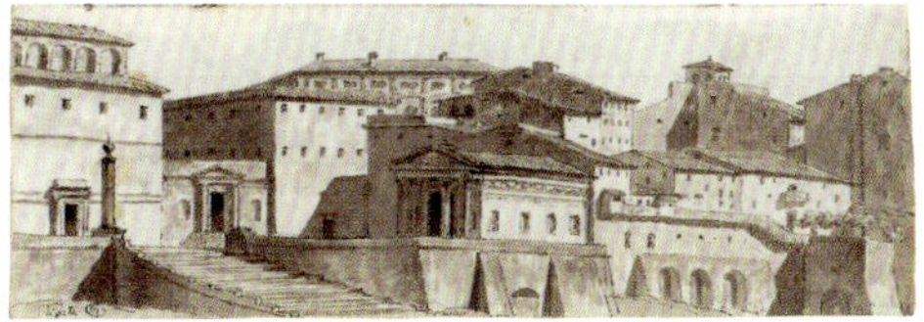

Graphite, lavis brun, plume et encre brune.
À la plume et encre brune en bas à gauche : *Ripete*; à droite : 50

On reconnaît l'embarcadère semi-circulaire à double escalier du port de Ripetta (voir fig. 25), ainsi que l'une des deux colonnes où étaient marqués les niveaux de la crue du Tibre.

Si la beauté de l'embarcadère inspire les artistes, ce n'est pas le cas en revanche de l'église San Girolamo di Croati qui se trouvait juste derrière, que Valenciennes remplace par un bâtiment bas à l'entrée surmontée d'un fronton. Le temple antique, au centre de la composition, est également le fruit de l'invention de Valenciennes (voir aussi folios 31, 60 et 64), mais s'inspire de l'architecture de la halle aux grains qui occupait effectivement cet emplacement.

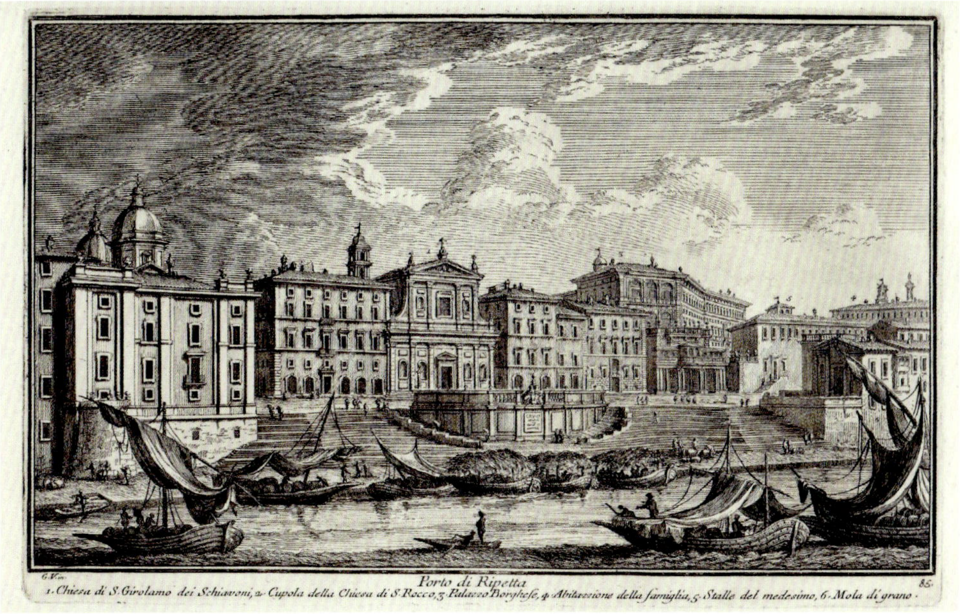

Fig. 25. Giuseppe Vasi, « Porto di Ripetta », dans *Delle magnificenze di Roma antica e moderna*, vol. 5, *I Ponti e gli edifici sul Tevere*, 1754, planche 85

FOLIO 51 RECTO

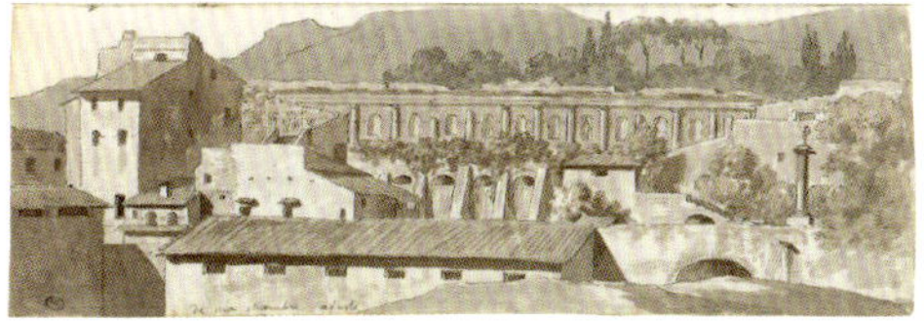

Graphite, lavis brun, lavis gris, plume et encre brune. À la plume et encre brune en bas au milieu : *de ma chambre ajusté*; à droite : *51*

Ce dessin est le premier de la série de trois dessins que Valenciennes fit depuis sa chambre au dernier étage de la Casa Giannotti, 179 Via del Babuino. Il bénéficie ainsi d'un point de vue élevé sur les toits de Rome, au-dessus desquels se dessinent les jardins de la villa Médicis (voir folio 40).

FOLIO 52 RECTO

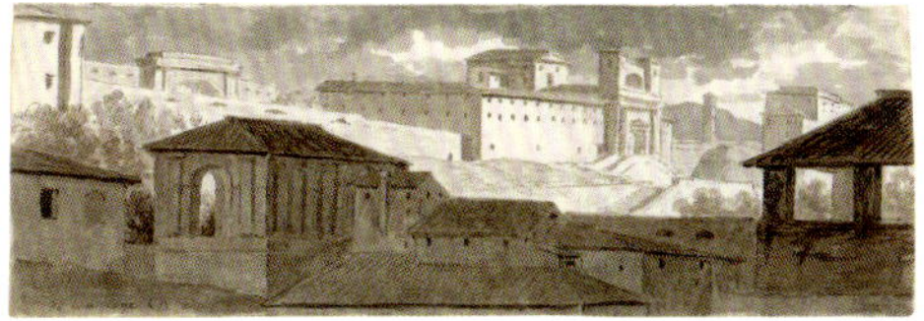

Graphite, lavis brun, lavis gris, plume et encre brune. À la plume et encre brune en bas à gauche : *de ma loge*; à la plume et encre brune à droite : [*52*] (devenu difficilement lisible)

On reconnaît à l'arrière-plan l'église de la Trinité-des-Monts, dont Valenciennes a tronqué la façade,

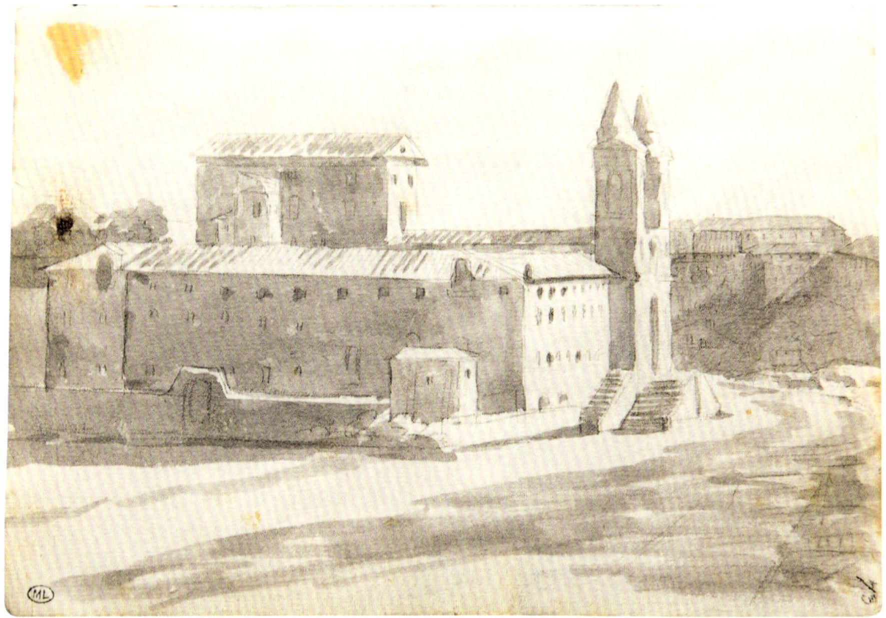

Fig. 26. Jacques Louis David, *L'Église de la Trinité-des-Monts*, 1775-1780, lavis d'encre grise, Paris, musée du Louvre, département des Arts graphiques, RF 4506, folio 73

la privant des deux campaniles symétriques qui la couronnent depuis le XVIe siècle, et que David avait bien représentés, avec un angle de vue proche (fig. 26). Deux autres dessins de la Trinité par Valenciennes présentent la même omission des deux tours (BnF, Vf 31 c Rés. Pet fol, folio 36, « *a la Villa Medicis* », et au musée du Louvre, RF 12965, folio 126, « *de dessus ma loge* »). À droite, Valenciennes a représenté le palais Zuccari, qui se situe normalement à l'angle de la Via Gregoriana et de la Via Sistina, mais sans respecter le rapport de proportions de ce bâtiment avec l'église. Il place ainsi la Trinité-des-Monts dans un environnement qui, d'après les estampes anciennes et les plans, ne peut s'être présenté ainsi à ses yeux (Scherb, 2001, p. 65).

FOLIO 53 RECTO

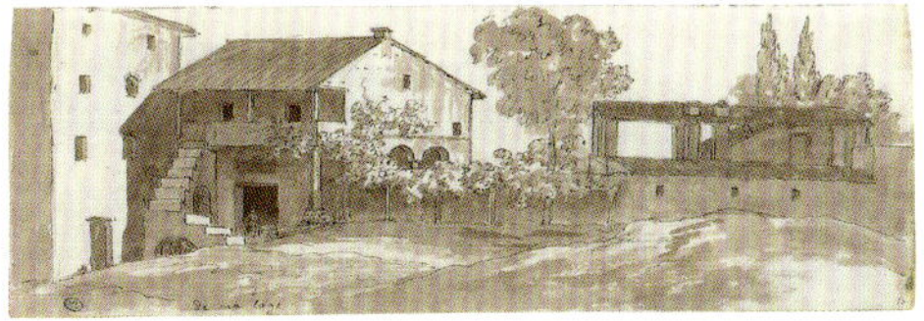

Graphite, lavis brun, plume et encre brune.
À la plume et encre brune en bas à gauche : *de ma loge* ; à droite : *53*

Ici, Valenciennes est manifestement sorti de son logement afin de dessiner à proximité de la Casa Giannotti.

FOLIO 54 RECTO

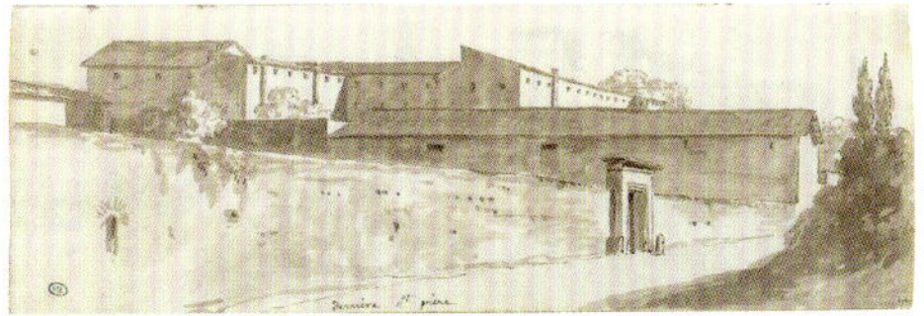

Graphite, lavis brun, plume et encre brune.
À la plume et encre brune en bas au milieu : *derrière St piere* [*sic*] ; à droite : *54*

Valenciennes s'est rendu à de multiples reprises « derrière St Pierre » pour dessiner (voir, au musée du Louvre, département des Arts graphiques, RF 14208, folios 5 et 6 ; RF 14965, folios 20, 21, 22, 25 et 26 ; RF 12967, folios 2, 3, 4, 19 et 20), ainsi qu'au Vatican (musée du Louvre, RF 14207, folios 27, 30, 31, 32 et 33 ; RF 12967, folio 9 ; RF 14965, folios 16, 17, 23 et 24).

Il se promène ici, ainsi qu'aux folios 55, 56, 78, 86, 87, 88, 89 et 90, à l'extérieur des murs du Vatican. Il s'attache tout particulièrement à représenter le mur d'enceinte du Vatican et à évoquer le passage entre une zone d'architecture dense et la campagne.

FOLIO 55 RECTO

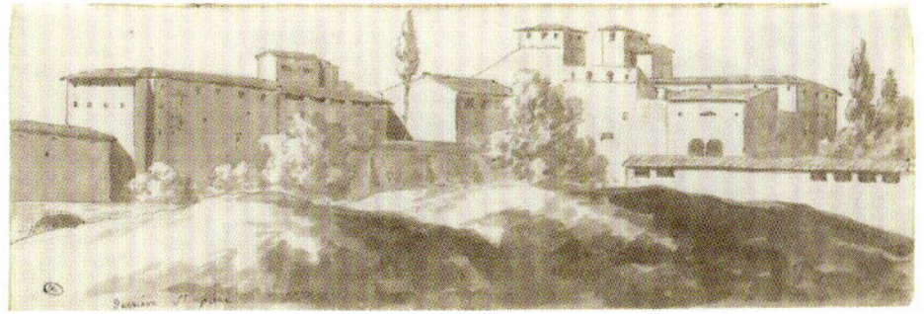

Graphite, lavis brun, plume et encre brune.
À la plume et encre brune en bas à gauche : *derrière St piere* [*sic*] ; à droite : *55*

FOLIO 56 RECTO

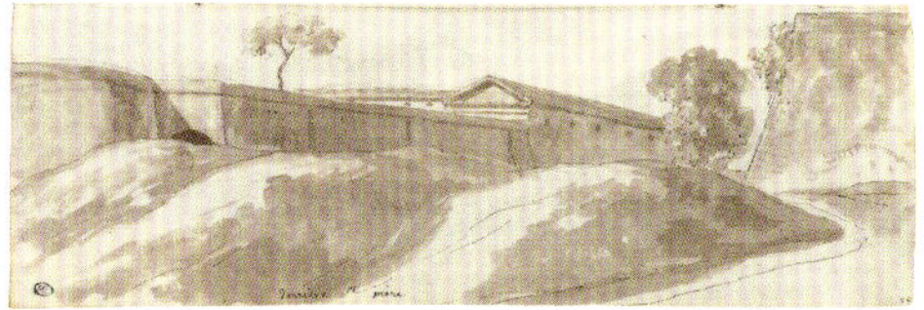

Graphite, lavis brun, plume et encre brune.
À la plume et encre brune en bas au milieu : *derrière St piere* [*sic*] ; à droite : *56*

FOLIO 57 RECTO

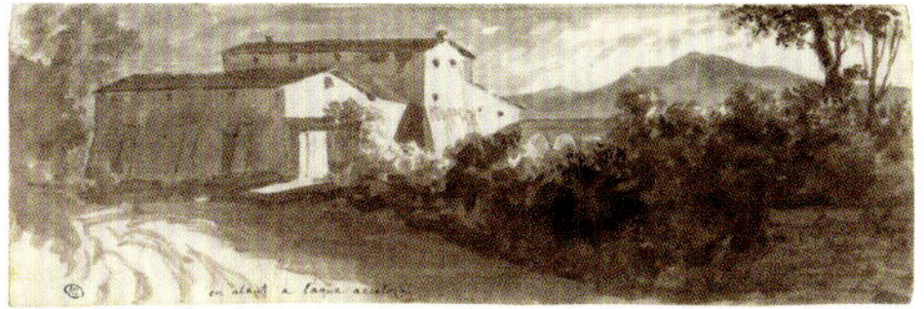

Graphite, lavis brun, lavis gris, plume et encre brune. À la plume et encre brune en bas au milieu : *en alant a l'aqua accetoza* ; à droite : *57*

Voir folio 25.

FOLIO 57 VERSO

Traits de graphite, esquisse de feuillage

FOLIO 58 RECTO

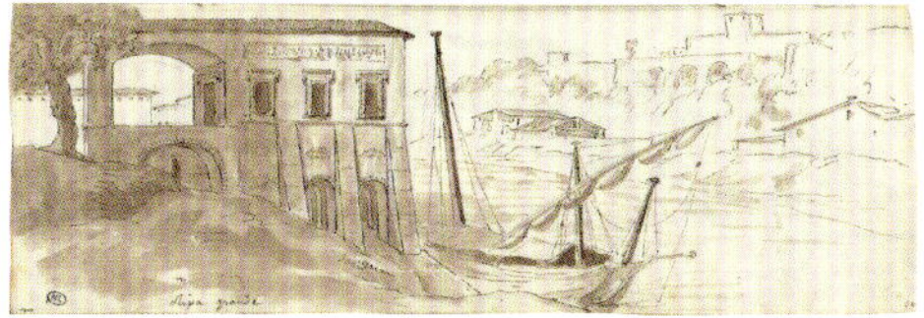

Graphite, lavis brun, plume et encre brune.
À la plume et encre brune en bas à gauche : *Ripa grande* ; à droite : *58*

Ripa Grande était le port fluvial de Rome, et accueillait l'Arsenal pontifical, le long de l'Ospizio Apostolico di San Michele : « c'est le seul quai qu'il y ait à Rome […] et la promenade en est très agréable » (La Lande, 1769, t. IV, p. 518-519). Valenciennes a représenté ici la Dogana del passo, détruite en 1901 et visible au centre de l'estampe exécutée par Giuseppe Vasi (fig. 27). Il a dessiné à plusieurs reprises à Ripa Grande, ou à proximité, comme en témoignent les folios 117 et 118 du carnet RF 12965, les folios 15, 16 et 17 du carnet RF 12967, ainsi que les folios 13 et 14 du carnet RF 14207 (musée du Louvre, département des Arts graphiques). Néanmoins, ce dessin est le seul qui montre Ripa Grande véritablement comme un port, avec la présence d'un bateau destiné au transport de marchandises au premier plan (voir aussi folio 92).

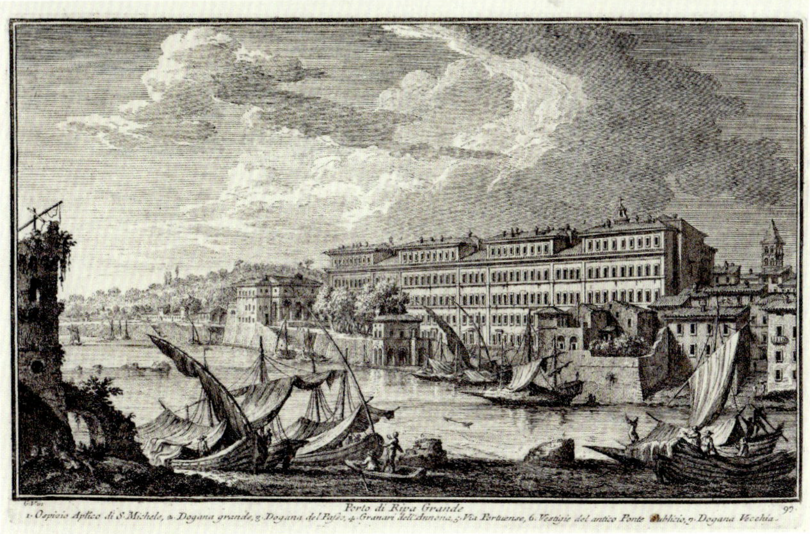

Fig. 27. Giuseppe Vasi, « Porto di Ripa Grande », dans *Delle magnificenze di Roma antica e moderna*, vol. 5, *I Ponti e gli edifici sul Tevere*, 1754, planche 97

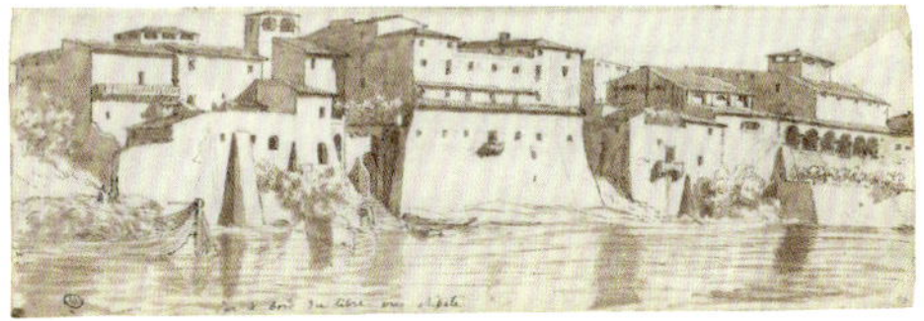

Graphite, lavis brun, plume et encre brune.
À la plume et encre brune en bas au milieu : *Sur le bord du Tibre près Ripete* ; à droite : *59*.
Un morceau de papier découpé et collé en haut à droite

Valenciennes est de retour près du port de Ripetta, à proximité de son logement, Via del Babuino. Comme l'indiquent le plan de Rome dressé en 1748 par Giovanni Battista Nolli, *La Pianta Grande di Roma*, et le panorama de Rome par Giuseppe Vasi daté de 1765, *Prospetto dell'alma città di Roma visto dal Monte Gianicolo*, Valenciennes se tient ici vraisemblablement sur la rive droite du Tibre, alors très peu urbanisée, et regarde vers la rive gauche, densément construite. Le dessin sous-jacent au graphite montre que les fenêtres de la façade centrale n'étaient pas disposées aussi régulièrement, et que le balcon était excentré ; lorsqu'il poursuit son dessin à la plume, Valenciennes préfère embellir la façade avec davantage de symétrie (Scherb, 2001, p. 65). L'artiste entame sans doute une promenade le long des berges du Tibre qu'il décline sur les pages suivantes (voir folios 60 à 62). Il a repris et détaillé le motif du bateau, également visible au folio suivant et dans le folio 92 du présent carnet. De manière assez inhabituelle (du moins dans sa propre pratique de dessinateur), Valenciennes a collé ici un morceau de papier qui dissimule ce qui semble être une tache de lavis et sur lequel il a redessiné.

FOLIO 60 RECTO

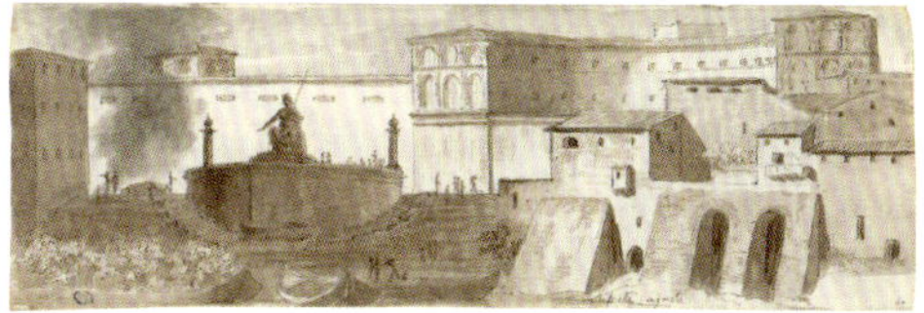

Graphite, lavis brun, lavis gris, plume et encre brune. À la plume et encre brune en bas à droite : *Ripete ajusté* et 60

On reconnaît, vu de face et de plus près, l'embarcadère semi-circulaire à double escalier du port de Ripetta, déjà représenté au folio 31.
De même qu'Hubert Robert avait remplacé l'église San Girolamo dei Croati par le panthéon romain (fig. 28), Valenciennes lui substitue un bâtiment en hémicycle peut-être inspiré de la villa Giulia (voir folio 79) et dispose à la place de la fontaine du port une statue de Minerve monumentale. Comme à plusieurs reprises dans ce carnet, l'artiste « ajuste » et s'affranchit de la « vérité minutieuse » (voir folios 31, 50 et 60, et Valenciennes, 1800, p. 385). Les silhouettes des personnages sont tracées très librement, de la pointe du pinceau.
Enfin, le motif du bateau chargé de tonneaux de vin, repris du folio précédent, se retrouve détaillé au folio 92.

Fig. 28. Hubert Robert, *Le Port de Ripetta à Rome*, 1767, huile sur toile, Paris, École nationale supérieure des beaux-arts, MRA 123

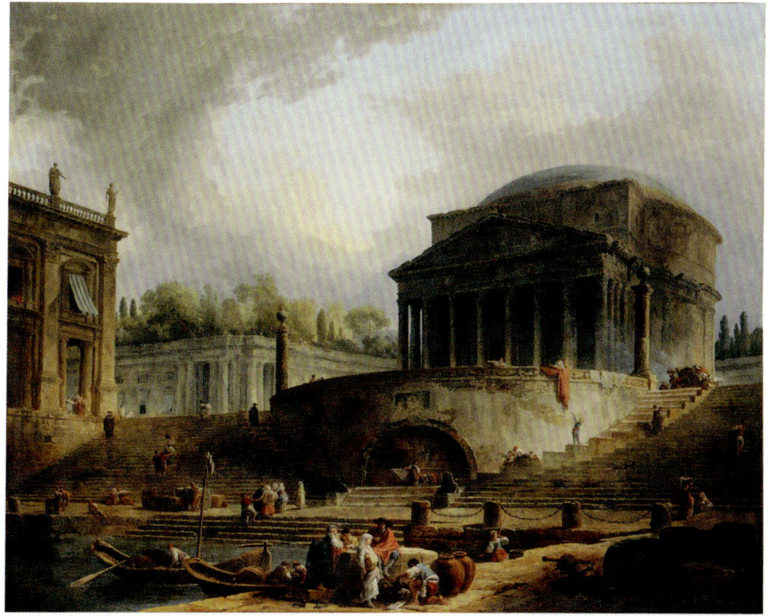

FOLIO 61 RECTO

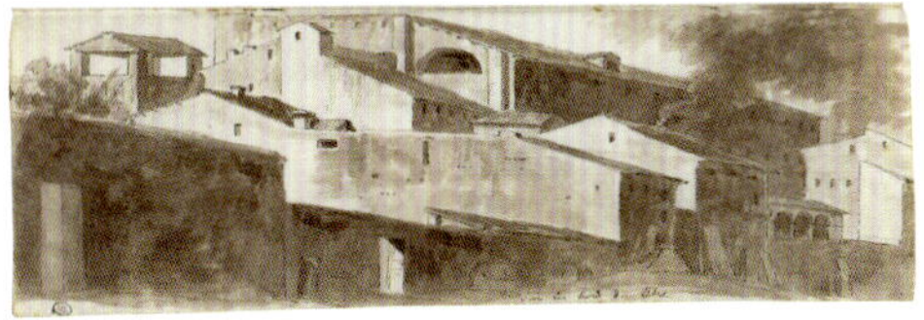

Graphite, lavis brun, plume et encre brune.
À la plume et encre brune en bas à droite :
Sur les bords du Tibre et *61*

Sans qu'il semble s'agir du même point de vue, on peut relever des similitudes entre cette vue des maisons au bord du Tibre et celle que Valenciennes exécute au feuillet 64 de ce carnet : la vue de biais des façades, la fumée qui se répand largement dans le ciel, ou encore le jeu des ombres qui creusent les volumes, clairement marqués par le lavis. En revanche, le lavis est appliqué ici en couches successives et non de manière uniforme, contrairement à la plupart des dessins du carnet, et notamment au folio 64.

FOLIO 62 RECTO

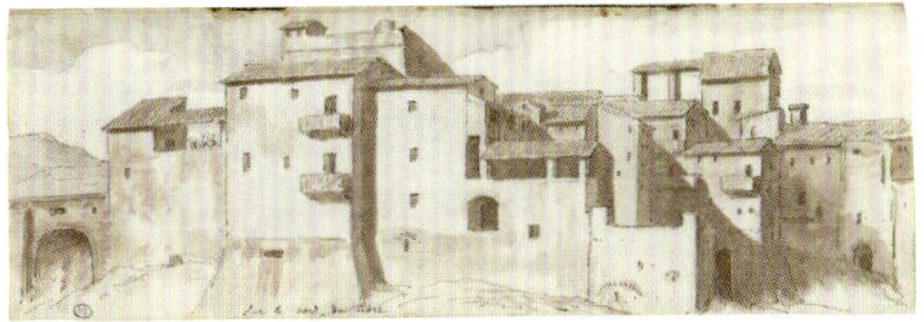

Graphite, lavis brun, plume et encre brune, lavis d'encre grise. À la plume et encre brune en bas au milieu : *Sur le bord du Tibre*; à droite : *62*

FOLIO 63 RECTO, EMPIÉTANT SUR LE FOLIO 62 VERSO

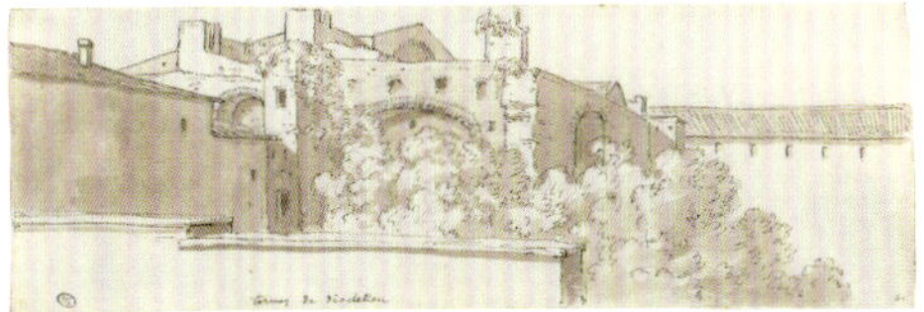

Graphite, lavis brun, plume et encre brune.
À la plume et encre brune en bas au milieu :
termes de dioclétien; à droite : *63*

Valenciennes se trouve ici loin des rives du Tibre, Piazza di Termini, à l'est du centre de Rome, où se trouvaient les vestiges des thermes de Dioclétien (voir fig. 29). Il a donné une vue différente de ces thermes dans un autre de ses carnets romains (musée du Louvre, département des Arts graphiques, RF 14207, folio 17 : « *vestiges restaurés des termes de Dioclétien* »). Un guide de 1790 décrit ainsi les vestiges : « il n'en reste plus que de grandes masures ; on s'est servi des salles les plus vastes pour en former d'abord une superbe église de Chartreux » (Lacombe ?, 1790, vol. 2, p. 322). Valenciennes a également représenté le couvent des Chartreux, à proximité (voir folio 1 bis).

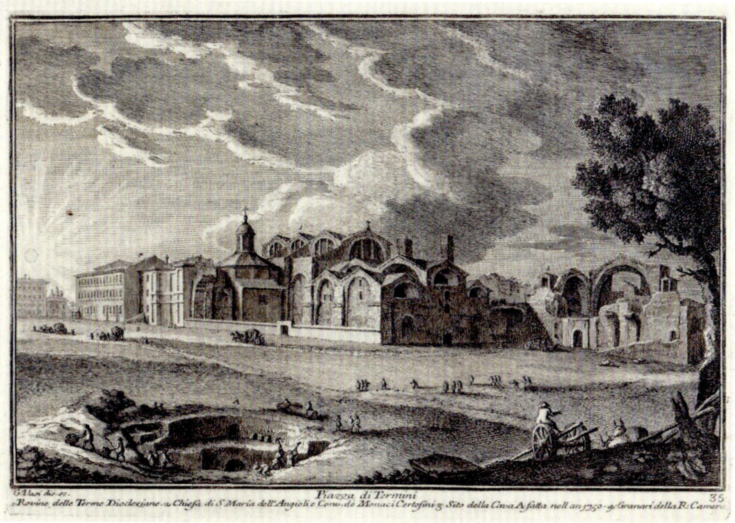

Fig. 29. Giuseppe Vasi, « Piazza di Termini », dans *Delle magnificenze di Roma antica e moderna*, vol. 2, *Le piazze principali di Roma,* 1752, planche 35, eau-forte

FOLIO 64 RECTO

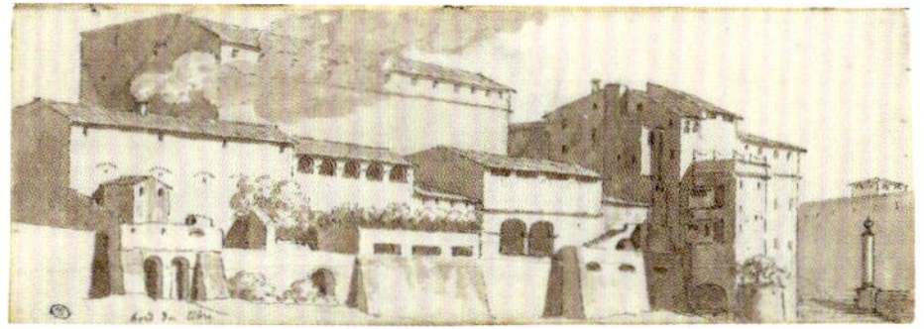

Graphite, lavis brun, plume et encre brune. À la plume et encre brune en bas à gauche : *bord du Tibre*; à droite : *64*

La colonne à fût lisse surmontée d'une sphère, située en aplomb d'un escalier descendant vers la droite, laisse penser qu'il s'agit d'une autre vue du port de Ripetta (voir aussi folios 31, 50 et 60).

FOLIO 65 RECTO

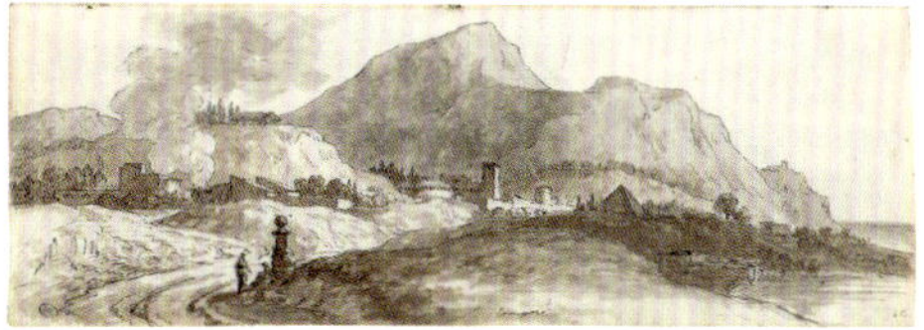

Graphite, lavis brun, lavis gris, plume et encre brune. À la plume et encre brune en bas au milieu : *Composé*; à droite : *65*

Avec ce feuillet, l'artiste s'éloigne de ses études de paysage sur le motif pour se consacrer à une série de onze paysages d'imagination, « composés », jusqu'au folio 76, série interrompue par deux vues des bords du Tibre aux folios 73 et 74. Valenciennes assemble ici une pyramide égyptienne (voir aussi folio 67), une coupole semblable à celle du panthéon romain, des églises, et une borne de pierre sphérique, également présente au folio 67, qui évoque celles qu'il dessine au Campo Vaccino, sur la route de Naples, près de Tusculum, à Grottaferrata, dans un autre carnet romain (musée du Louvre, département des Arts graphiques, RF 12965, folios 6, 37 et 71), ou encore sur la route du couvent de Palazzola, près du lac Albano (BnF, Vf 31 c Rés. Pet fol, folio 77).

On remarque également que ces paysages de composition ont en commun des horizons plus montagneux que n'en offre le Latium. Valenciennes explique en effet dans ses *Éléments de perspective pratique*... que l'homme de génie trouve les rochers que lui offre la nature « mesquins, les montagnes affaissées, les précipices sans profondeur ». Bien vite, nous dit Valenciennes, l'artiste génial se dégage des « vérités minutieuses qui le tenaient enchaîné, il grandit ces rochers, il porte la cime des montagnes dans les nues et, précipitant son imagination dans ces gouffres, il leur donne la profondeur de l'abîme » (Valenciennes, 1800, p. 385).

Ce florilège de morceaux d'architecture romaine, grecque, étrusque, égyptienne ou baroque se rapproche des caprices architecturaux de Piranèse ou d'Hubert Robert, mais laisse à la nature une place prédominante. Les dessins composés de Valenciennes relèvent de la même démarche de sublimation de la nature par l'histoire que ses grands « paysages historiques » à l'huile néoclassiques.

L'intérêt de cette série composée est également technique; il est facile, nous dit Valenciennes dans ses *Éléments*, de dessiner à part les bâtiments rencontrés; mais « quand on veut réunir plusieurs de ces fabriques isolées dans un tableau, il arrive nécessairement que l'on a autant de points de vue que de fabriques, sans compter les rochers, les arbres qui ont tous été copiés séparément dans divers lieux et à des points de vue différents; et de leur rassemblement peu réfléchi, il résulte un accord insoutenable pour un œil délicat » (Valenciennes, 1800, p. 206).

FOLIO 66 RECTO

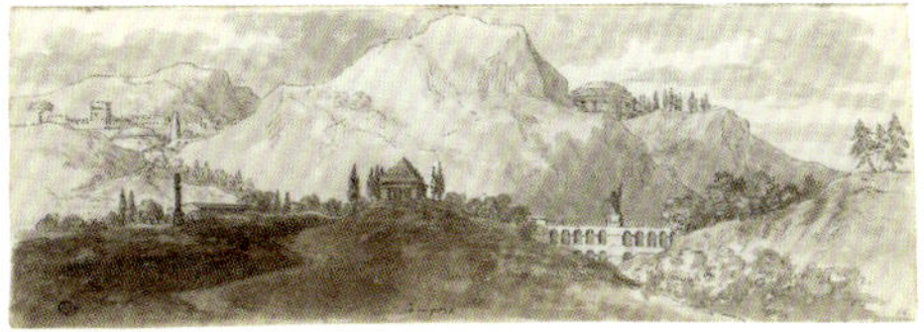

Graphite, lavis brun, lavis gris, plume et encre brune. À la plume et encre brune en bas au milieu : *Composé*; à droite : *66*

Ce paysage offre un autre mélange d'inspirations et de réminiscences diverses de l'artiste. Les fortifications crénelées, ici au fond à gauche, étaient fréquentes dans la campagne romaine du XVIIIe siècle. Valenciennes affectionne le motif de la colonne sommée d'un vase antique, qu'on retrouve aux folios 67 bis et 69 de ce carnet (voir aussi musée du Louvre, département des Arts graphiques, RF 12965, folios 17 et 64, et BnF, Vf 31 c Rés. Pet fol, folio 33). La statue monumentale évoque celle que Valenciennes place à l'embarcadère de Ripetta (voir folio 60). Le temple rond, en hauteur, fait la synthèse de la colonnade circulaire du temple d'Hercule et du temple de Vesta romains, et du temple de la Sibylle de Tivoli, avec la large coupole du Panthéon (voir aussi folio 70). L'inspiration du temple carré à toit pyramidal est plus difficile à identifier; on retrouve ces deux motifs avec des variantes dans d'autres croquis (BnF, Vf 31 c Rés. Pet fol, folios 27 et 31) puis, quelques années plus tard, dans *L'Ancienne Ville d'Agrigente* (voir fig. 2), ou encore dans les *Jeunes filles sacrifiant leurs cheveux à Diane* (fig. 30).

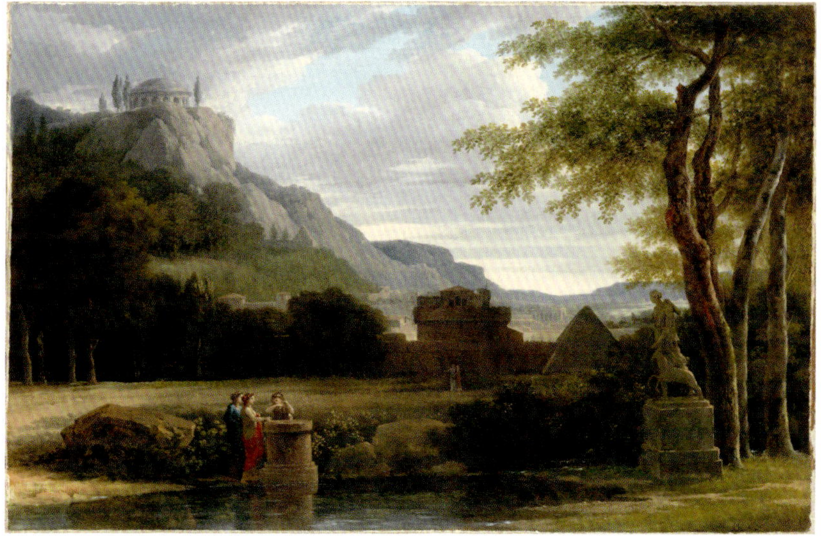

Fig. 30. Pierre Henri de Valenciennes, *Jeunes filles sacrifiant leurs cheveux à Diane*, 1790, Mount Holyoke College Museum, MA, Inv. MH.2000.1

FOLIO 67 RECTO

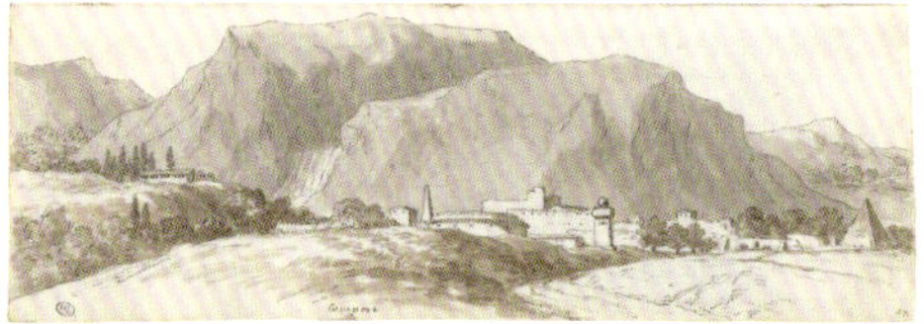

Graphite, lavis brun, lavis gris, plume et encre brune. À la plume et encre brune en bas au milieu : *Composé*; à droite : *67*

Les cinq paysages dessinés aux folios numérotés 65 à 68 sont construits de la même manière, en agençant des « fabriques », reprises de monuments antiques, modernes ou d'invention, contre un fond montagneux qui occupe la moitié voire les deux tiers supérieurs de la composition. Chaque fond est différent : Valenciennes ajoute ici un motif de cascade dans la roche. Il reprend en revanche le motif de la borne surmontée d'une sphère ainsi que celui de la pyramide déjà présent au folio 65. Cette pyramide évoque celle de Caïus Cestius, située près de la porte San Paolo à Rome, au sud du centre de la ville : « d'une proportion élégante [elle] fait un très bel effet dans le paysage de près et de loin » (La Lande, 1769, t. IV, p. 375). Valenciennes l'a dessinée sur des pages de carnet (fig. 31 ; musée du Louvre, département des Arts graphiques, RF 14208, folio 11), l'a peinte à l'huile (huile sur papier collée sur carton, musée du Louvre, département des Peintures, RF 2903 et 2992) et l'a réutilisée dans plusieurs paysages recomposés, comme par exemple *Pyramide et arc-en-ciel* (huile sur papier collée sur carton, musée du Louvre, département des Peintures, RF 3006).

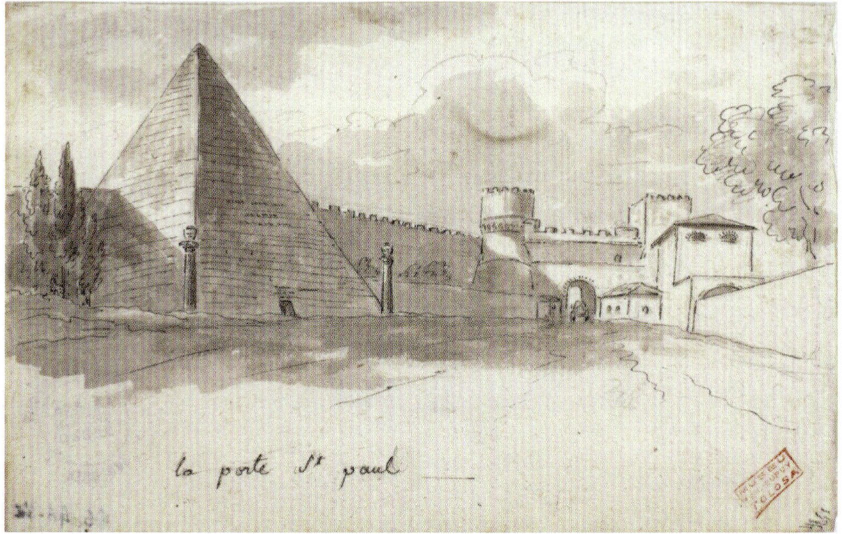

Fig. 31. Pierre Henri de Valenciennes, « *La porte St. Paul* », graphite, plume et encre noire, lavis brun, Toulouse, musée Paul-Dupuy, Inv. 66-46-58

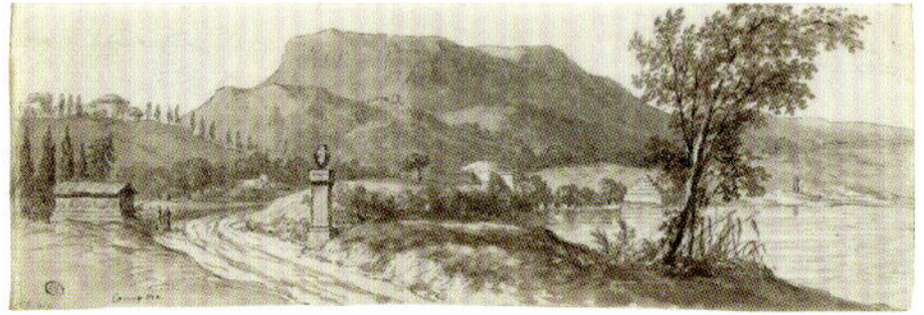

Graphite, lavis brun, lavis gris, plume et encre brune. À la plume et encre brune en bas à gauche : *composé*; au graphite en bas à gauche : *67 bis*. La feuille a été rapportée et collée au verso du folio précédent.

Le vase antique sur une colonne carrée est proche de celui de la villa Barberini, dessiné par Valenciennes sur une grande feuille conservée au Louvre (fig. 32). L'artiste cite la pyramide à degrés de Saqqara, que son « ami et élève en peinture, qui a beaucoup voyagé », Simon

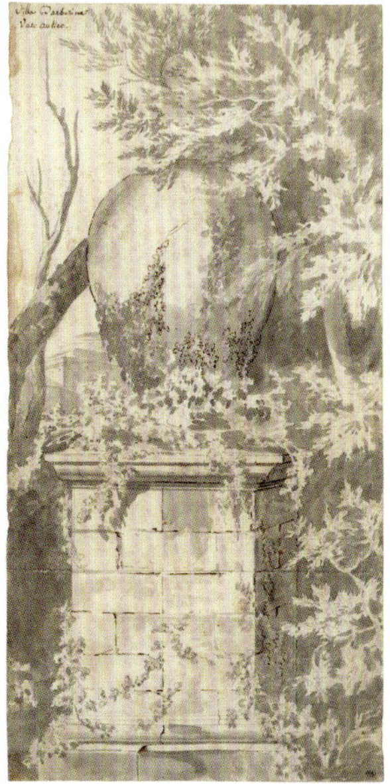

Fig. 32. Pierre Henri de Valenciennes, *Vase antique sur un piédestal, dans les jardins de la villa Barberini*, vers 1777-1779, graphite, plume et encre brune, lavis d'encre grise, Paris, musée du Louvre, département des Arts graphiques, RF 13097

Célestin Croze-Magnan, évoque dans les *Éléments de perspective pratique*..., auxquels il a collaboré avec Valenciennes (Valenciennes, 1800, Avant-propos, p. 1 et 525). On l'observe également dans le carnet conservé à la BnF (Vf 31 c Rés. Pet fol, folio 28). Quant au tombeau, dont les flancs ornés de rinceaux sont une réminiscence du tombeau de Constance (voir folio 91), il vient teinter de mélancolie cette Arcadie rêvée.

FOLIO 68 RECTO

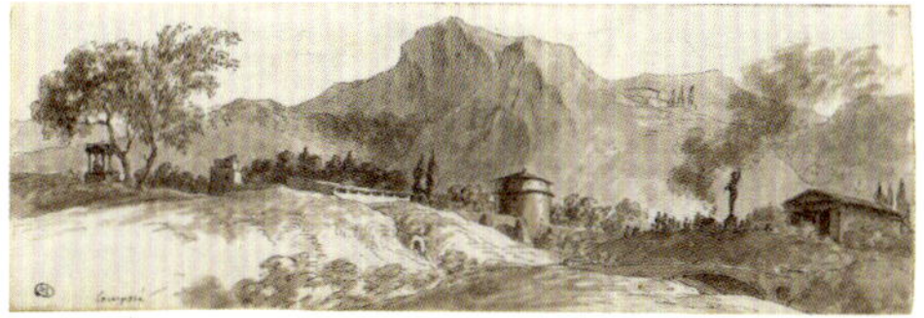

Graphite, lavis brun, lavis gris, plume et encre brune. À la plume et encre brune en bas à gauche : *Composé*; à droite : *68*

Devant le temple antique, à droite, s'élève une statue de Mercure. Une assemblée lui sacrifie des offrandes sur un autel fumant. En effet, Valenciennes ajoute parfois de petites figures à l'antique à ses paysages ajustés ou composés, par exemple aux folios 37, 41 et 46 du présent carnet ou dans un dessin représentant les jardins de la villa Borghèse, animés d'une cérémonie antique (musée du Louvre, département des Arts graphiques, RF 13037).

Sur la gauche du dessin, sous l'arbre, s'élève un petit édifice à colonnade qui évoque la chapelle à la Madone croquée par Valenciennes près du Ponte Molle dans un autre carnet conservé au musée du Louvre et également daté de l'année 1778 (fig. 33).

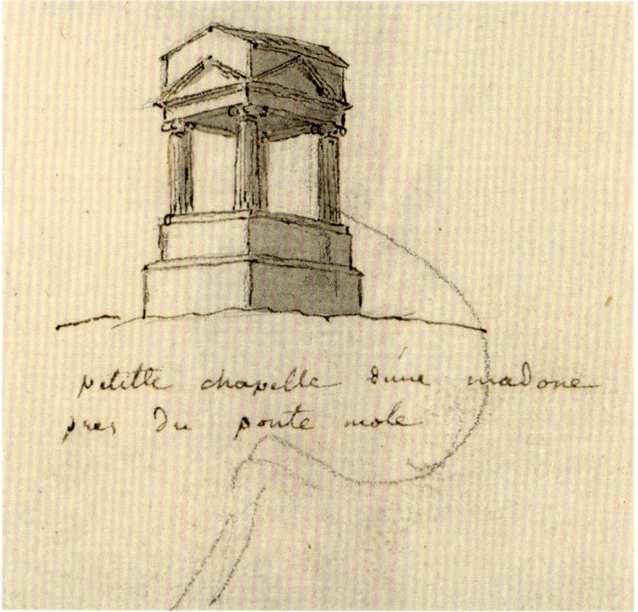

Fig. 33. Pierre Henri de Valenciennes, « *petite chapelle d'une madone près du Ponte Molle* », 1778, plume et encre brune, lavis gris, Paris, musée du Louvre, département des Arts graphiques, RF 12965, folio 138 (détail)

FOLIO 69 RECTO

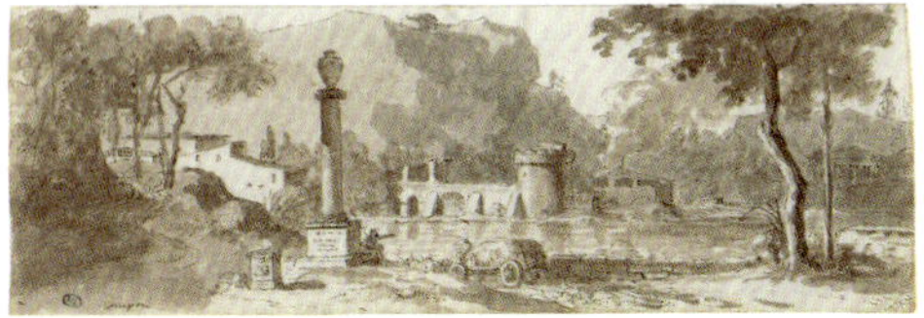

Graphite, lavis brun, lavis gris, plume et encre brune. À la plume et encre brune en bas à gauche : *Composé*; à droite : *69*

Valenciennes rassemble ici, toujours sur fond de montagne, de gauche à droite, un autel, un vase au sommet d'une colonne, une structure fortifiée, peut-être un souvenir de la porte Saint-Paul (voir fig. 31), et un temple à fronton triangulaire, tout à droite. Le soldat casqué, lance à la main, assis au pied de la colonne, ainsi que la charrette de foin donnent une note pittoresque. La base de la colonne porte des inscriptions qui, sans être détaillées, font référence à l'Antiquité.

FOLIO 70 RECTO

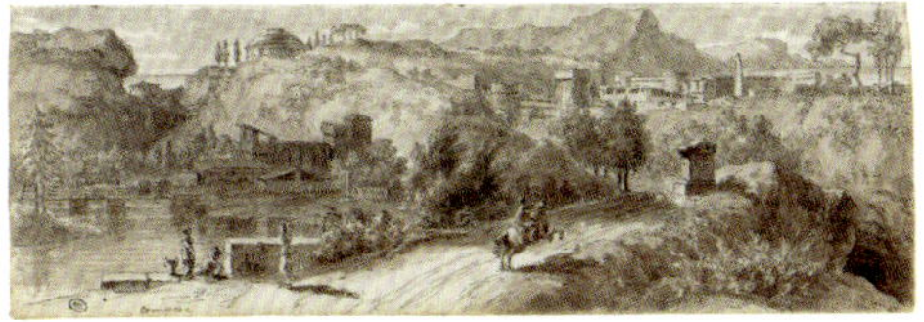

Graphite, lavis brun, lavis gris, plume, encre noire et encre grise. À la plume et encre brune en bas à gauche : *Composé*; à droite : *70*

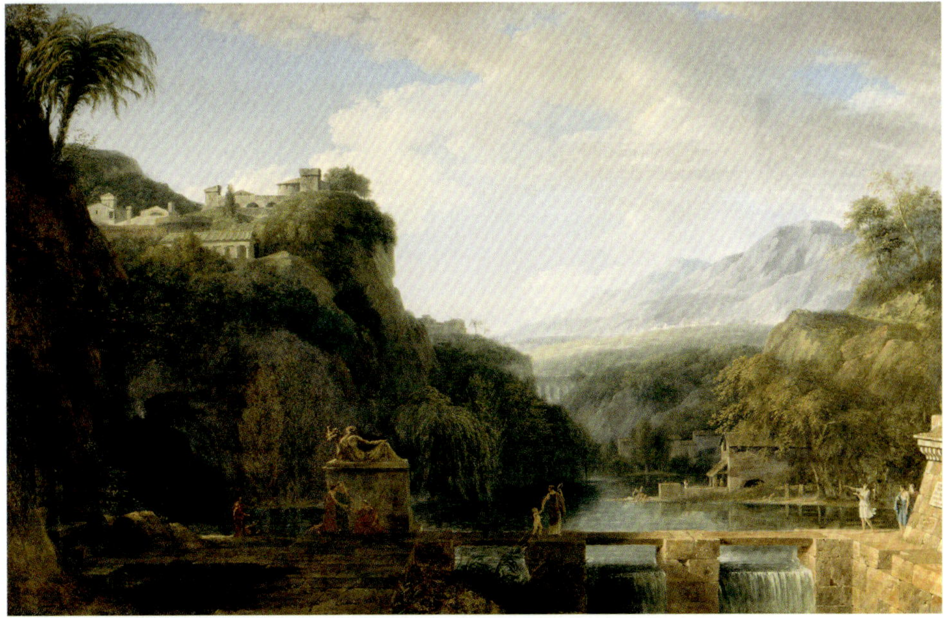

Fig. 34. Pierre Henri de Valenciennes, *Un paysage de l'ancienne Grèce,* Salon de 1787, huile sur toile, Detroit, Detroit Institute of Arts, Inv. 75.65

Ce dessin se distingue par la richesse foisonnante de ses détails d'inspiration antique (stèles, temple rond [voir folio 66], fortifications crénelées, colonne à urne, obélisque et sarcophage), tandis que la montagne qui animait le fond des paysages précédents, repoussée à l'arrière de la composition, se fait beaucoup plus discrète. Un cavalier se tourne vers un mendiant assis dans l'ombre du chemin.

La gracieuse scène des porteuses d'eau en bas à gauche, réminiscence peut-être de l'*Éliézer et Rebecca* de Nicolas Poussin (1648, huile sur toile, musée du Louvre, département des Peintures, Inv. 7270), est reprise une dizaine d'années plus tard par Valenciennes (voir par exemple au musée du Louvre, département des Arts graphiques, RF 13004 et RF 13077).

Le pont à piles carrées enjambant une cascade sur la gauche est semblable à celui que représente Valenciennes dans *Un paysage de l'ancienne Grèce*, tableau exposé au Salon de 1787 (fig. 34).

FOLIO 71 RECTO

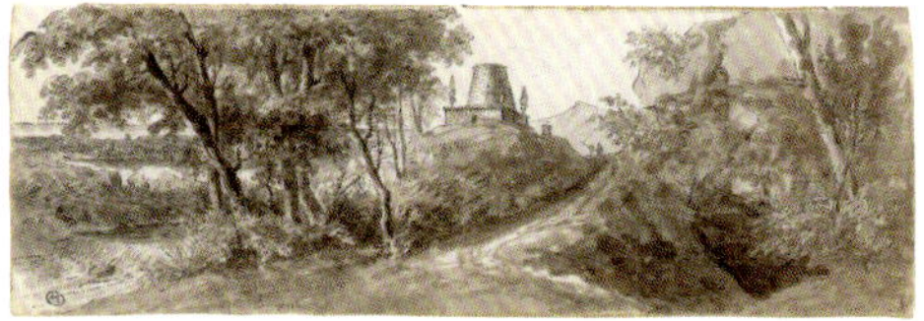

Graphite, lavis brun, lavis gris, plume et encre grise. À la plume et encre brune en bas à gauche : *Composé*; à droite : *71*

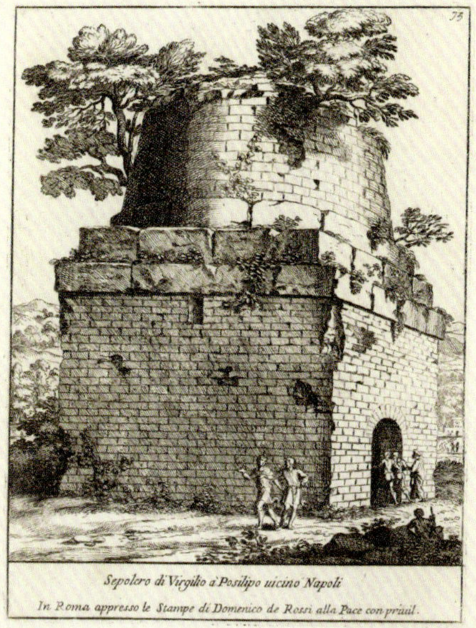

Fig. 35. Pietro Santi Bartoli, *Le Tombeau de Virgile à Pausilippe*, 1600, estampe, dans *Gli Antichi sepolcri, ovvero mausolei romani, ed etruschi*, Rome, 1768, planche 73

La structure du bâtiment dessiné au centre de ce paysage évoque celle d'une ruine romaine traditionnellement appelée « tombeau de Virgile », que Valenciennes alla visiter à Naples, au mont Pausilippe, en 1780, et qu'il pouvait déjà connaître en 1778 par de nombreuses représentations gravées (fig. 35).

FOLIO 72 RECTO

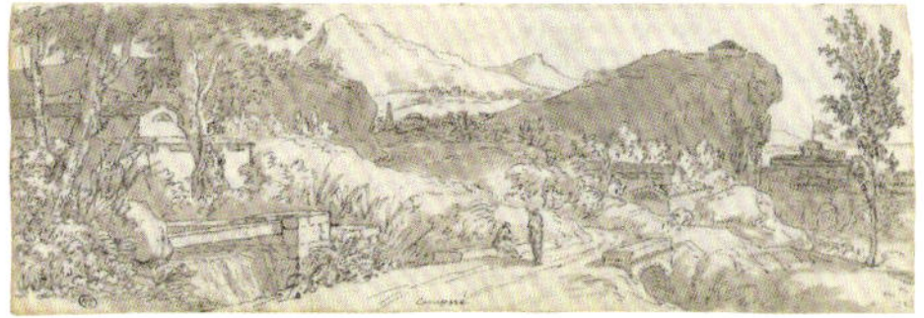

Graphite, lavis gris, plume et encre grise. À la plume et encre brune en bas au milieu : *Composé*; à droite : *72*

La silhouette du bâtiment à droite, surmonté d'un drapeau, est proche de celle du château Saint-Ange, sur lequel Valenciennes fait également flotter une bannière (voir folio 77 du présent carnet, ou encore Bnf, Vf 31 c Rés. Pet fol, folio 25). L'artiste affectionne ce bâtiment qu'il utilise à plusieurs reprises pour ses paysages composés (voir également BnF, Vf 31 c Rés. Pet fol, folios 5 et 10).
Le lavis très pâle laisse ici dominer le trait de plume, vif et détaillé.

FOLIO 73 RECTO

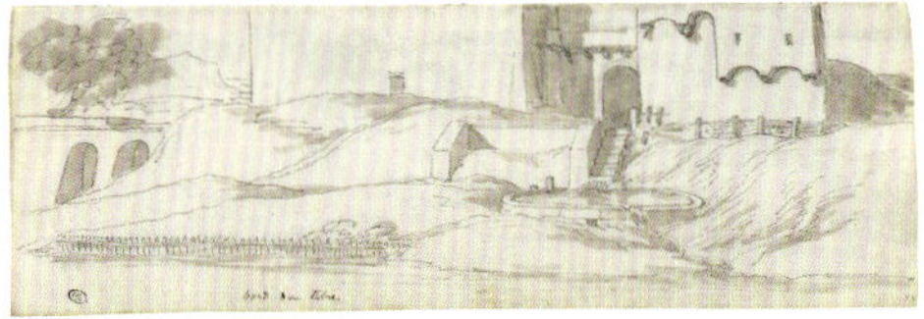

Graphite, lavis gris, plume et encre grise.
À la plume et encre brune en bas à gauche : *bord du Tibre*; à droite : *73*

FOLIO 74 RECTO

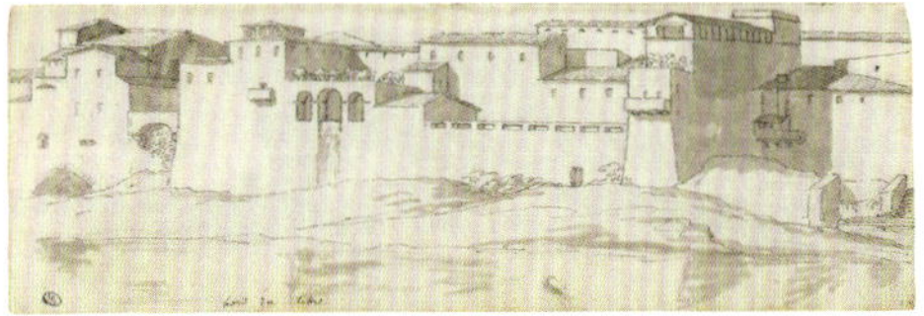

Graphite, lavis gris, plume et encre grise.
À la plume et encre brune en bas à gauche : *bord du Tibre*; à droite : *74*

FOLIO 75 RECTO

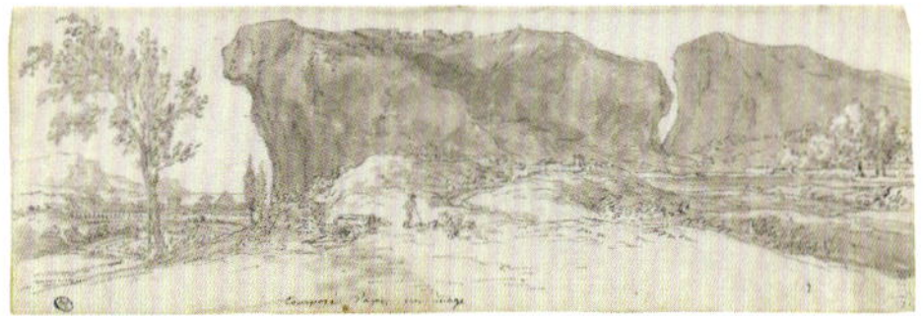

Graphite, lavis gris, plume et encre grise.
À la plume et encre brune en bas au milieu : *Composé d'après un nuage*; à droite : *75*

Valenciennes écrit dans ses *Éléments de perspective pratique...* que « quelquefois les nuages représentent parfaitement des montagnes à l'horizon » (Valenciennes, 1800, p. 191). Il précise par ailleurs, à propos de Joseph Vernet, que « ses nuages sont des masses grandement composées, et ne ressemblent pas à des rochers suspendus dans les airs » (*ibid.*, p. 220). Ces rapprochements entre montagnes, rochers et nuages se traduisent aussi sous son crayon : comme l'a relevé Luigi Gallo, Valenciennes recompose ici entièrement la nature, à partir d'un nuage, pour élaborer un paysage, faisant un exercice d'imagination créative (Toulouse, 2003, p. 47-47, et Gallo, 2017, p. 65, note 66). L'annotation « *Composé d'après un nuage* » se retrouve sur un autre dessin de Valenciennes, exécuté seulement au graphite : la composition est différente mais l'artiste a également placé une imposante montagne à l'arrière-plan (musée du Louvre, département des Arts graphiques, RF 14198, folio 15 verso).

Pourtant, quelques années plus tard, il semble déconseiller la représentation des « illusions d'optique » qu'on peut observer dans la nature, comme le fait que « quelquefois les nuages représentent parfaitement des montagnes à l'horizon » (Valenciennes, 1800, p. 211-213). « Tout ce qui est indécis, dans la nature, ne doit pas être imité, parce qu'en supposant qu'on réussisse à le rendre avec la plus grande justesse, on se sera donné beaucoup de peine pour ne représenter qu'une illusion, et par conséquent une fausseté » (*ibid.*, p. 276).

FOLIO 76 RECTO

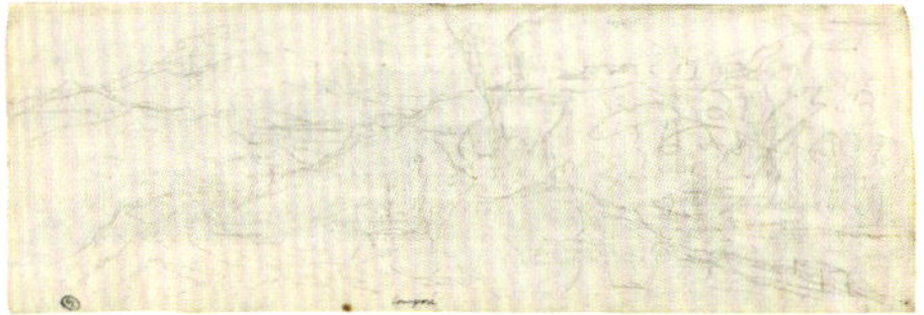

Graphite. À la plume et encre brune en bas au milieu : *Composé*; à droite : *76*

FOLIO 77 RECTO

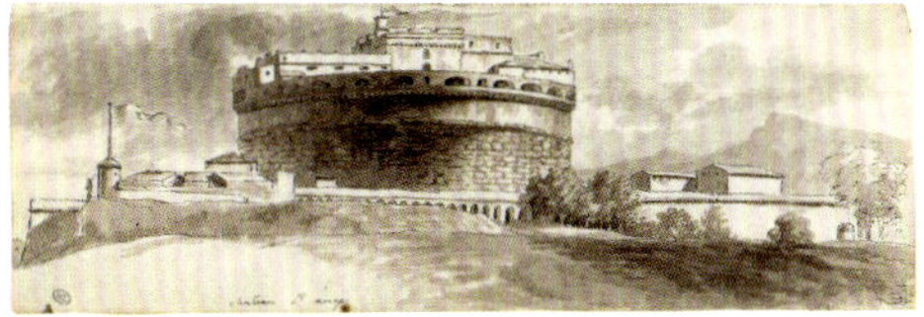

Graphite, lavis brun, plume et encre grise.
À la plume et encre brune en bas à gauche : *château St ange*; à droite : *77*

Valenciennes représente ici le château Saint-Ange avec un angle de vue rapproché mais assez similaire à celui qu'il utilise au folio 25 du carnet conservé à la BnF (Vf 31 c Rés. Pet fol) : on y reconnaît notamment les deux bannières qui flottent au vent. Le Ponte Adriano (ou Sant'Angelo), qui enjambe le Tibre, non visible ici, se trouve sur la gauche.

Valenciennes utilise volontiers le château Saint-Ange dans ses paysages composés (voir folio 72), mais il s'y rend également pour des études de paysages, certes plus ou moins fidèles (voir, outre le folio 25 du carnet conservé à la BnF, déjà cité, le folio 2 du même carnet, ainsi qu'au musée du Louvre, département des Arts graphiques, RF 12965, folios 18 et 109, et enfin le folio 90 du présent carnet).

FOLIO 78 RECTO

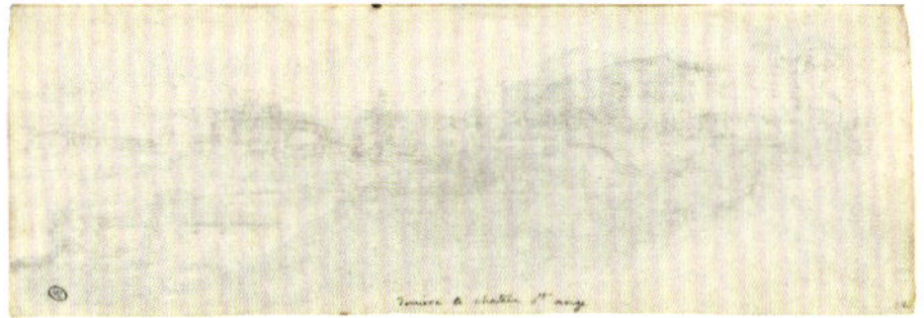

Graphite. À la plume et encre brune en bas au milieu : *derriere le château St ange*; à droite : *78*

Valenciennes contourne le château Saint-Ange pour se rendre au Vatican (folio suivant).

FOLIO 78 VERSO

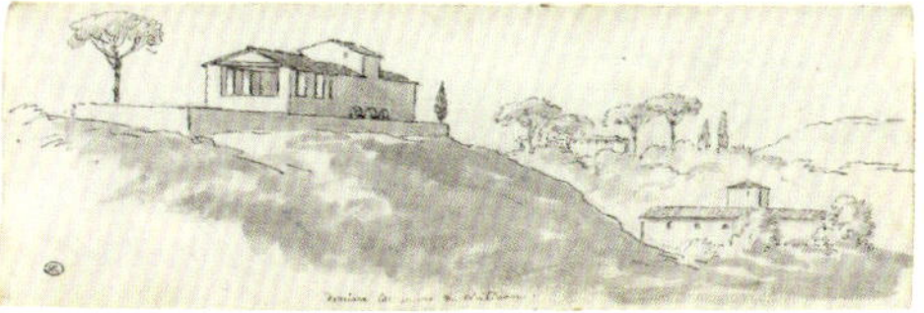

Graphite, lavis gris, plume et encre noire.
À la plume et encre brune en bas au milieu : *derrière les murs du Vatican.*

Voir folio 54.

FOLIO 79 RECTO

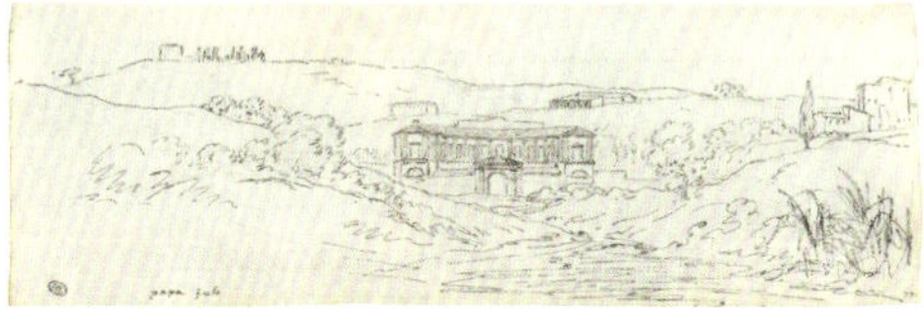

Graphite, plume et encre noire. À la plume et encre brune en bas à gauche : *papa jule*; à droite : *79*

Ce feuillet est consacré à la façade arrière en hémicycle de la villa Giulia (aujourd'hui Musée national de l'art étrusque), construite au XVIe siècle par Jacopo Barozzi da Vignola pour le pape Jules II et située au nord des jardins de la villa Borghèse. Comme le montre le dessin de Valenciennes, l'édifice est situé en dehors des murs de Rome, presque à la campagne. L'artiste a exécuté un autre croquis à proximité de la villa Giulia (musée du Louvre, département des Arts graphiques, RF 14216). Il s'agit sans doute d'un bâtiment qu'il a vu à de multiples reprises car il a pu passer à côté pour se rendre à la fontaine de l'Acqua Acetosa, représentée plusieurs fois dans ce carnet. Il s'inspire aussi de l'édifice dans une de ses vues du port de Ripetta (folio 60).
Comme le note un guide de 1790, « l'architecture de la villa Papa Giulio, par Vignole, est à remarquer » (Lacombe ?, 1790, vol. 2, p. 240).

FOLIO 80 RECTO

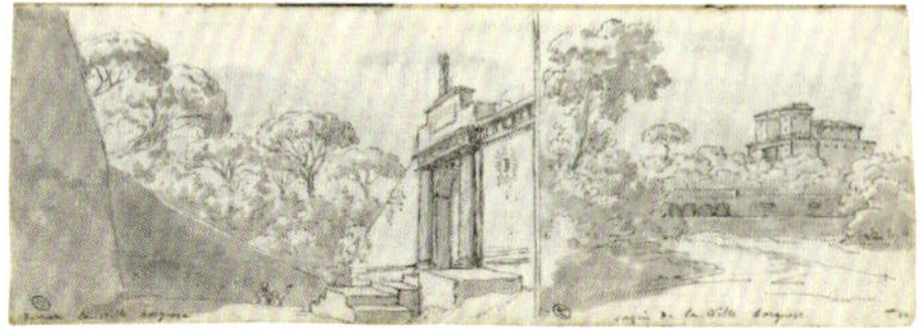

Graphite, lavis gris, plume et encre grise.
À la plume et encre brune en bas à gauche : *Derrière la ville borguese*; à droite : *cazin de la Ville borguese* et *80*

Valenciennes, qui privilégie habituellement des formats allongés pour ses dessins romains, a divisé sa page de carnet en deux, avec un double trait vertical. Cette mise en page avec deux lignes verticales n'est pas unique et se retrouve dans le carnet conservé à la BnF (Vf 31 c Rés. Pet fol, folios 1, 60, 70 et 72), ainsi que dans l'autre carnet conservé au musée du Louvre et daté de 1778 (voir fig. 6).

Valenciennes a consacré un grand nombre de dessins à la villa Borghèse, située derrière la Via del Babuino où il réside (voir par exemple RF 14198, folios 5 et 6; RF 14208, folio 13; RF 12965, folios 105 et 106). La vue de droite est proche d'une huile sur papier collée sur carton et conservée au musée du Louvre, *À la villa Borghèse, le pavillon* (département des Peintures, RF 2900). Sur le dessin de Valenciennes on reconnaît les deux tours qui surplombent le bâtiment, tandis que l'artiste les a reliées par une arche sur son étude à l'huile.

FOLIO 81 RECTO

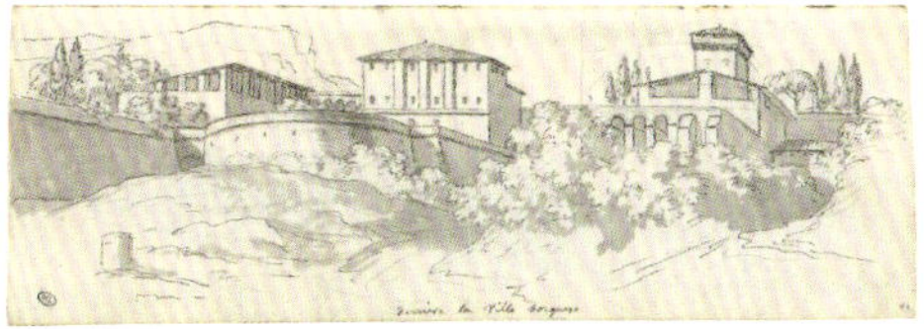

Graphite, lavis gris, plume et encre noire. À la plume et encre brune en bas au milieu : *derrière la Ville borguese*; à droite : *81*

FOLIO 82 RECTO

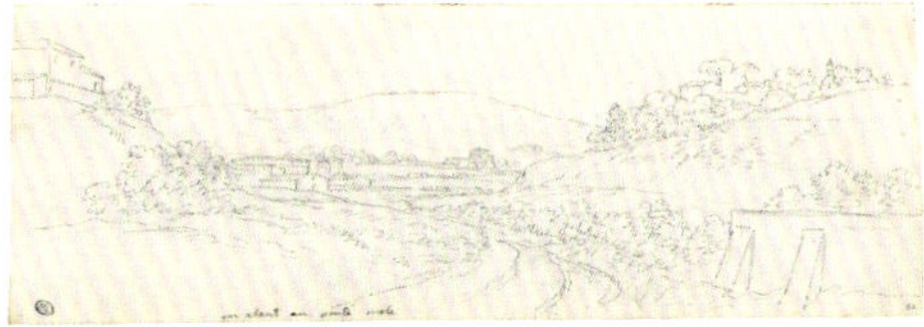

Graphite, plume et encre grise. À la plume et encre brune en bas à gauche : *en alant au ponte mole*; à droite : *82*

Valenciennes se rend à plusieurs reprises au Ponte Molle, au nord de Rome (voir folios 4, 5 et 27). Il est peut-être ici en chemin vers la fontaine de l'Acqua Acetosa (folios 83 à 85). L'orientation de la tour du pont, au centre de la composition, indique en effet que Valenciennes, qui se dirige vers le pont depuis le centre de Rome, n'a pas encore franchit le Tibre.

FOLIO 83 RECTO

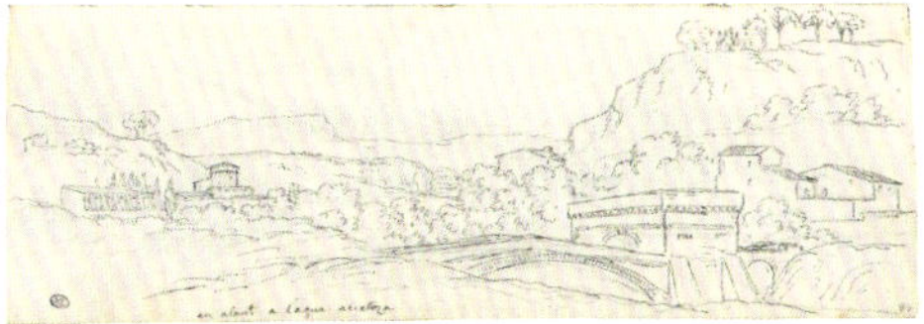

Graphite, plume et encre noire. À la plume et encre brune en bas à gauche : *en alant à l'aqua accetoza*; à droite : *83*

Valenciennes chemine vers le site de la fontaine de l'Acqua Acetosa. Voir folios 23 à 26 et 57.

FOLIO 84 RECTO

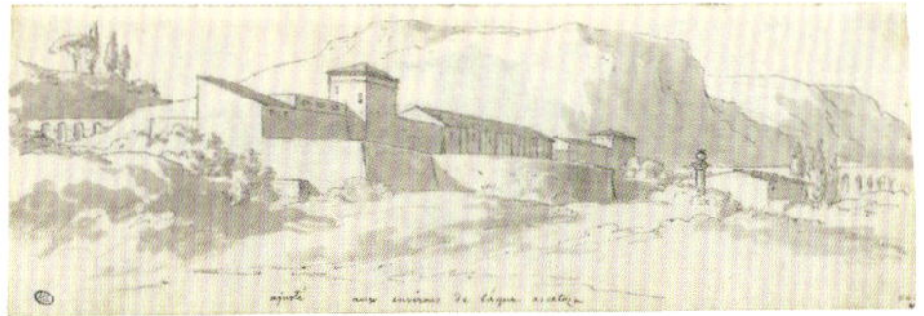

Graphite, lavis gris, plume et encre grise.
À la plume et encre brune en bas au milieu : *ajusté aux environs de l'aqua accetoza*; à droite : *84*

Probablement à la suite du dessin exécuté au folio 83, Valenciennes « ajuste » un paysage à proximité de la fontaine de l'Acqua Acetosa.

FOLIO 85 RECTO

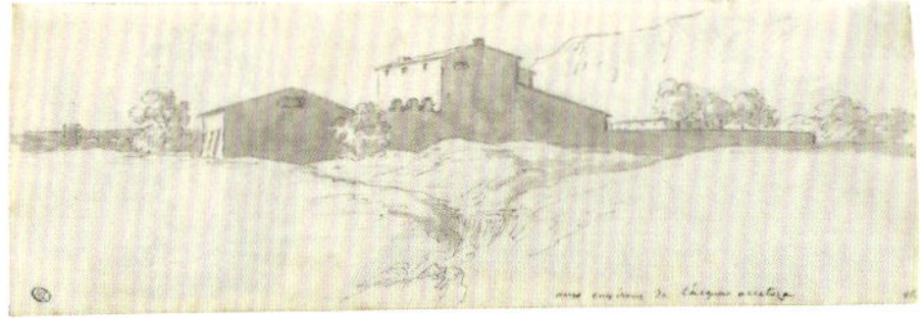

Graphite, lavis gris, plume et encre grise.
À la plume et encre brune en bas à droite : *aux environs de l'aqua accetoza* et *85*

Voir folio 83 : Valenciennes poursuit sa promenade près de la fontaine de l'Acqua Acetosa.

FOLIO 86 RECTO

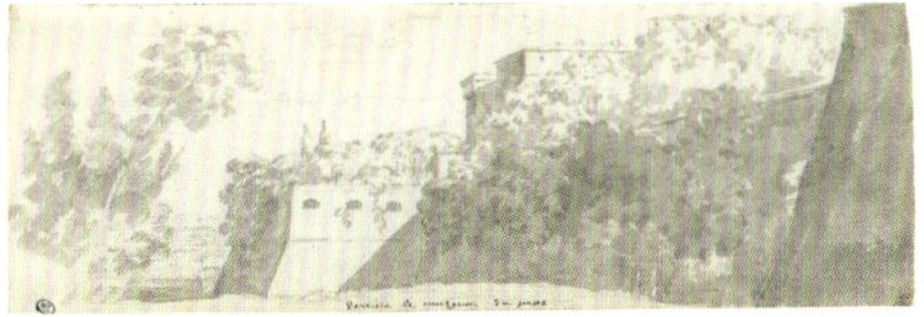

Graphite, lavis gris. À la plume et encre brune en bas au milieu : *derrière le muzeum du pape*; à droite : *86*

Voir folio 54. On distingue clairement ici le mur d'enceinte du Vatican.

FOLIO 87 RECTO

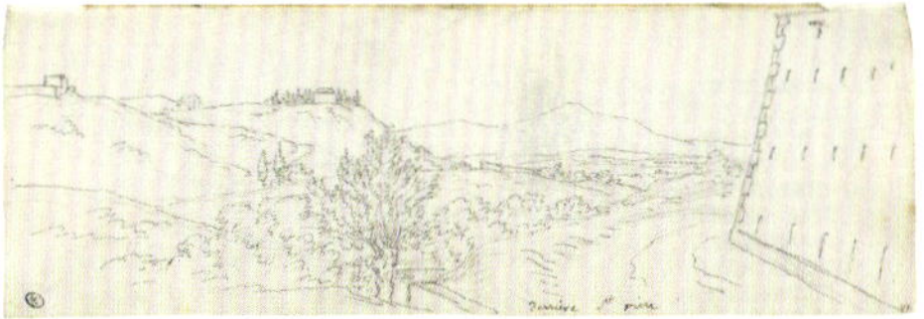

Graphite, plume et encre grise. À la plume et encre brune en bas à droite : *derrière St piere* [*sic*] et *87*

Voir folio 54. À droite, un pan des murailles du Vatican.

FOLIO 88 RECTO

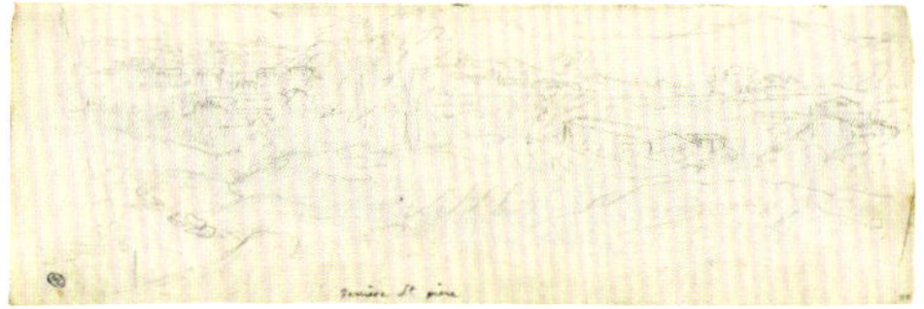

Graphite. À la plume et encre brune en bas au milieu : *derrière St piere* [*sic*] ; à droite : *88*

Voir folio 54. Valenciennes se déplace le long du mur d'enceinte de la cité du Vatican, laissant visible sur sa gauche un pan de muraille pour se tourner vers la campagne qui se trouve à l'extérieur de cette enceinte.

FOLIO 89 RECTO

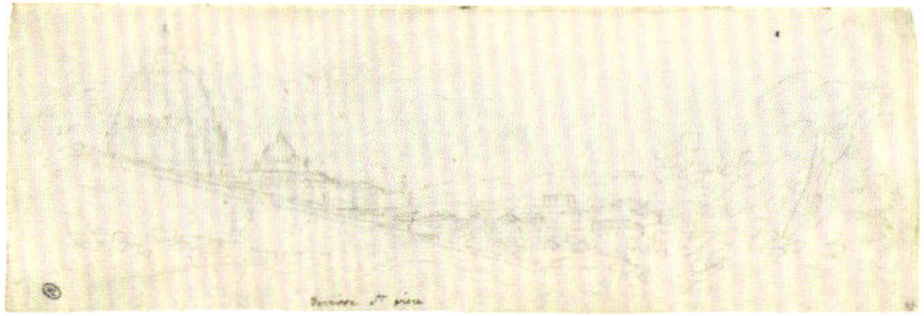

Graphite. À la plume et encre brune en bas au milieu : *derrière St piere* [*sic*] ; à droite : *89*

Le dôme de Saint-Pierre dominant les lointains de Rome, avec les effets de perspective atmosphérique qu'il permet, est un sujet qu'apprécie particulièrement Valenciennes dans ses huiles sur papier (voir au musée du Louvre, département des Peintures, RF 2897 et RF 3001).

FOLIO 90 RECTO

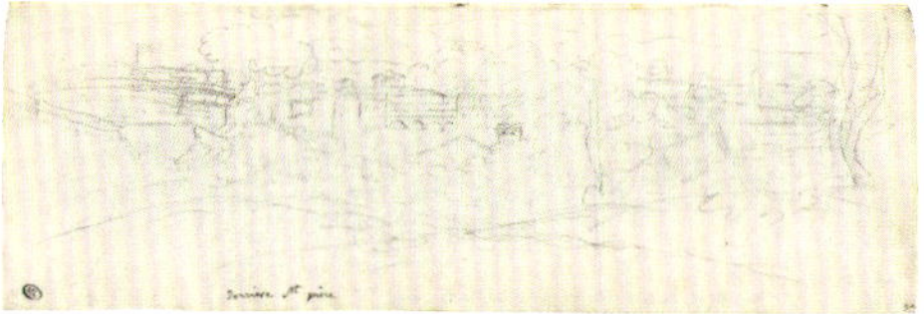

Graphite. À la plume et encre brune en bas à gauche : *derrière St piere* [*sic*] ; à droite : *90*

On devine à gauche le château Saint-Ange (voir le folio 77 du présent carnet).
Un double trait vertical, dans la moitié droite du dessin, semble diviser la composition, comme au folio 80.

FOLIO 91 RECTO

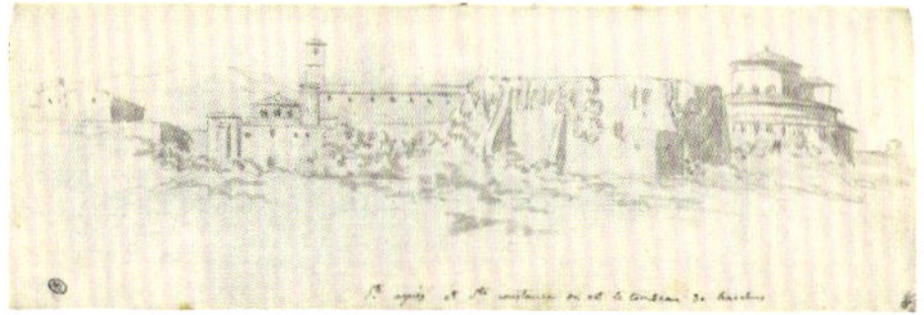

Graphite, lavis gris. À la plume et encre brune en bas à droite : *Ste agnès et Ste constance* ; et à l'encre brune plus foncée : *ou est le tombeau de bacchus* ; à la plume et encre brune : *91*

L'annotation fait allusion à l'église Santa Costanza, construite par l'empereur Constantin pour abriter le tombeau de sa fille. Ce monumental sarcophage de porphyre rouge, aujourd'hui conservé au musée du Vatican, est orné de rinceaux et d'amours vignerons, d'où ce nom de tombeau de Bacchus que lui donne Valenciennes. L'artiste adopte ici un autre angle de vue qu'au folio 42 (verso) de ce carnet pour représenter la basilique Sainte-Agnès-hors-les-Murs, entourée des vestiges de la basilique de Constantin, du mausolée de sainte Constance et de la basilique d'Honorius.

FOLIO 92 RECTO

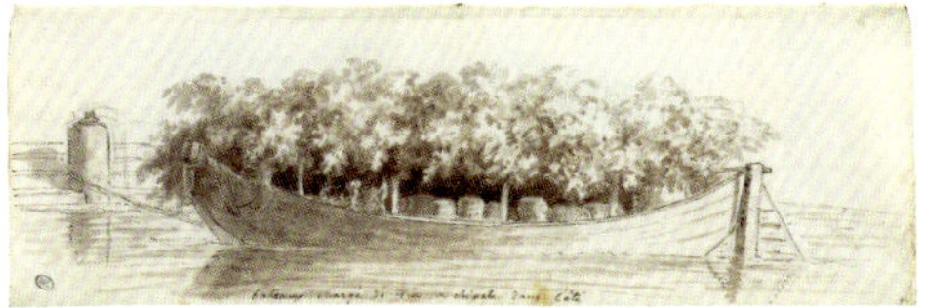

Graphite, lavis brun, plume et encre brune, lavis gris. À la plume et encre brune en bas au milieu : *Bateau chargé de vin a Ripete dans l'été*; à droite : *92*

Les dessins pittoresques sont relativement rares dans les carnets romains de Valenciennes, qui s'attache plutôt à décrire l'architecture. Toutefois celui-ci détaille parfois avec une grande précision les éléments techniques qu'il observe à l'occasion de son voyage (voir folio 1 du présent carnet). On peut aussi rapprocher ce dessin de celui d'une pinque génoise, une autre embarcation à laquelle Valenciennes a consacré une étude soignée, provenant d'un carnet aujourd'hui démembré (plume et encre brune, lavis d'encre brune, Toulouse, musée Paul-Dupuy, Inv. 66-46-46). Représentant régulièrement le port de Ripetta (voir folios 31, 50, 60 et 64), sur la rive ouest du Tibre, à quelques pas de la Casa Giannotti où il réside, Valenciennes s'attache ici à dessiner une embarcation chargée de tonneaux de vin. Les branchages placés au-dessus du chargement permettent sans doute de lui conserver

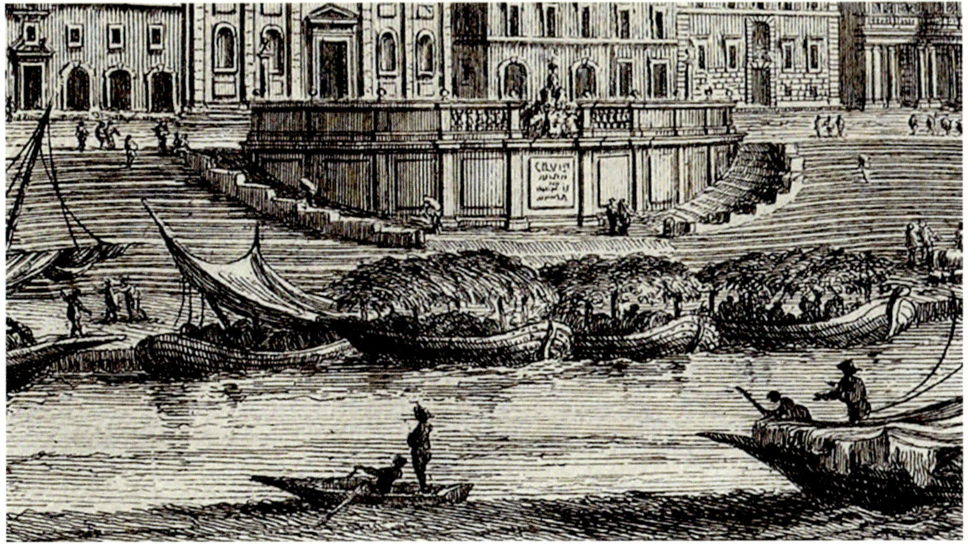

Fig. 36. Détail de la fig. 25 : bateaux couverts de branchages au pied de l'escalier

sa fraîcheur. Giuseppe Vasi a lui aussi représenté ces bateaux dans sa vue gravée du port de Ripetta (fig. 36). La comparaison entre l'estampe de Vasi et le dessin de Valenciennes montre à quel point ce dernier s'approprie et interprète le réel. L'aspect spectaculaire du feuillage qui couvre les tonneaux est accentué dans le dessin de Valenciennes par un rapport de proportions outré : les personnages qui s'agitent au bord de l'embarcation semblent en effet minuscules.

Valenciennes avait déjà représenté ce type de bateau aux folios 59 et 60 du présent carnet (voir aussi folio 58 pour une autre représentation de bateau dans le même carnet). Il l'intègre également plusieurs années après dans un grand dessin conservé au musée Cantini, à Marseille, sur lequel on aperçoit le bateau sous les arches du Ponte Sant'Angelo (fig. 37).

FOLIO 93 RECTO

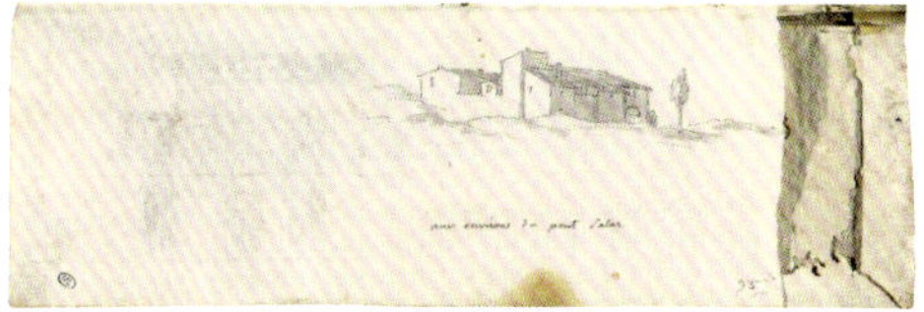

Graphite, lavis gris, plume et encre grise.
À la plume et encre brune en bas à droite : *aux environs du pont Salar* et 93.
Partie droite du feuillet déchirée : format réduit à 23,5 cm de largeur

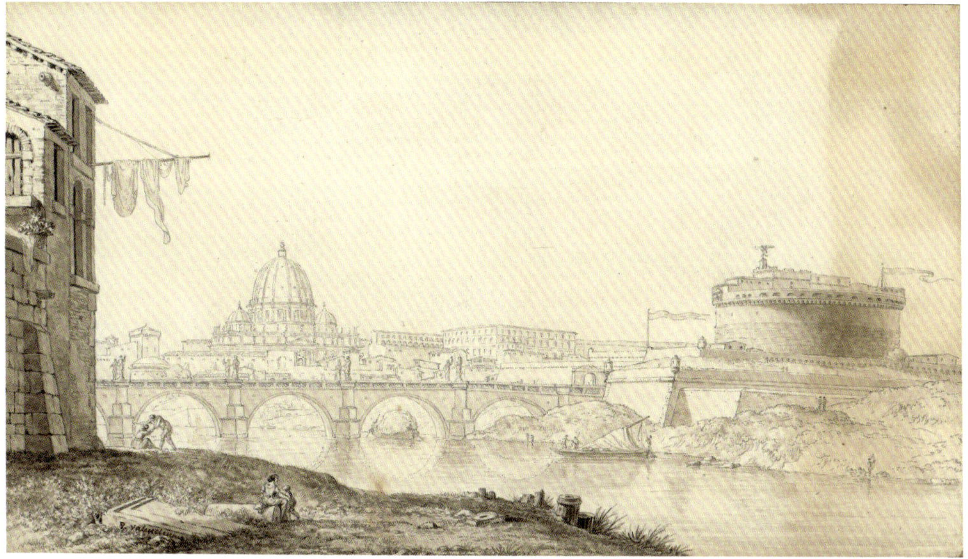

Fig. 37. Pierre Henri de Valenciennes, *Le Château Saint-Ange*, plume et encre brune, lavis d'encre brune, Marseille, musée Cantini, Inv. D. 616

Valenciennes se trouve au nord de Rome, à proximité de l'Aniene, affluent du Tibre, que traverse le Ponte Salario (voir folio 43).

FOLIO 93 VERSO

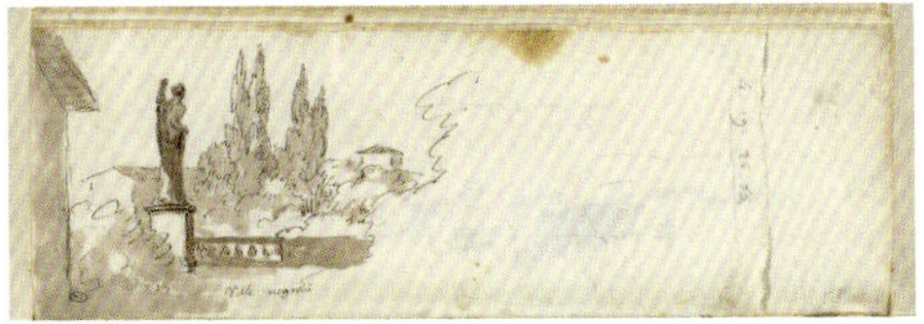

Graphite, lavis brun, plume et encre brune.
À la plume et encre brune en bas à gauche : *Ville negroni* ; à droite au graphite : *4.19.26.55*.
Partie droite du feuillet déchirée :
format réduit à 23,5 cm de largeur

La villa Peretti ou Montalto, construite au XVIe siècle par Sixte V en face des thermes de Dioclétien (voir folio 63 du présent carnet), prend le nom de Negroni lorsque, à la fin du XVIIe siècle, elle est vendue au cardinal Giovanni Francesco Negroni. Au moment où la dessine Valenciennes, la villa jouit d'une grande popularité auprès des artistes, grâce à la découverte en 1777, dans son parc, de vestiges de bâtiments antiques aux fresques bien conservées ; cette découverte a entraîné de gigantesques travaux d'excavation. « Les jardins sont distribués avec goût pour le temps : cette maison de plaisance a plus de demi-lieue de tour » (Lacombe ?, 1790, vol. 2, p. 107). La villa fut détruite en 1860 lors de la construction de la gare de Rome. On distingue sur la droite du feuillet l'esquisse au graphite de l'arrière-main d'un cheval.

Gallo, 1999
Luigi Gallo, « Pierre Henri de Valenciennes et la tradition du paysage historique », in Daniel Rabreau (dir.), *Imaginaire et création artistique à Paris sous l'Ancien Régime (XVIIe-XVIIIe siècles) : art, politique, trompe-l'œil, voyages, spectacles et jardins*, Bordeaux, William Blake & Co., Art & Arts, 1999.

Gallo, 2011
Luigi Gallo, « Le véritable talent est sûr de la renommée » : la vie et l'art de Pierre Henri de Valenciennes (1750-1819) », in *Le Public et la politique des arts au siècle des Lumiéres*, Bordeaux, William Blake, 2011.

Gallo, 2014
Luigi Gallo, « Gli Artisti dell'Académie royale di Tolosa e di alte provincie del regno a Roma (1775-1785) », *Les Cahiers d'histoire de l'art*, n° 12, 2014, p. 45-51.

Gallo, 2017
Luigi Gallo, *Pierre Henri de Valenciennes, L'artiste et le théoricien*, 1750-1819, Rome, « L'Erma » di Bretschneider, 2017.

Lacambre, 1976
Geneviève Lacambre, « Les paysages de Pierre Henri de Valenciennes, 1750-1819 », *Le Petit Journal des grandes expositions*, Dossier du département des Peintures, n° 11, Paris, Musée du Louvre, 1976.

Lacambre, 1978
Geneviève Lacambre, « Pierre Henri de Valenciennes en Italie : un journal de voyage inédit », *Bulletin de la Société d'histoire de l'art français*, Paris, année 1978, 1980, p.139-172.

Lacambre, 1986
Geneviève Lacambre, « Une lettre de Pierre Henri de Valenciennes à une jeune élève », *Archives de l'art français*, t. XXVIII, 1986, p. 159-160.

Lacombe ?, 1790
Jacques Lacombe ?, *Description historique de l'Italie en forme de Dictionnaire*; Par M. de L. M. de l'Académie de S. Luc à Rome. Ouvrage enrichi d'une carte Géographique de l'Italie, et de quarante Planches en Taille-douce, La Haye, Pierre Gosse, 1776, 2 vol., seconde édition, de même titre, parue en Avignon, Chambeau, 1790, 2 vol.

La Lande, 1769
Jérôme de La Lande, *Voyage d'un Français en Italie, fait dans les années 1765 et 1766, contenant l'histoire & les anecdotes les plus singulières de l'Italie, & sa description, les mœurs, les usages...*, Venise, 1769.

Michel, 1996
Olivier Michel, *Vivre et peindre à Rome au XVIIIe siècle*, 1996, Rome, École française de Rome.

Scherb, 2001
Johanna Scherb, « *Ut pictura visio* » *: Naturstudium und Landschaftsbild in Frankreich von 1750 bis 1820*, Petersberg, Michael Imhof Verlag, 2001.

Stefani, 1995
Chiara Stefani, « Michallon (1796-1822) et Valenciennes (1750-1819) : nouvelles attributions (dessins et peinture) », *Revue du Louvre*, n° 4, 1995, p. 74-80.

Valenciennes, 1800
Pierre Henri de Valenciennes, *Éléments de perspective pratique à l'usage des artistes, suivis de réflexions et conseils*, Paris, chez Desenne et Duprat, 1800.

Vasi, 1747-1761
Giuseppe Vasi, *Delle Magnificenze di Roma antica e moderna*, 10 vol., 1747-1761.

Expositions

Londres, 1977
French Landscape : Drawings and Sketches of the Eighteenth Century, Londres, British Museum, département des Estampes et Dessins, 1977, Londres, British Museum Publications, 1977.

Paris, 1990
Le Paysage en Europe du XVIe au XVIIIe siècle, Paris, musée du Louvre, 18 janvier-23 avril 1990, Paris, Réunion des musées nationaux, 1990.

Paris, 1994
Achille Etna Michallon (1796-1822), Paris, musée du Louvre, 10 mars-10 juin 1994, Paris, Réunion des musées nationaux, 1994.

Paris, 1995-1996
Réserves : les suspens du dessin, Paris, musée du Louvre, 22 novembre 1995-19 février 1996, Paris, Réunion des musées nationaux, 1995.

Paris, 2017-2018

Dessiner en plein air, variations du dessin sur nature dans la première moitié du XIXe siècle, musée du Louvre, 18 octobre 2017-29 janvier 2018, Paris, Lienart, 2017.

Paris-Versailles, 1989

Jacques Louis David (1748-1825), Paris, musée du Louvre, et Versailles, Musée national du château, 26 octobre 1989-12 février 1990, Paris, Réunion des musées nationaux, 1989.

Rome, 1981-1982

David e Roma, Rome, villa Médicis, décembre 1981-février 1982, Rome, De Luca, 1981.

Spolète, 1996

Pierre Henri de Valenciennes, 1750-1819, Spolète, Palazzo Racani Arroni, 27 juin-4 août 1996, Naples, Electa Napoli, 1996.

Toulouse, 1956-1957

Pierre Henri de Valenciennes, Toulouse, musée Paul-Dupuy, 1956-1957, Toulouse, Imprimerie régionale, 1956.

Toulouse, 2003

«*La nature l'avait créé peintre*», *Pierre Henri de Valenciennes, 1750-1819*, Toulouse, musée Paul-Dupuy, 19 mars 2003-30 juin 2003, Paris, Somogy, 2003.

Coffret et Carnet fac-similé
© RMN-Grand Palais (musée du Louvre) / Michel Urtado

Amsterdam
© Rijksmuseum : fig. 20

Gênes
© Fotocolor B.N. MARCONI / Direzione Centrale per l'Amministrazione del Fondo Edifici di Culto : fig. 21, fig. 22, fig. 23

Los Angeles
© GRI digital collections : fig. 15, fig. 24, fig. 25, fig. 27, fig. 29, fig. 35, fig. 36

Marseille
© Ville de Marseille, Dist. RMN-Grand Palais / image des musées de la ville de Marseille : fig. 37

Paris
© Beaux-Arts de Paris, Dist. RMN-Grand Palais / image Beaux-arts de Paris : fig. 28
© BnF : fig. 8, fig. 13, fig. 16
© Detroit Institute of Arts, USA / Founders Society Purchase / Bridgeman Images : fig. 34
© Juliette Trey : fig. 10
© Musée du Louvre, Dist. RMN-Grand Palais / Laurent Chastel : fig. 6, fig. 26, fig. 33
© RMN-Grand Palais (musée du Louvre) / Daniel Arnaudet : fig. 5
© RMN-Grand Palais (musée du Louvre) / Franck Raux : fig. 18
© RMN-Grand Palais (musée du Louvre) / Michel Urtado : fig. 12, fig. 19, Carnet RF12966 photographié en intégralité.
© RMN-Grand Palais (musée du Louvre) / Michèle Bellot : fig. 32
© RMN-Grand Palais (musée du Louvre) / Stéphane Maréchalle : fig. 2
© RMN-Grand Palais (musée du Louvre) / Thierry Le Mage : fig. 4, fig. 7, fig. 17

South Hadley
© MHCAM / Petegorsky / Gipe : fig. 30

Stockholm
© Nationalmuseum / Erik Cornelius : fig. 3

Toulouse
© Musée des Augustins / Daniel Martin : fig. 1
© Musée Paul-Dupuy / Bernard Delorme : fig. 14
© Musée Paul-Dupuy / Daniel Molinier : fig. 9, fig. 11, fig. 31

CARNETS ET ALBUMS

Dessins du musée du Louvre

1 *L'album des « Disegni di A. Pollaiuolo (?) 1429 † 1498 »*
Laura Angelucci et Dominique Cordellier

2 *Eugène Delacroix. Carnet « des Pyrénées »*
Marie-Pierre Salé

3 *Le « Livre de croquis de Gabriel de Saint-Aubin »*
Xavier Salmon

4 *Gilles Marie Oppenord. Carnet de dessins faits à Rome 1692-1699*
Jean-Gérald Castex et Peter Fuhring

L'étude et le « fac-similé » du carnet sont imprimés sur Gardapat Kiara

Achevé d'imprimer au mois de mars 2019 sur les presses de Intergrafica, Vérone, Italie

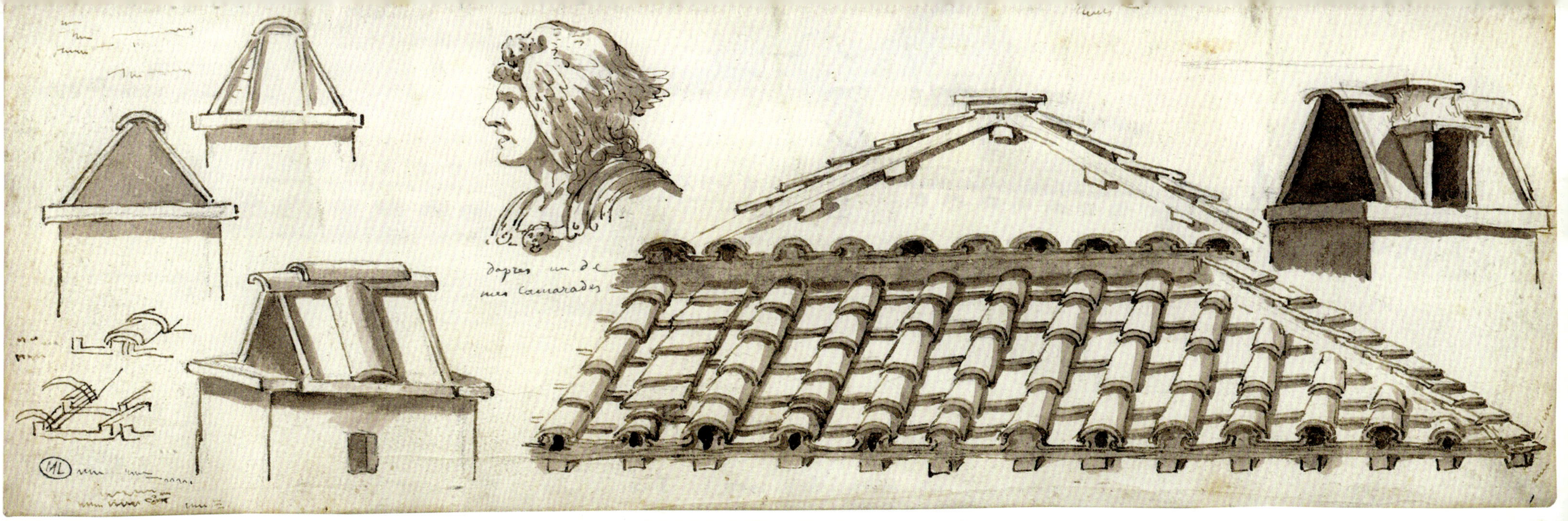
dapres un de
mes Camarades

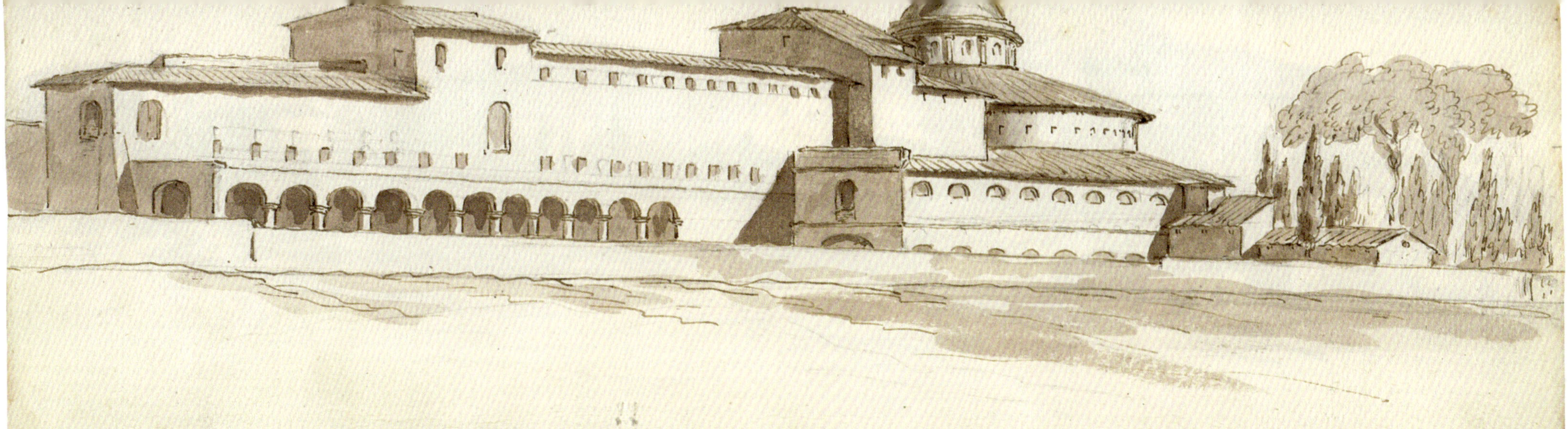

Vue d'un Couvent dans la place des Chartreux

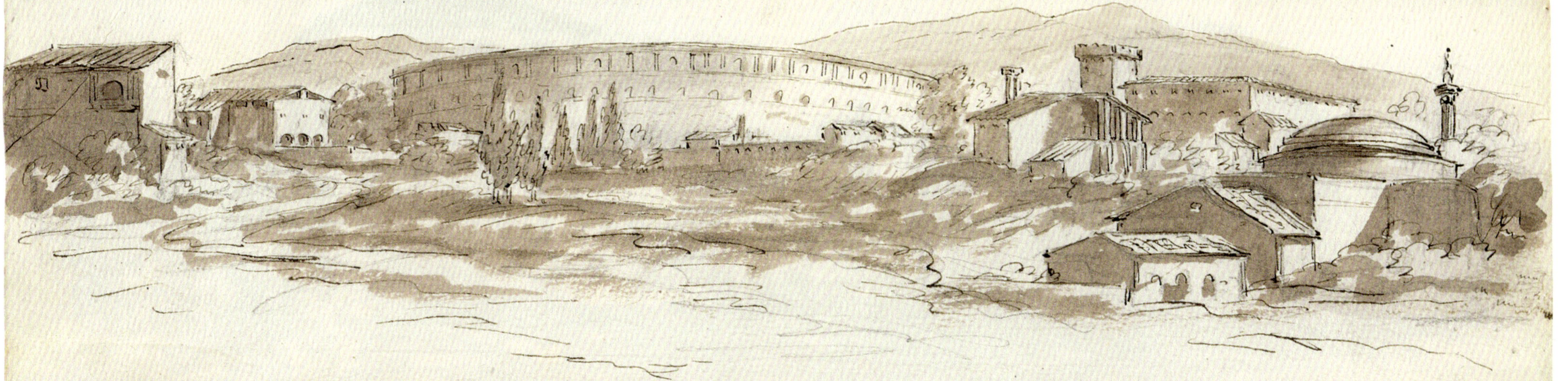

le colisée de dessus les murs de St jean

2

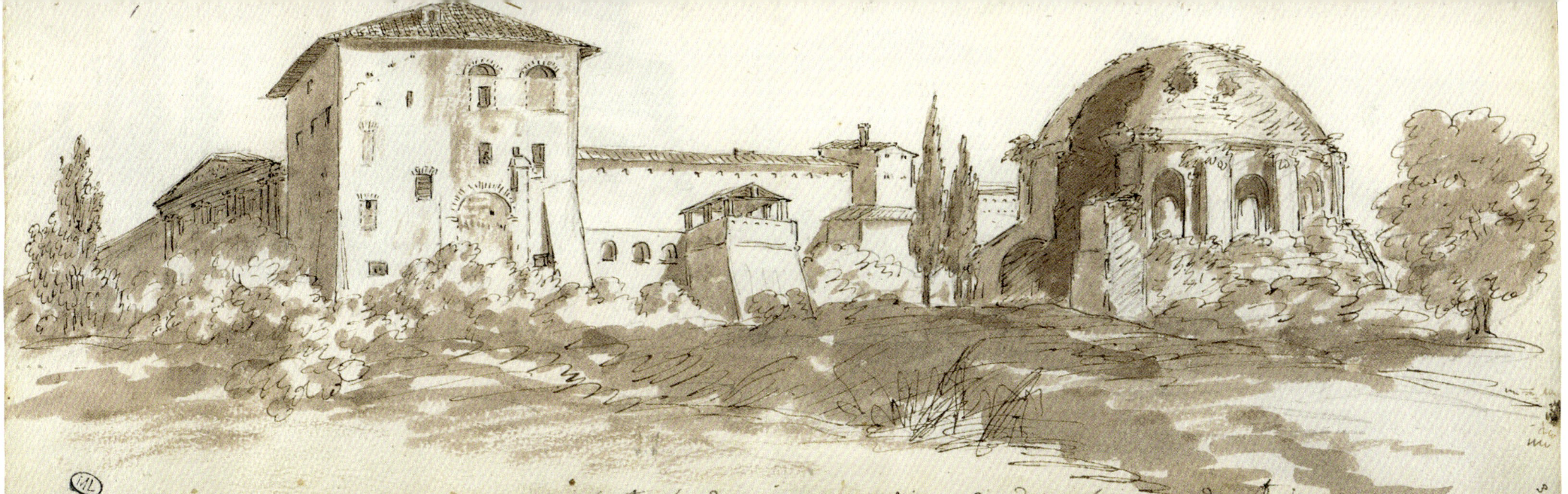

le temple de minerva medica, de dans les murs de St jean

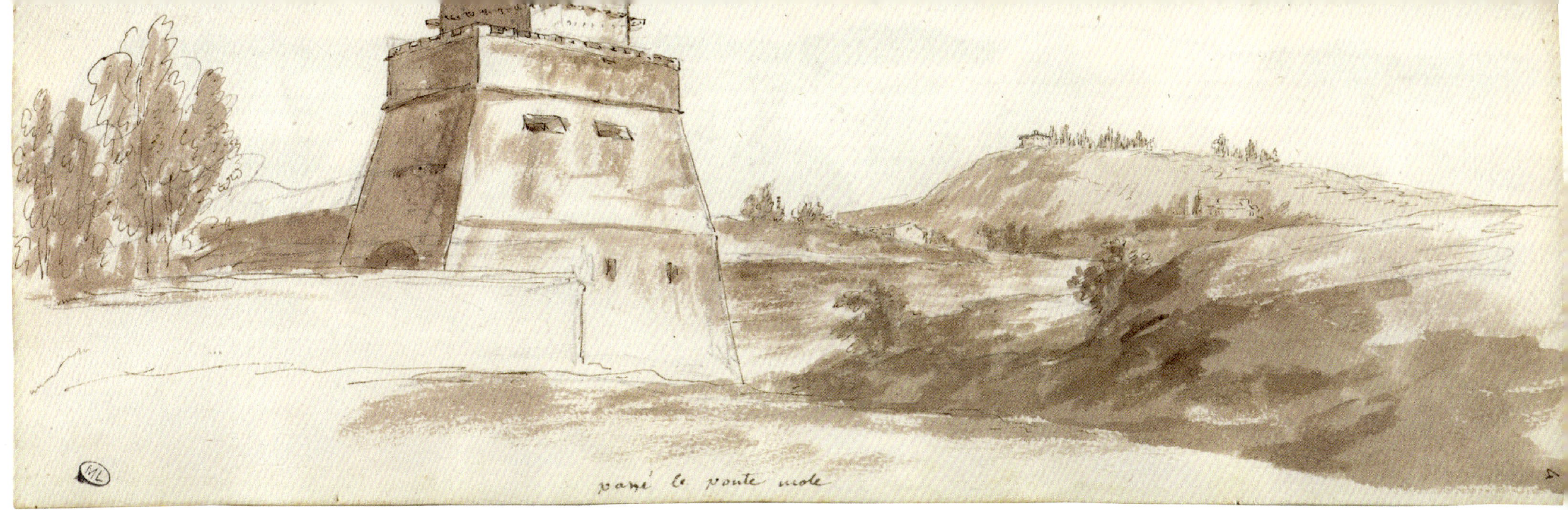
passé le ponte mole

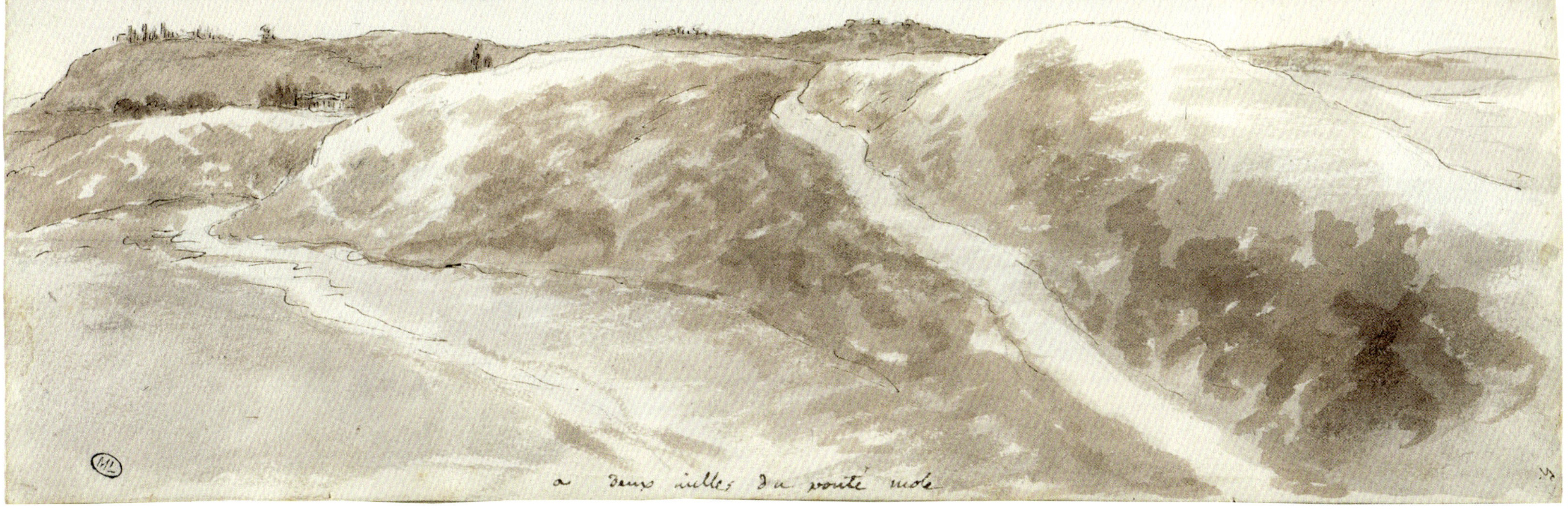
a deux milles du ponte mole

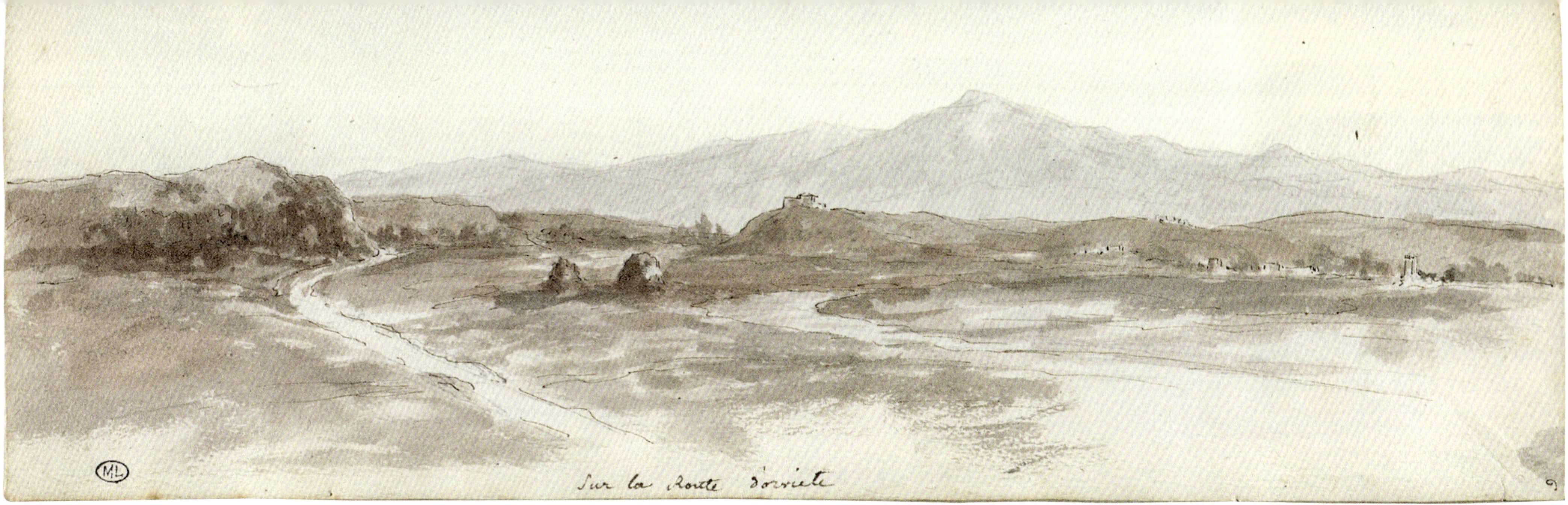
Sur la Route d'orviete
9

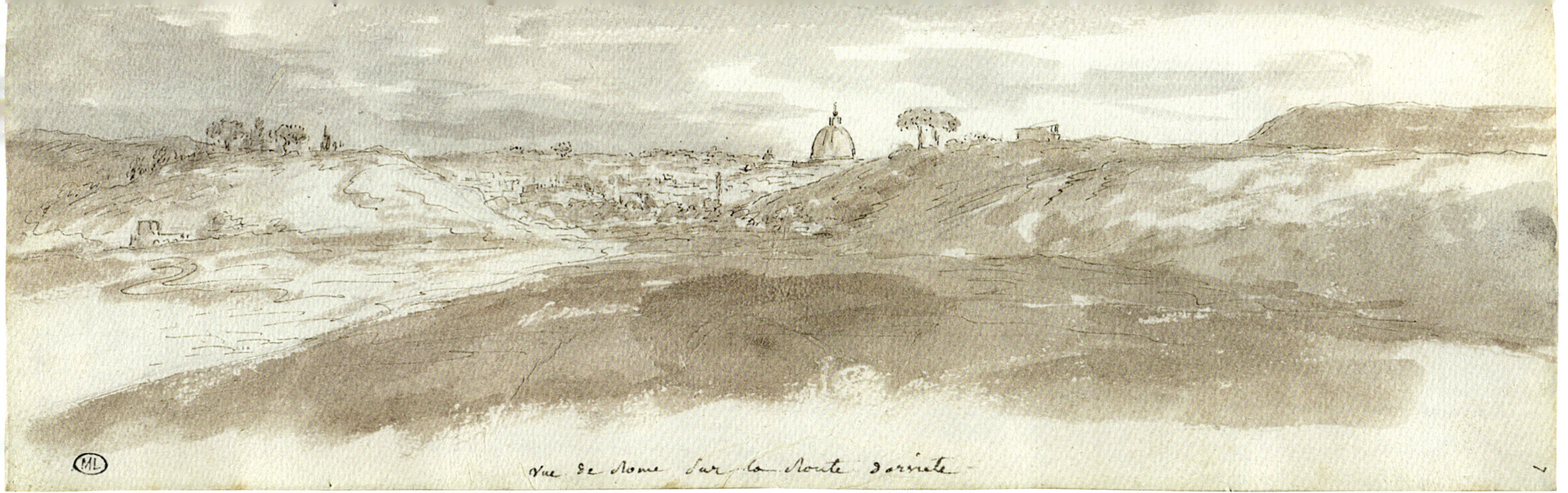
ML
Vue de Rome sur la Route dorviete

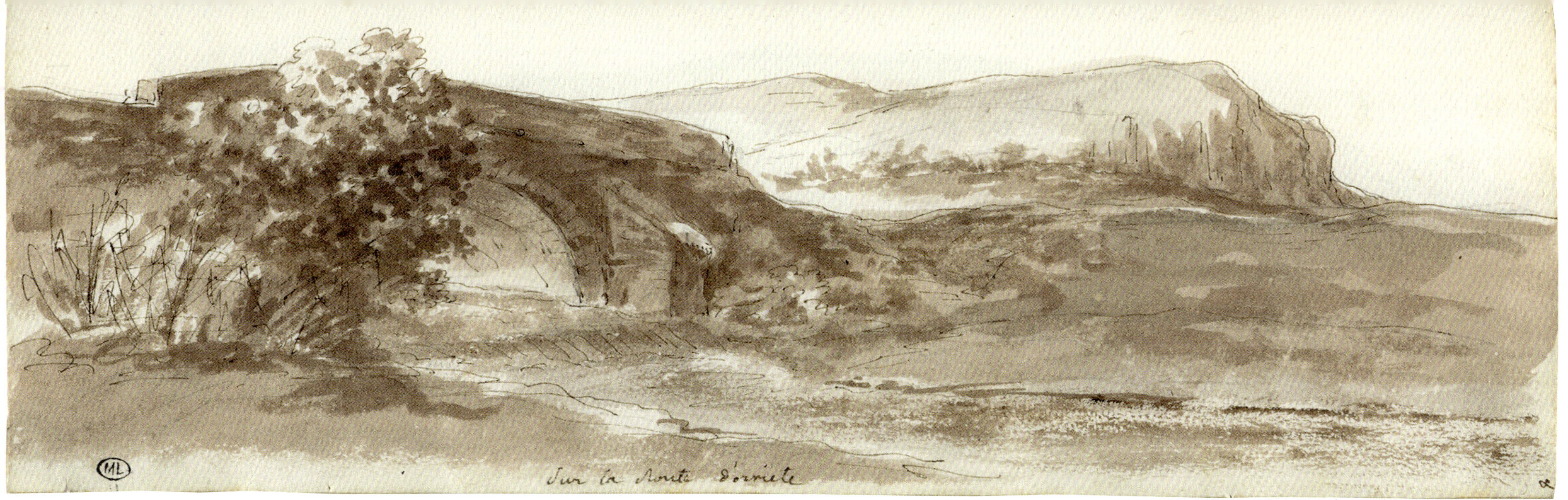
Sur la Route d'orviete

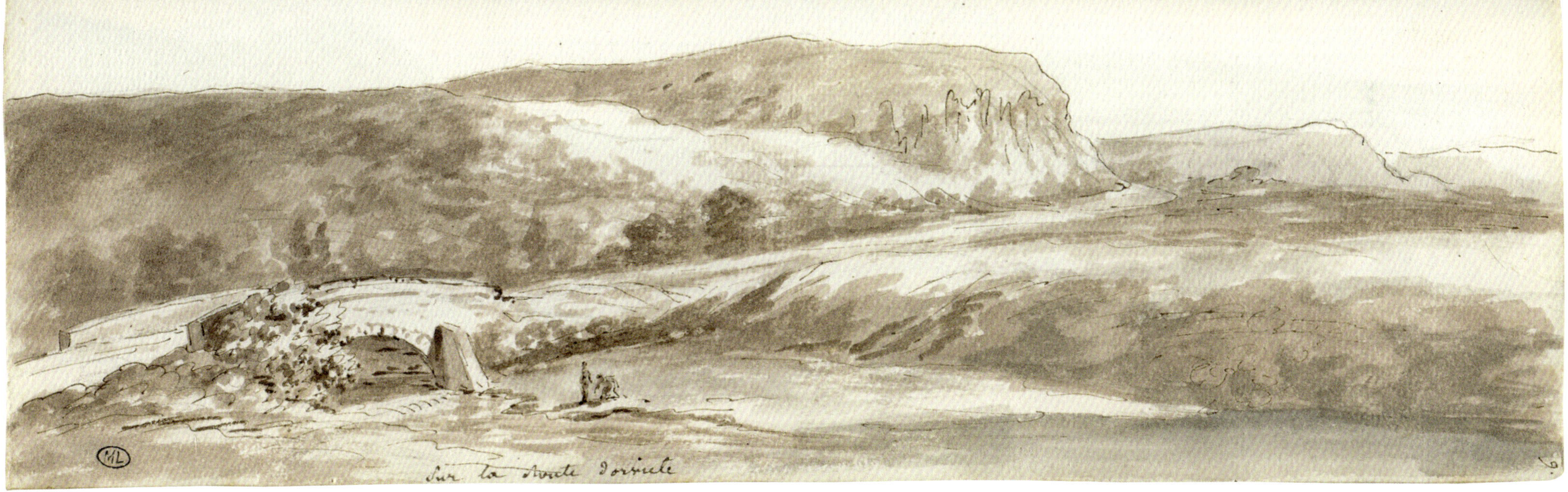
Sur la Route d'orviete

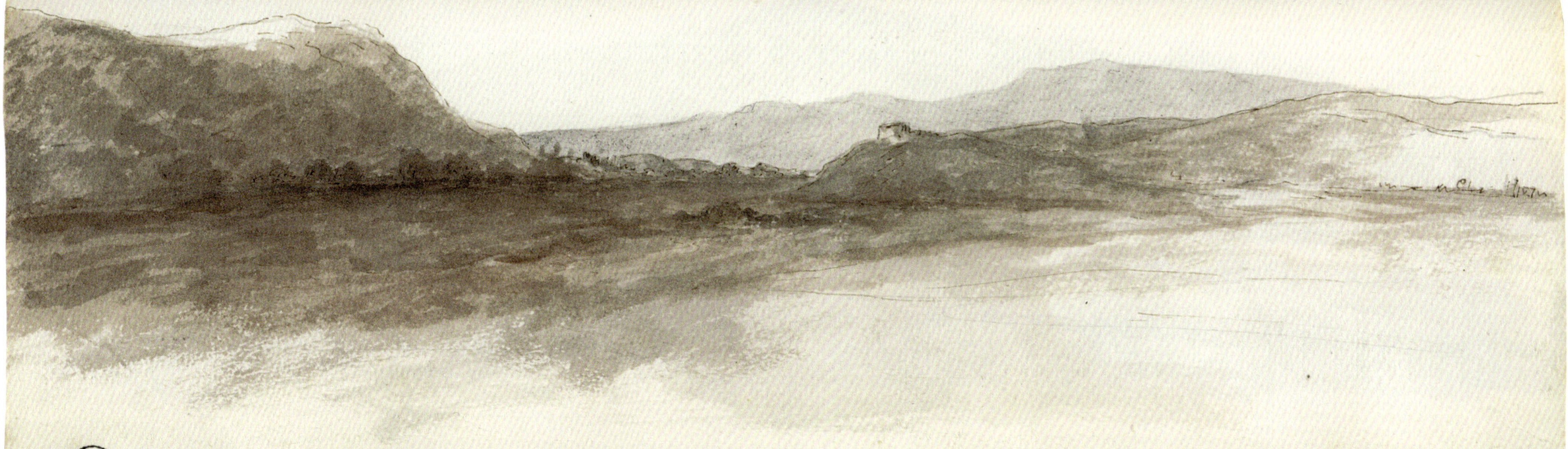

Sur la route d'orviete

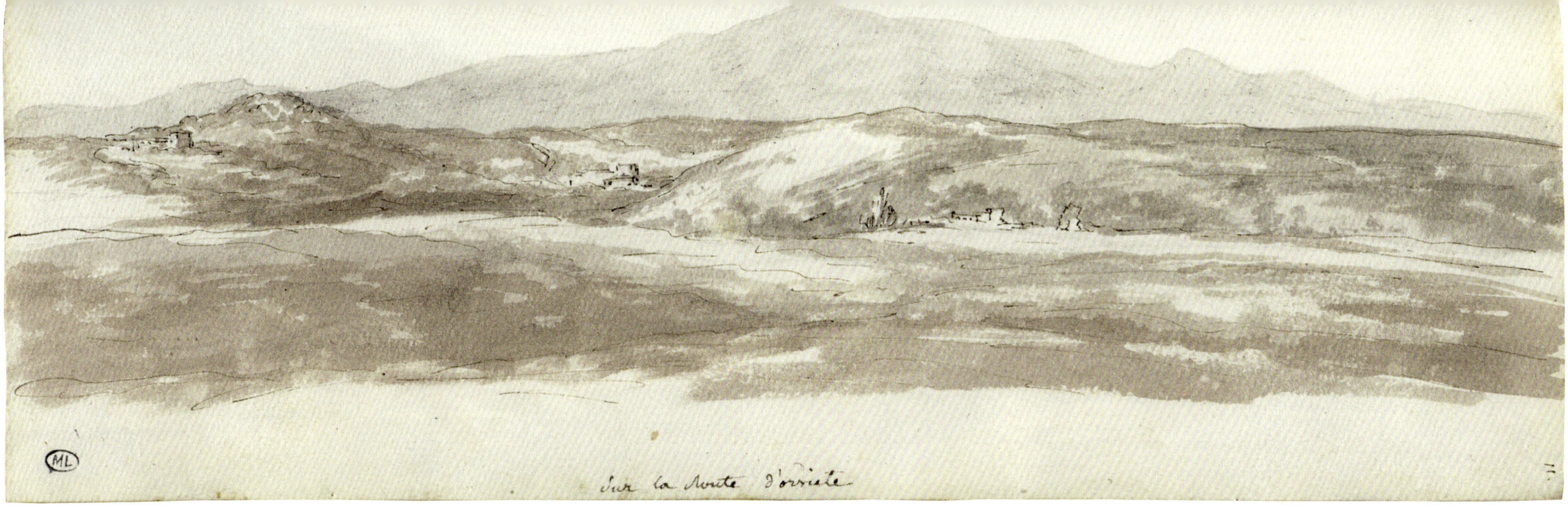

ML
Sur la Route d'orviete

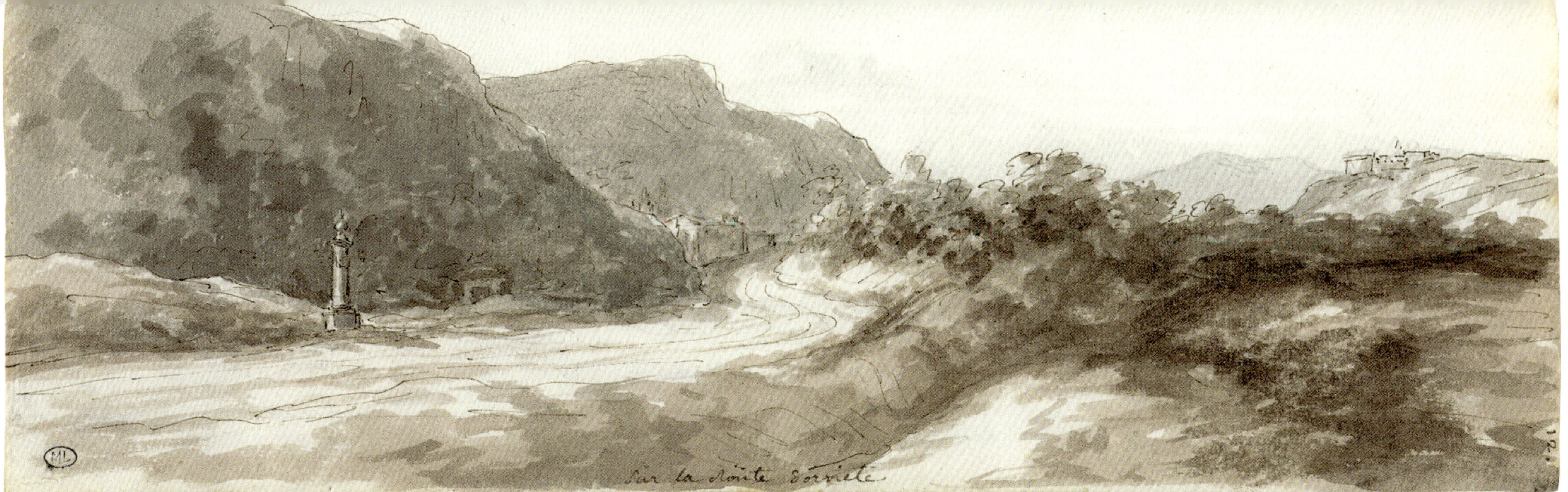
Sur la route d'orviete

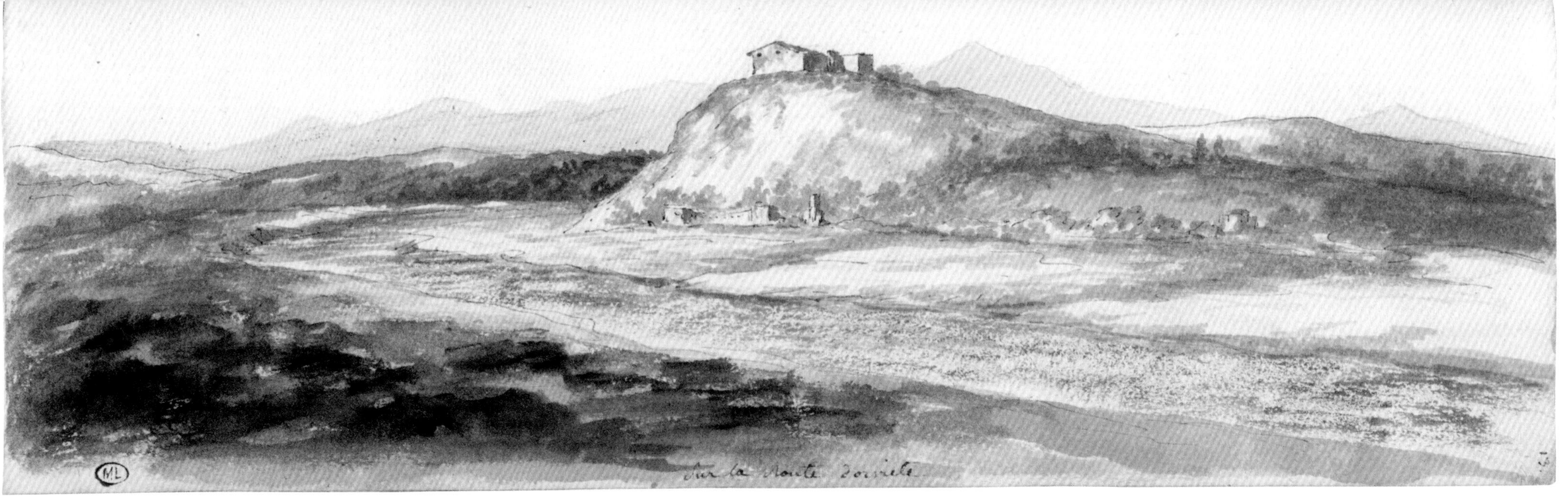
Sur la Route dorviete

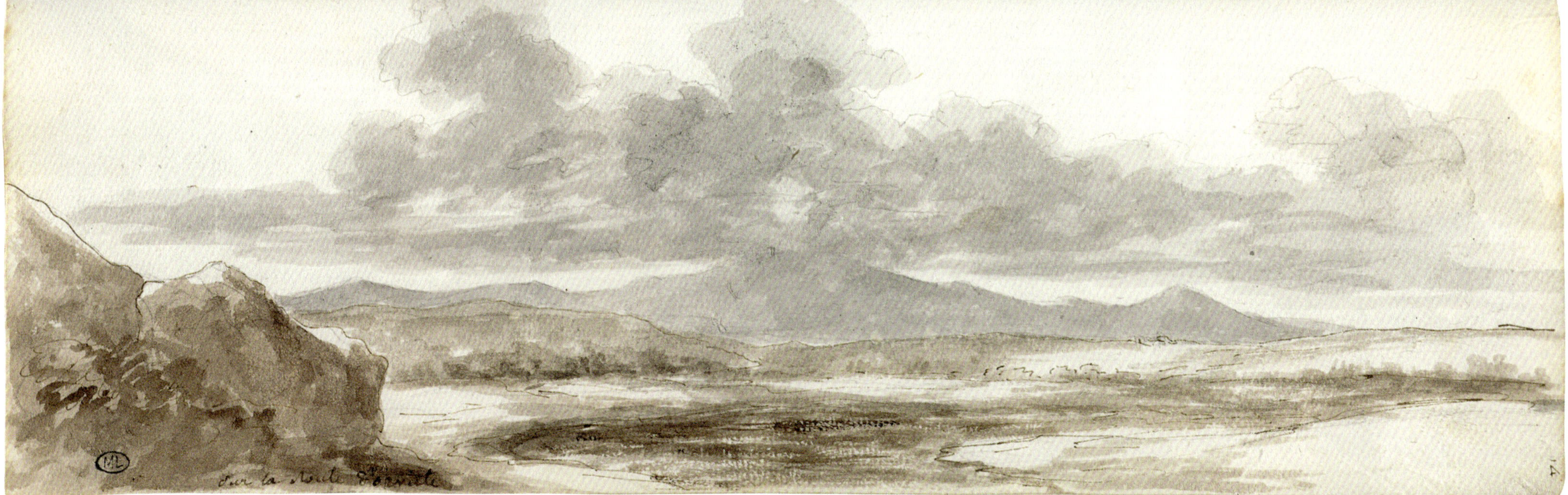
Sur la route

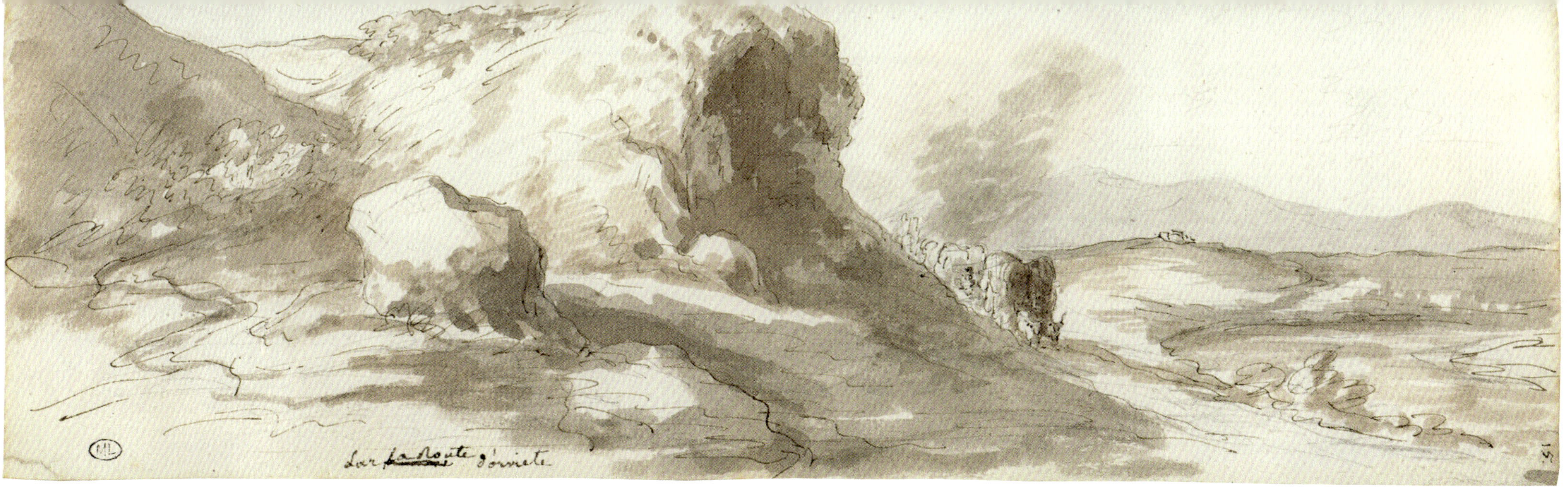
Sur la Route d'orviete

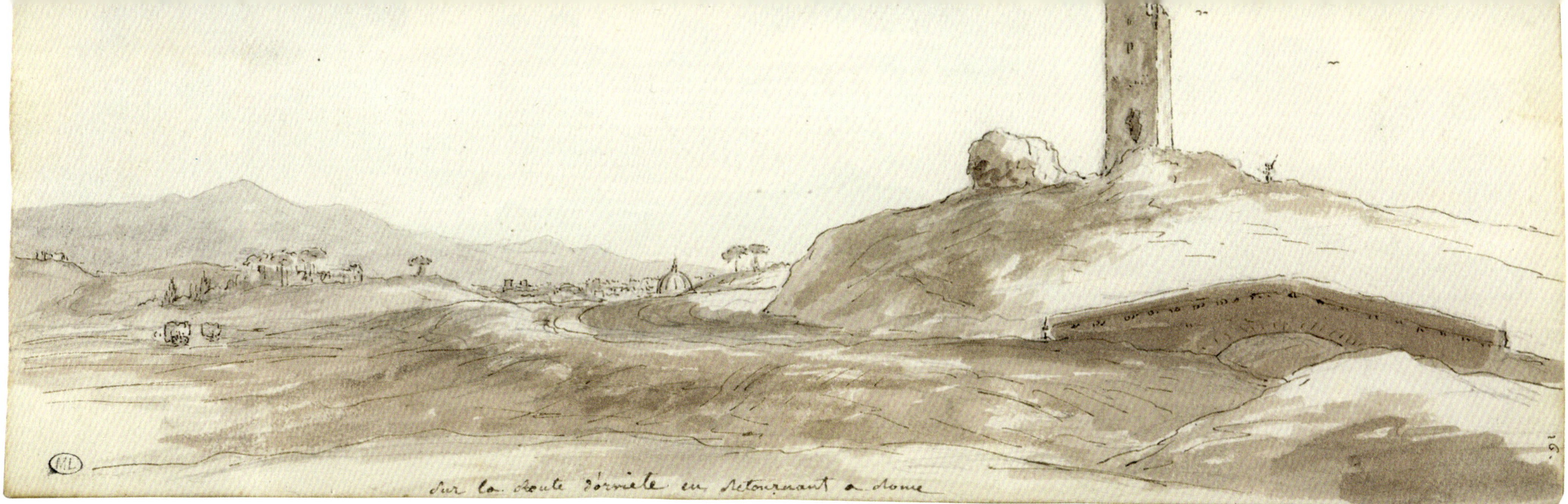
Sur la Route d'orviete en Retournant a Rome
16.
ML

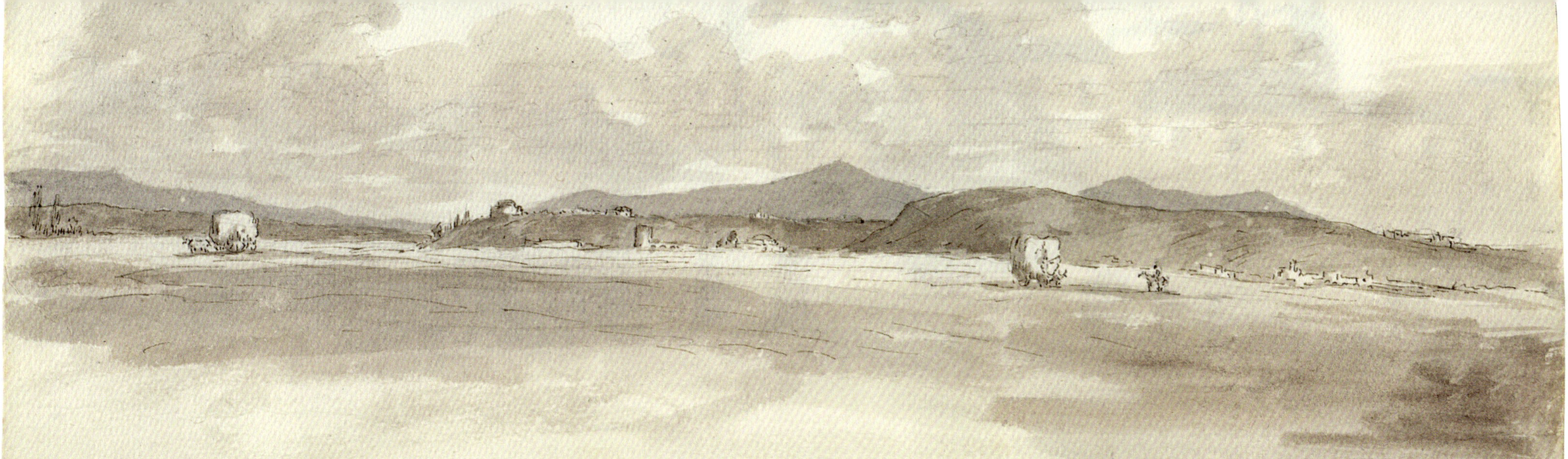

Sur la Route d'orviete

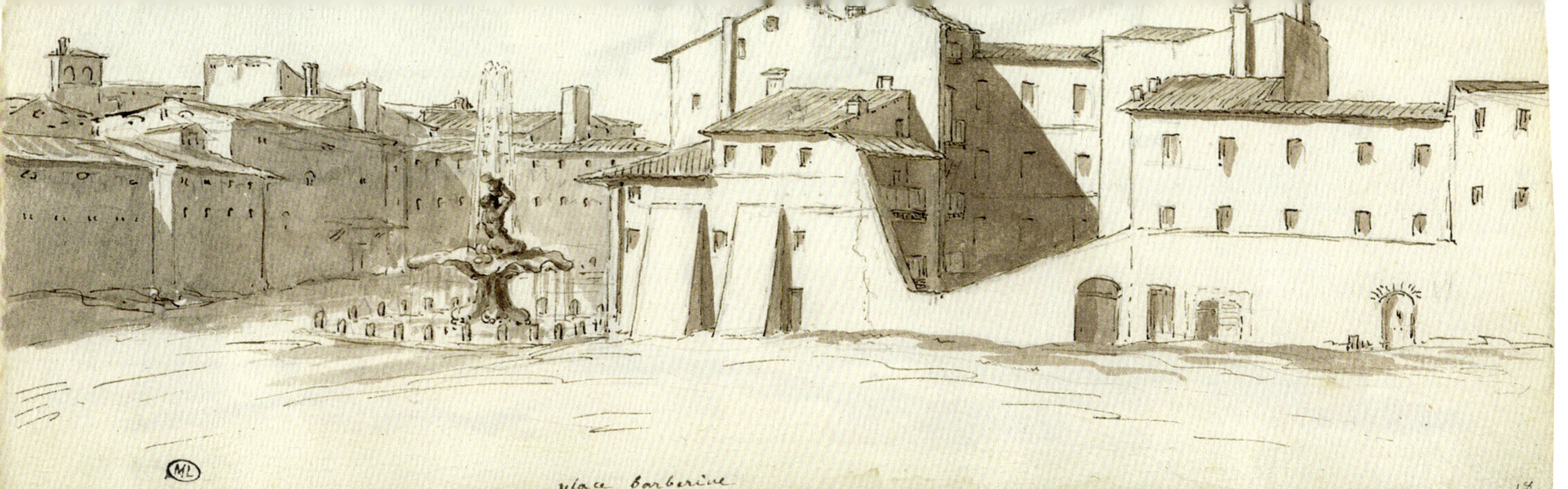

place Barberine

18.

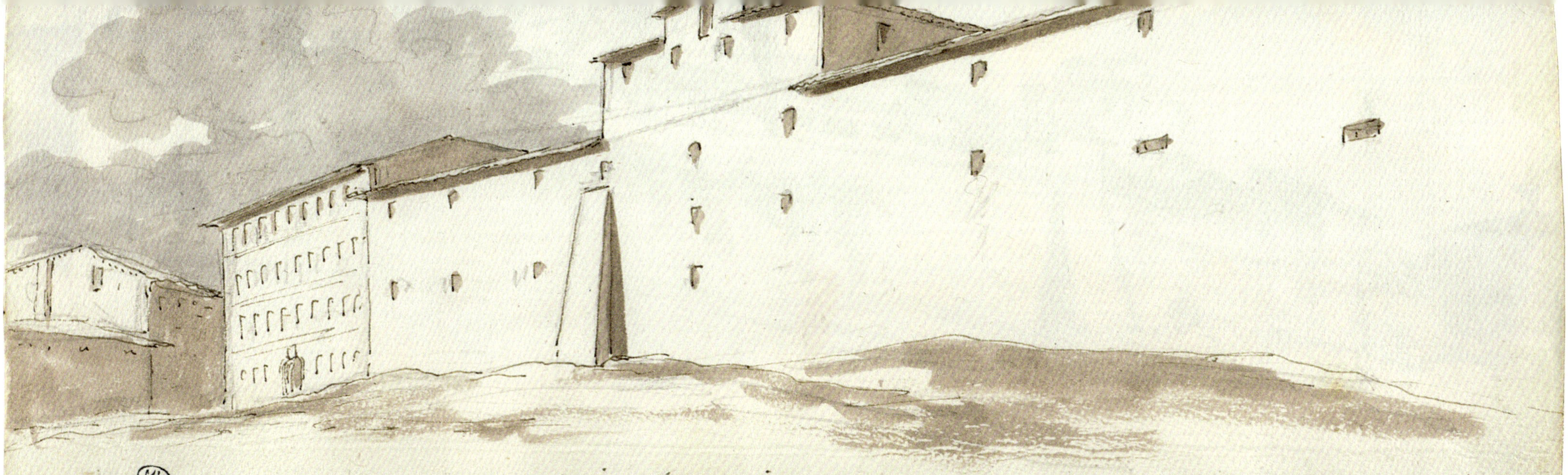

Derrière les capucins

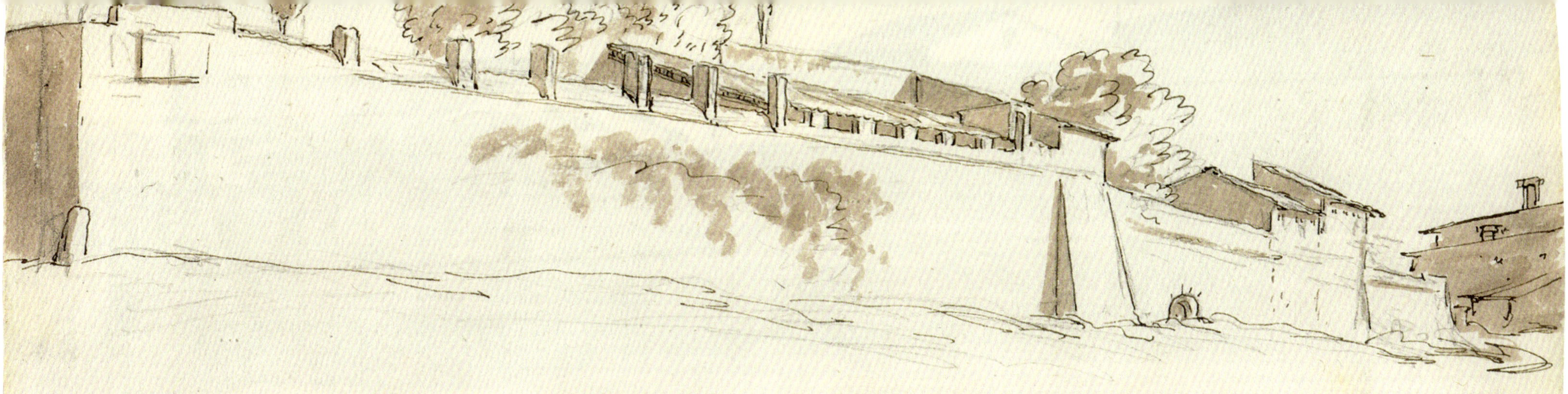

derriere les capucins

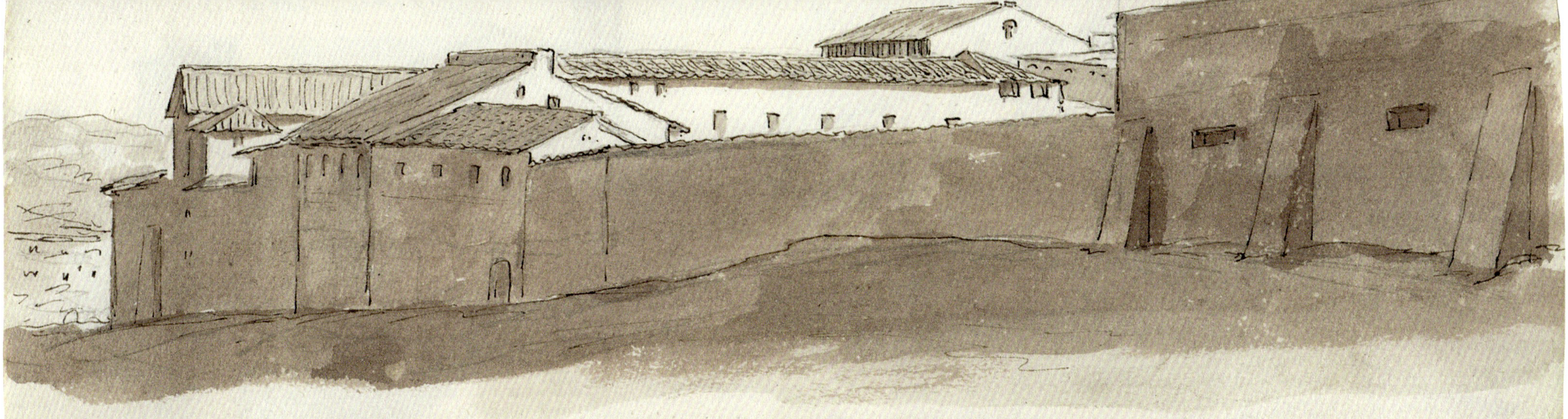

les capucins

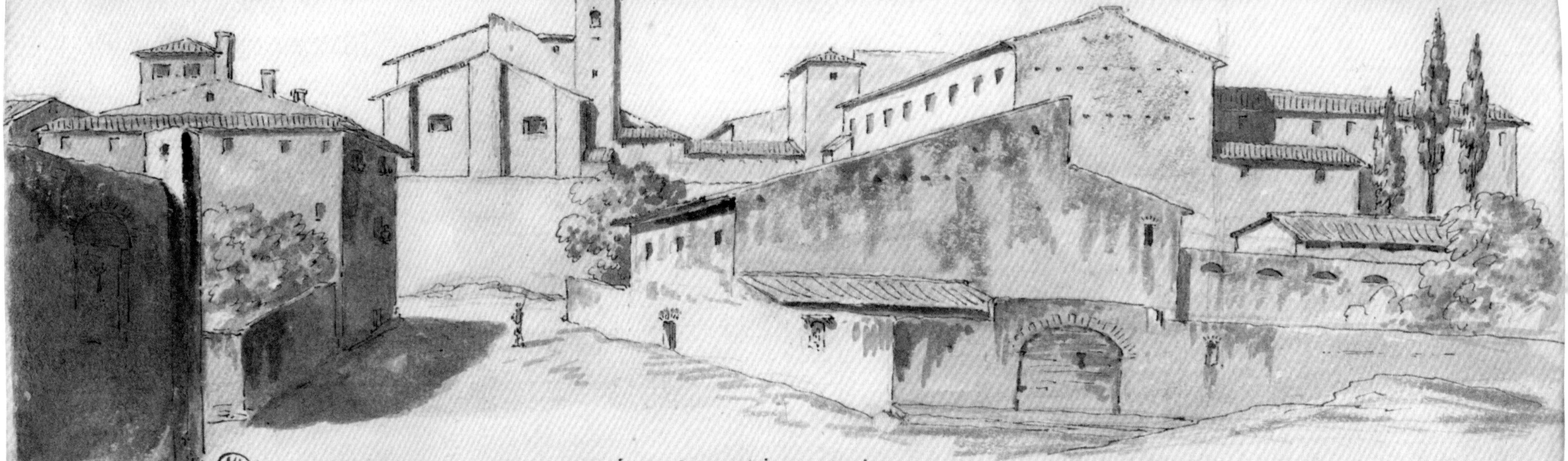

aux environs du palais barbarin

22

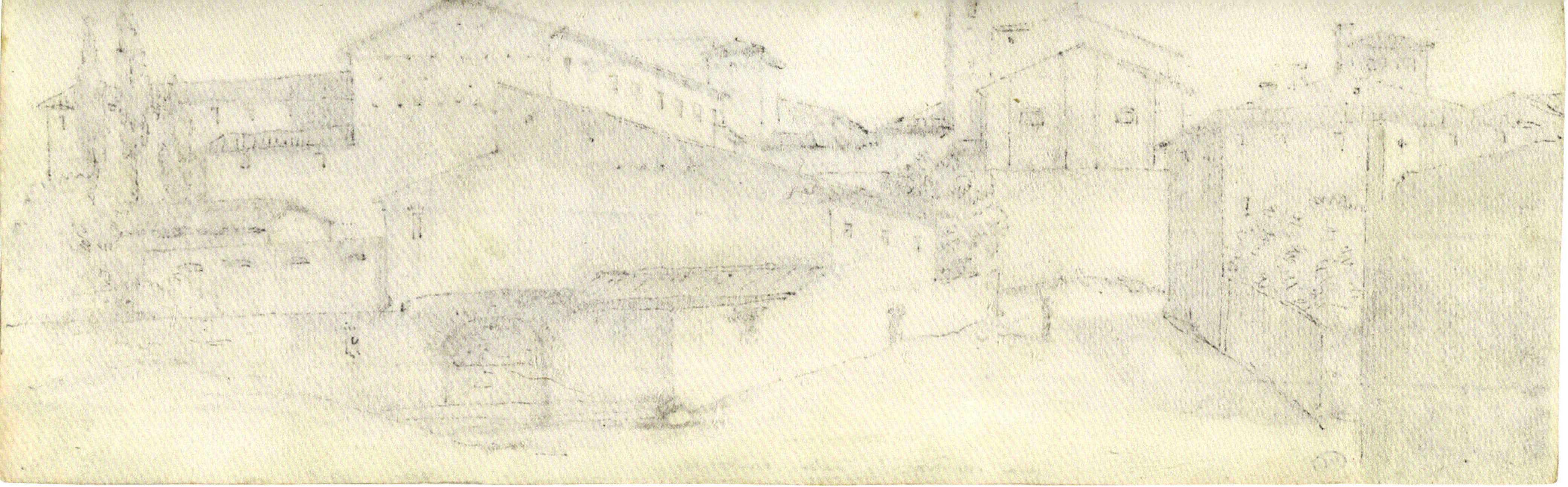

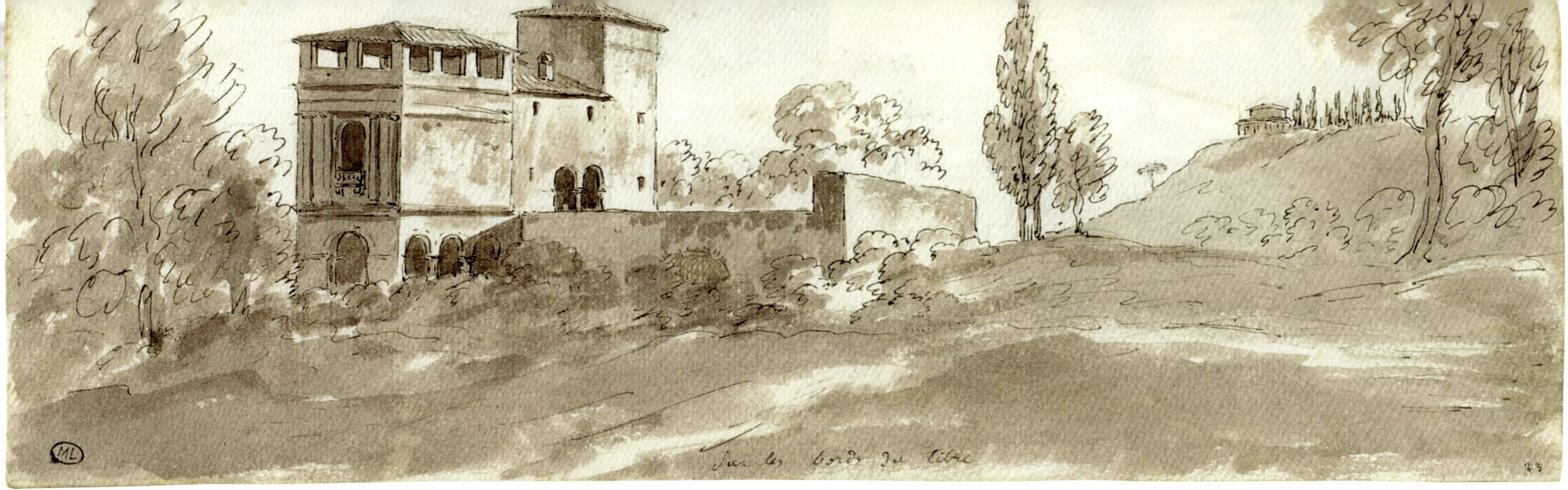
Sur les bords du tibre
23

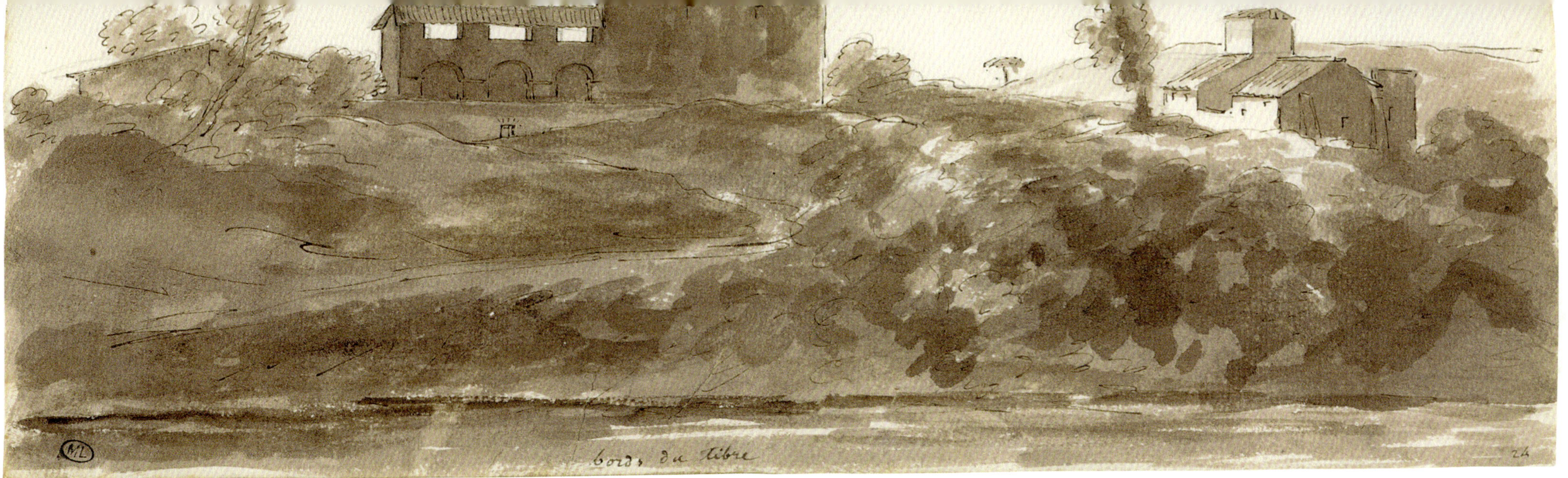

bords du tibre

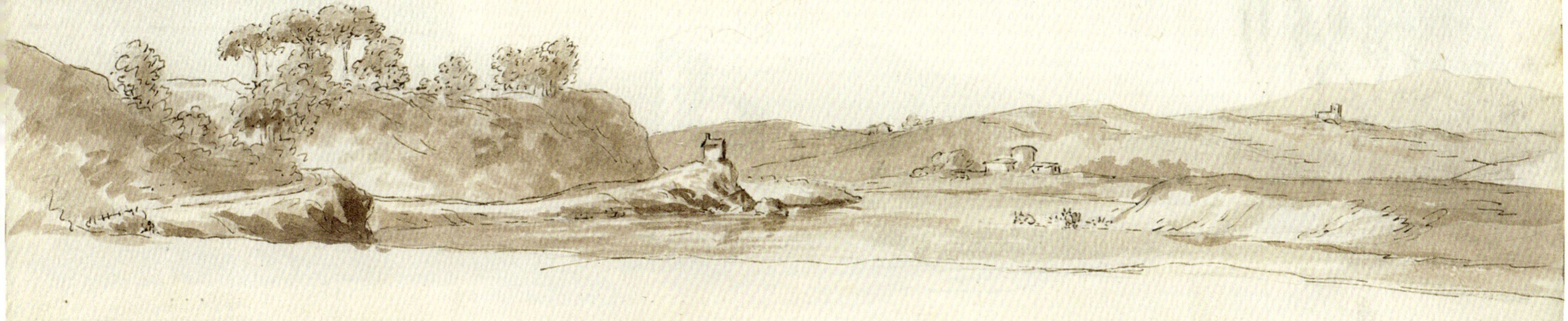

bords du tibre pres de l'acqua accetosa

25

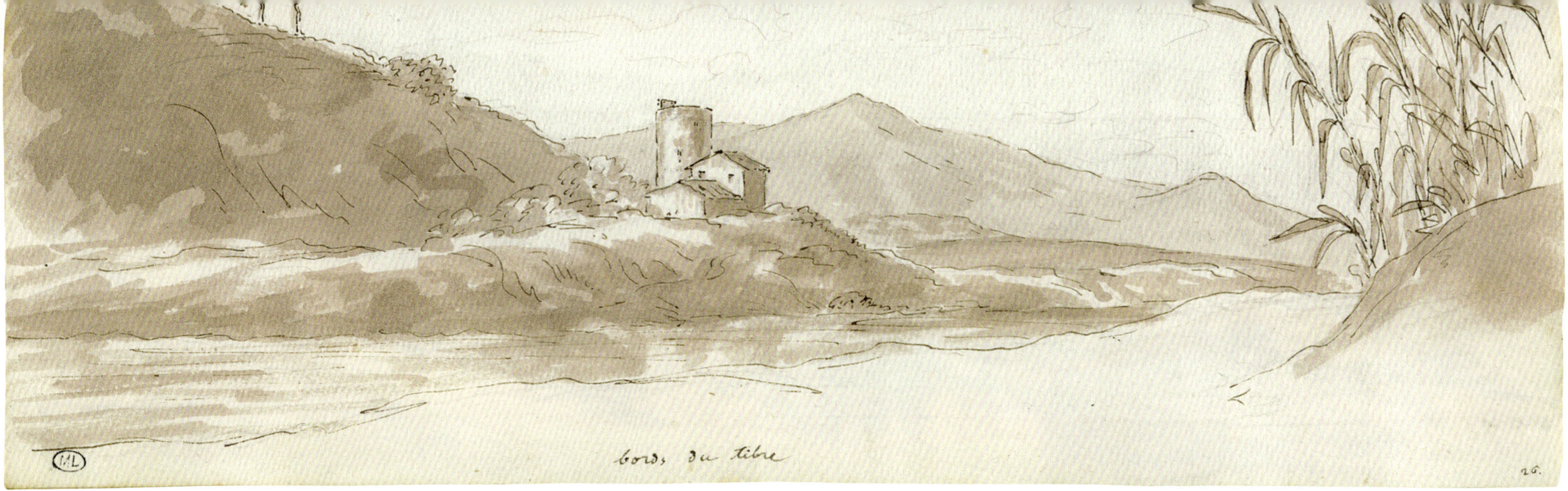

bords du tibre

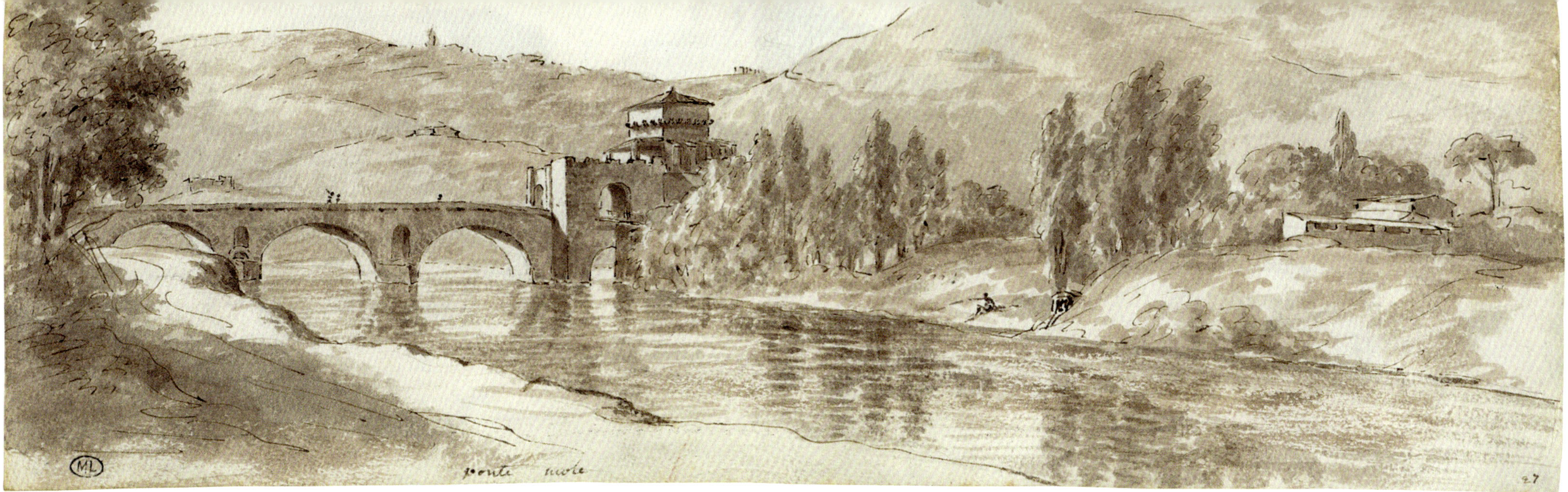
ponte mole
27

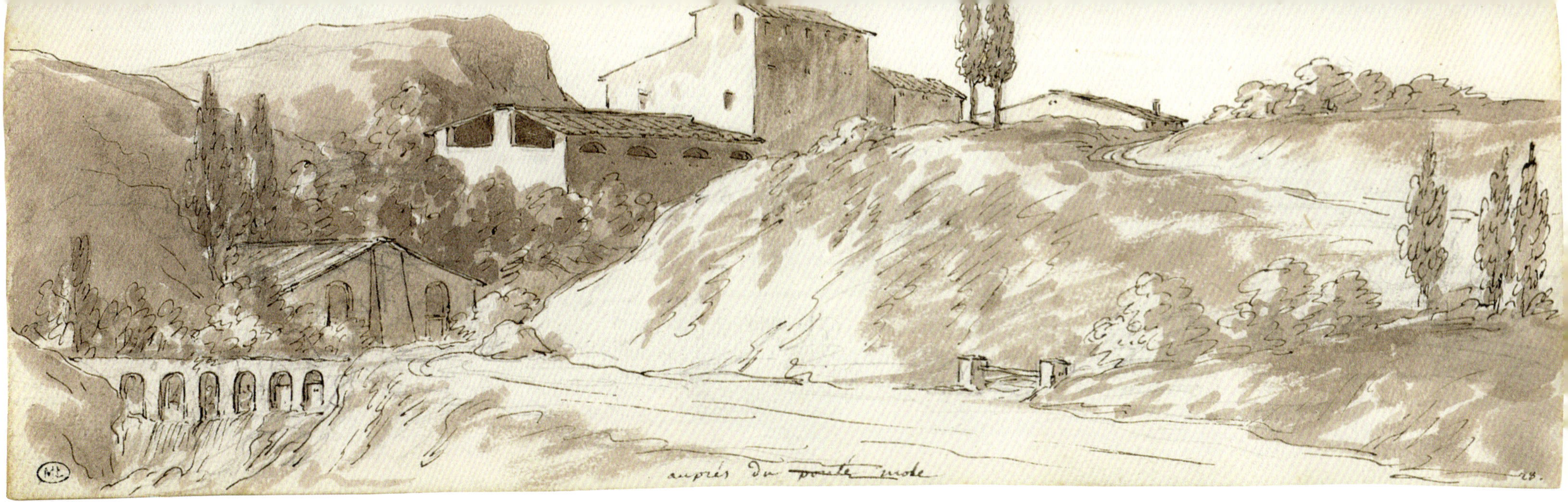
auprès du ponte mole
28.

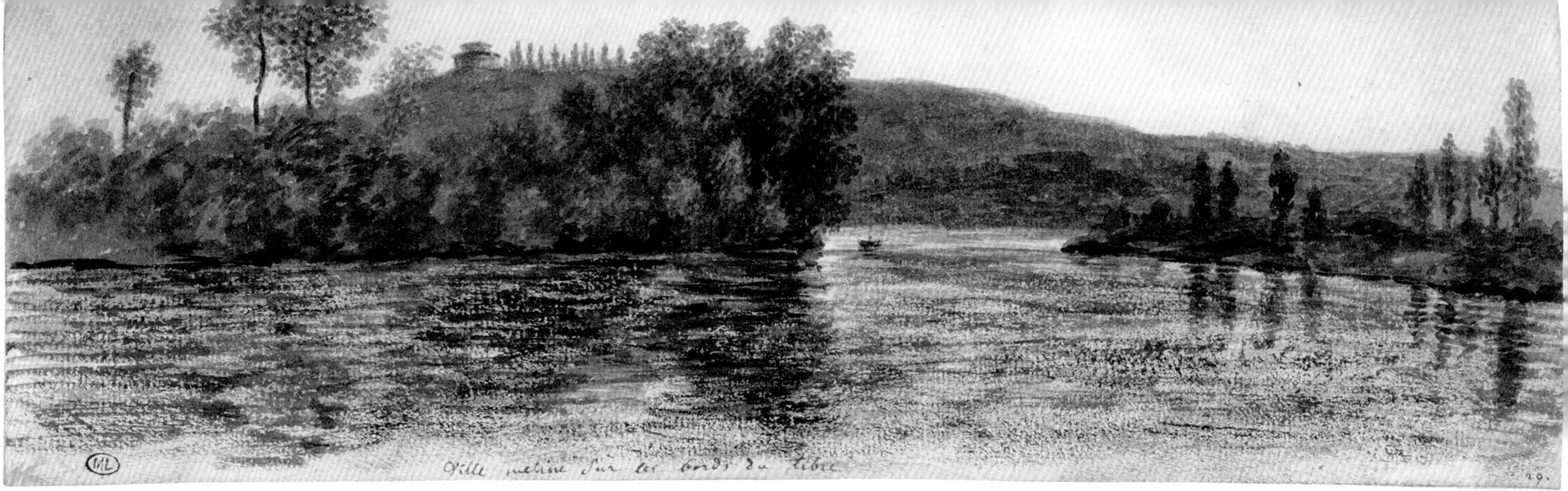
ML
Ville metine sur les bords du tibre
29.

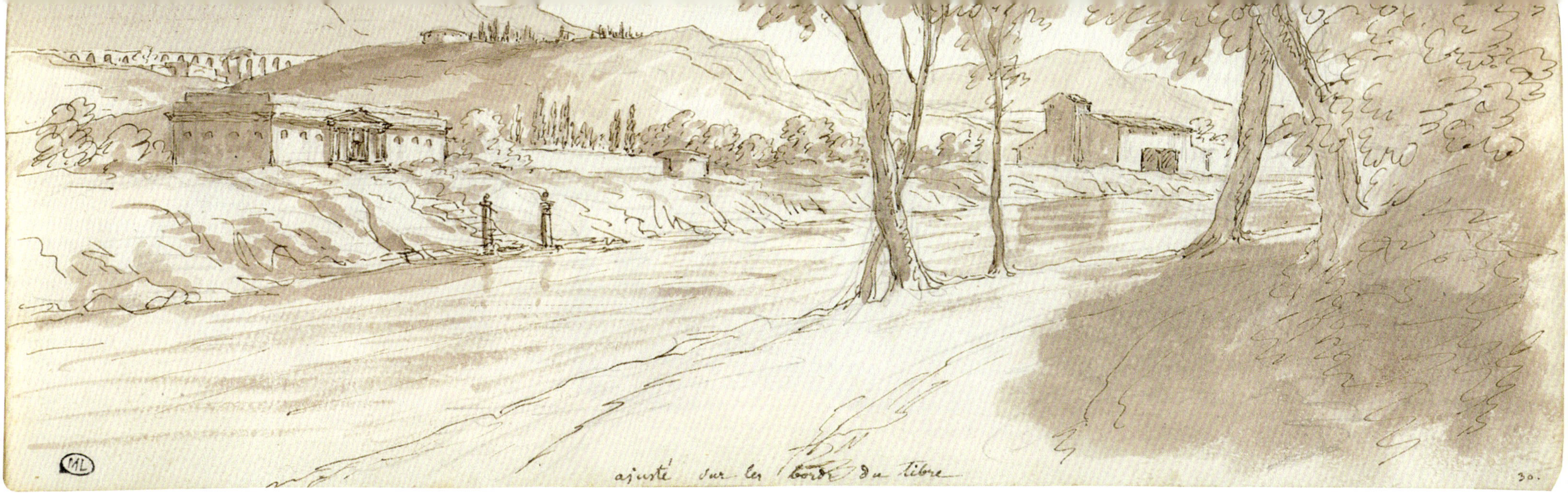
ajusté sur les bords du tibre
30.

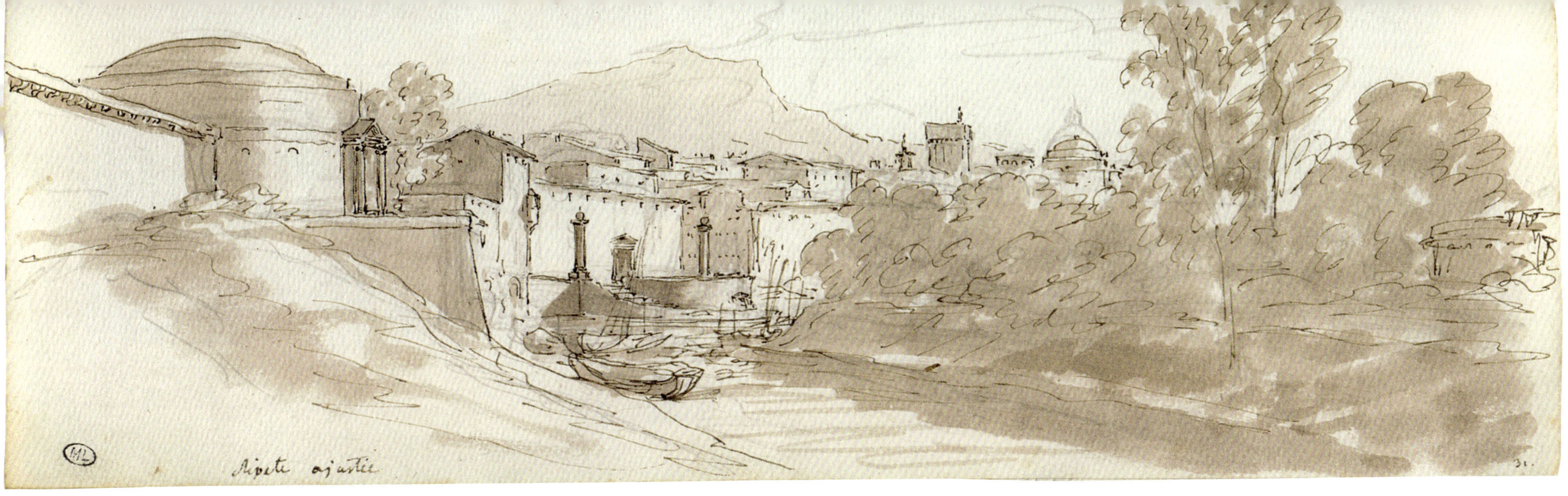
Ripete ajustée
31.

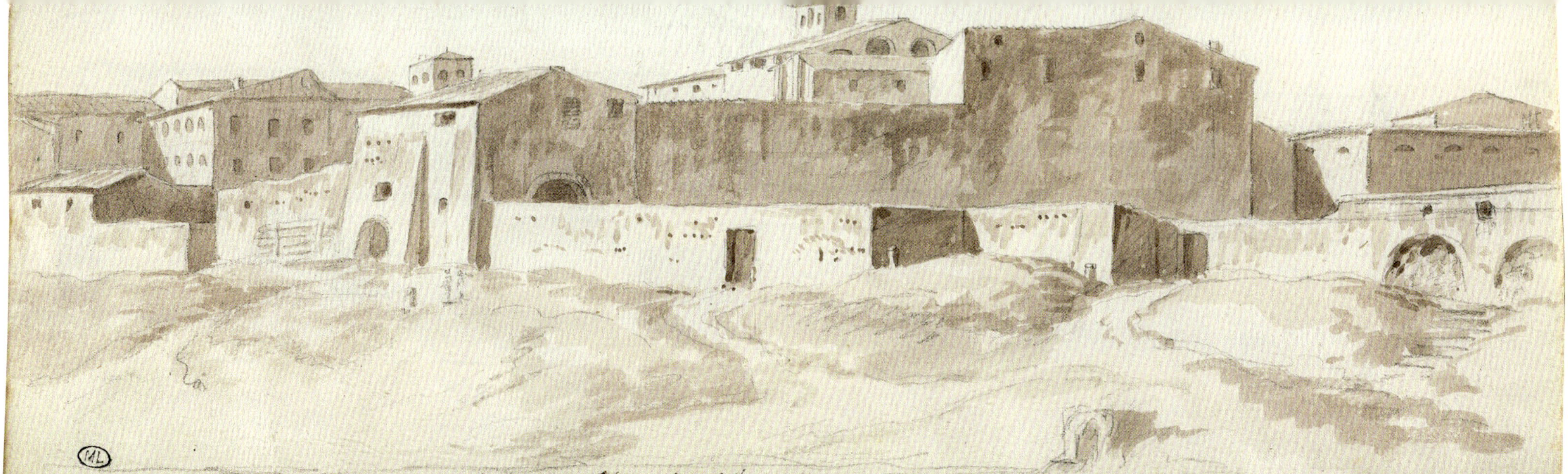

bords du tibre du coté de la porte du peuple

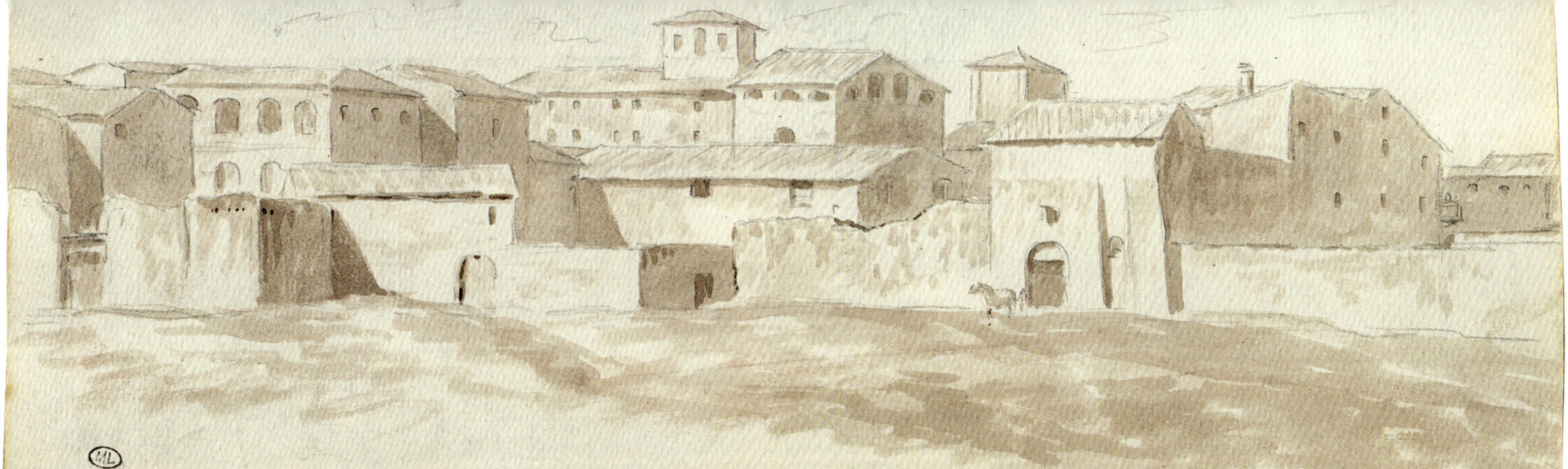

bord du Tibre

33.

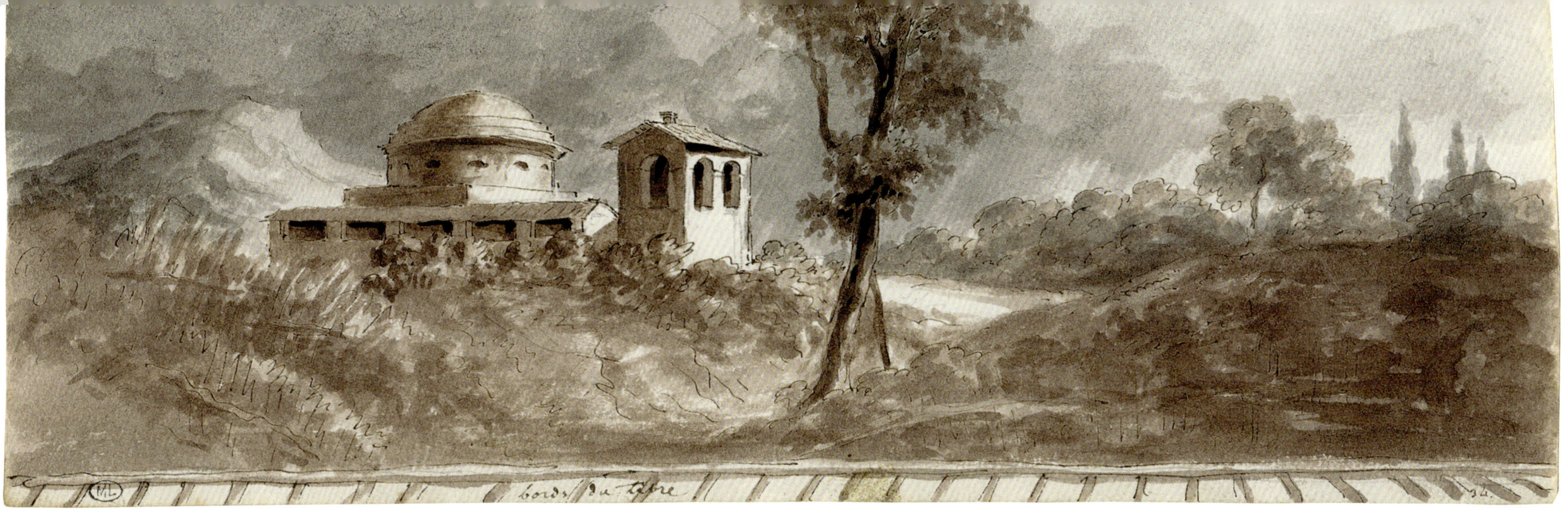
bords du tibre
34.

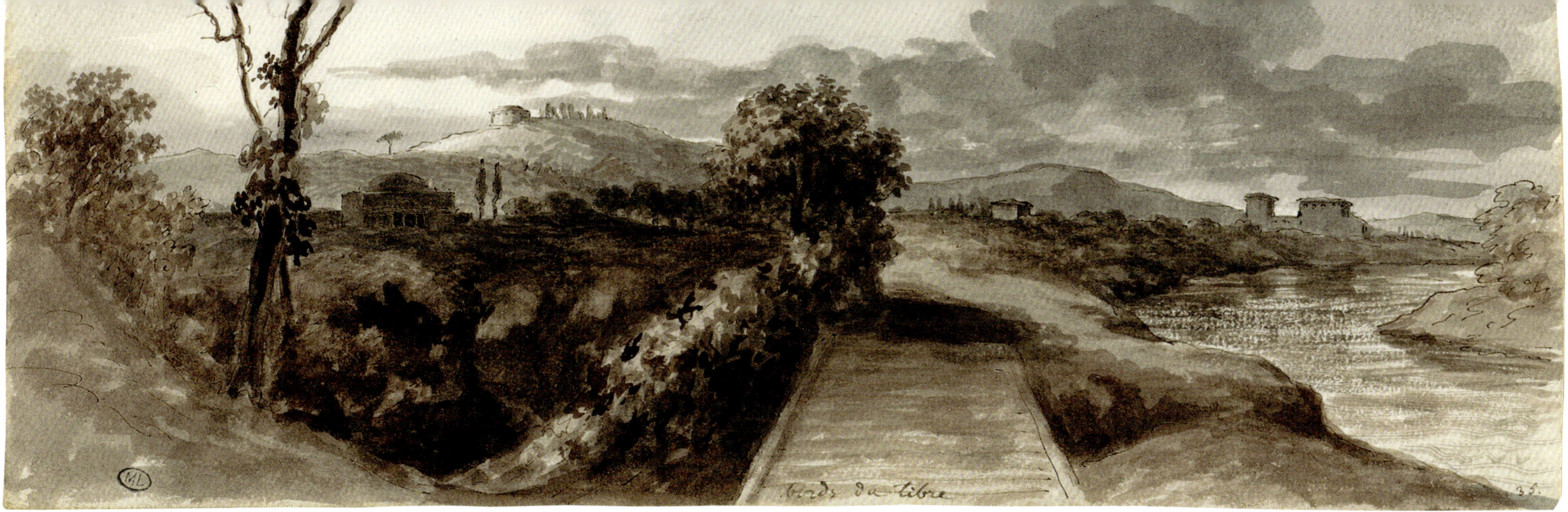
bords du tibre
35.

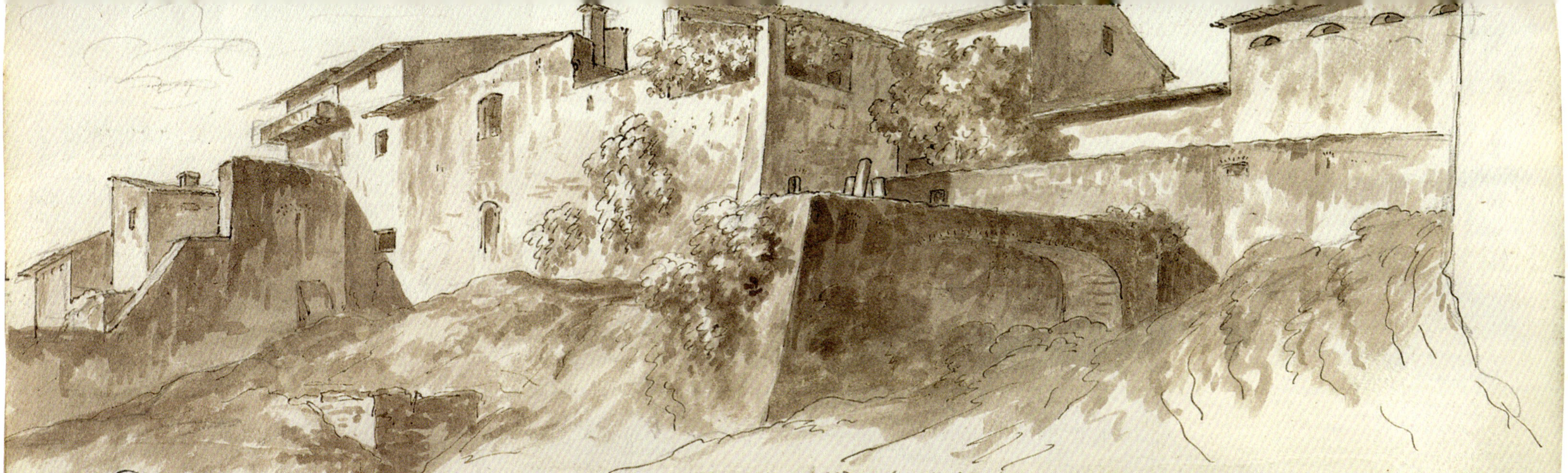

bord du tibre vis a vis la juiverie

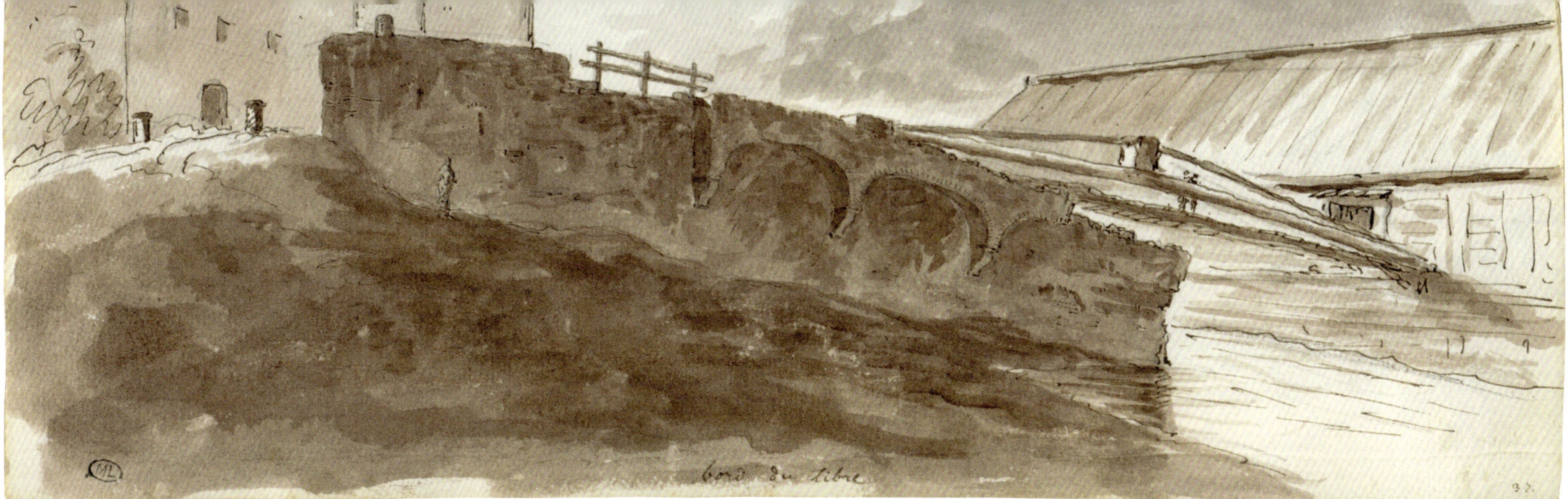
bord du tibre

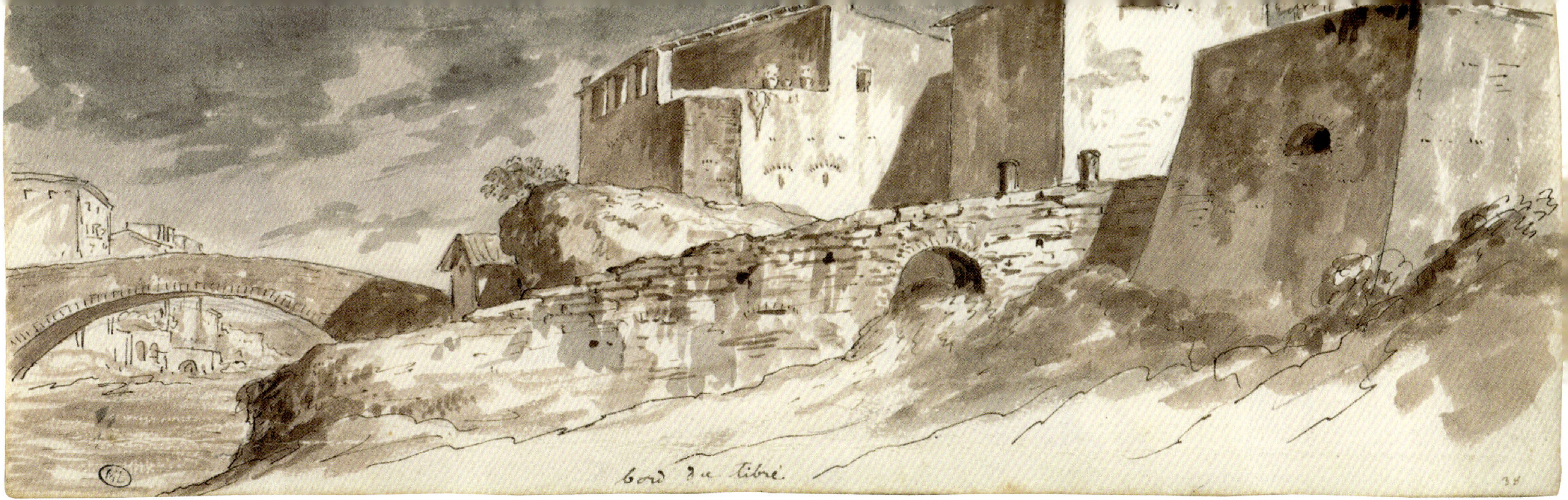
bord du tibre
38

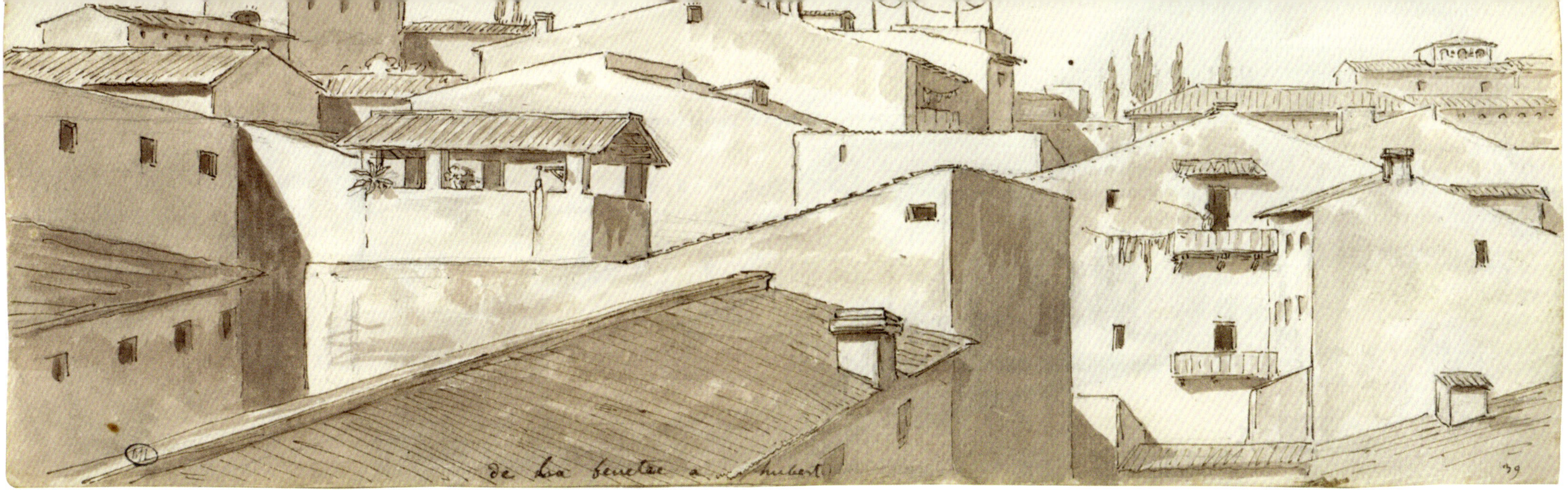
de la fenetre a … hubert
39

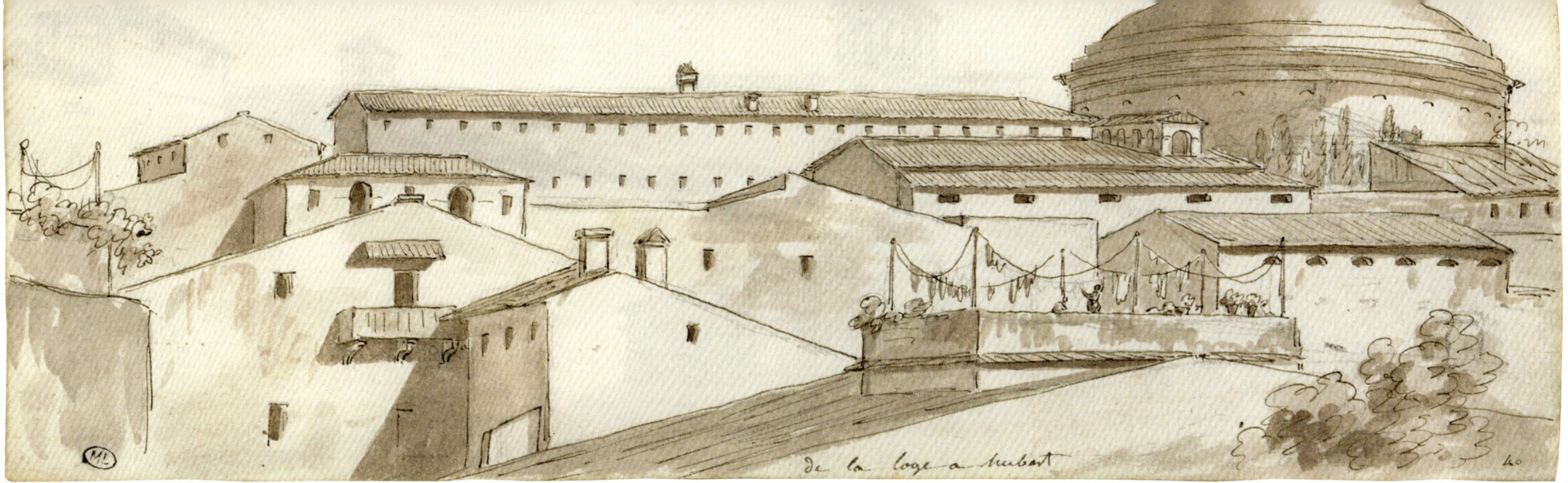
de la loge a hubert
40

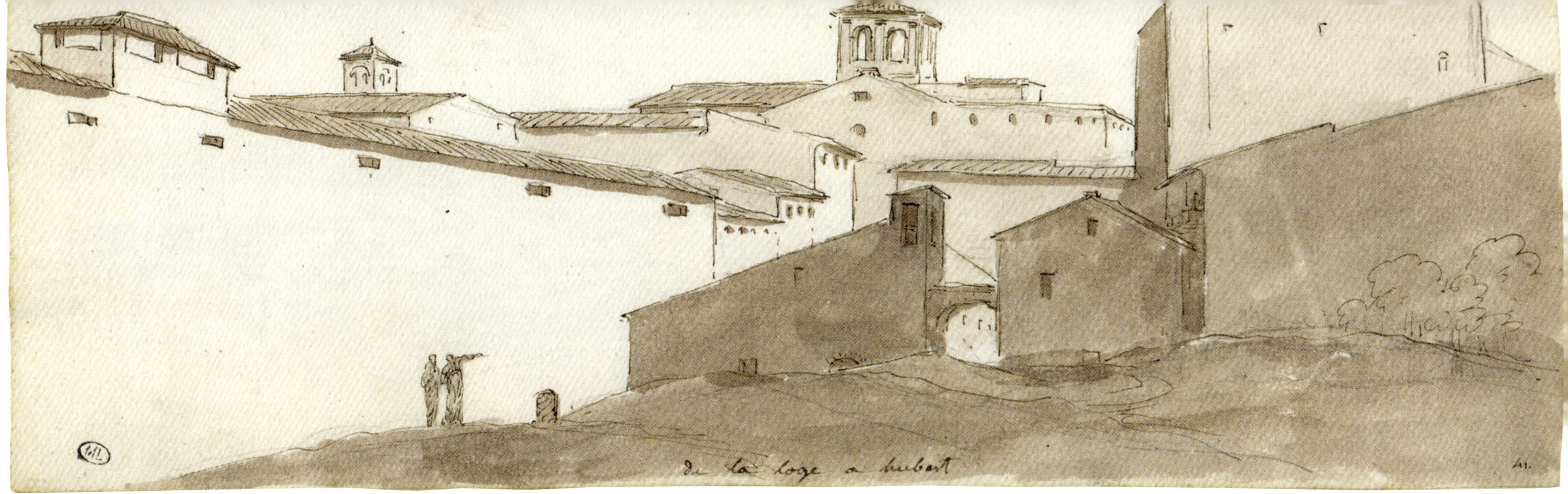
de la loge a hubert
41.

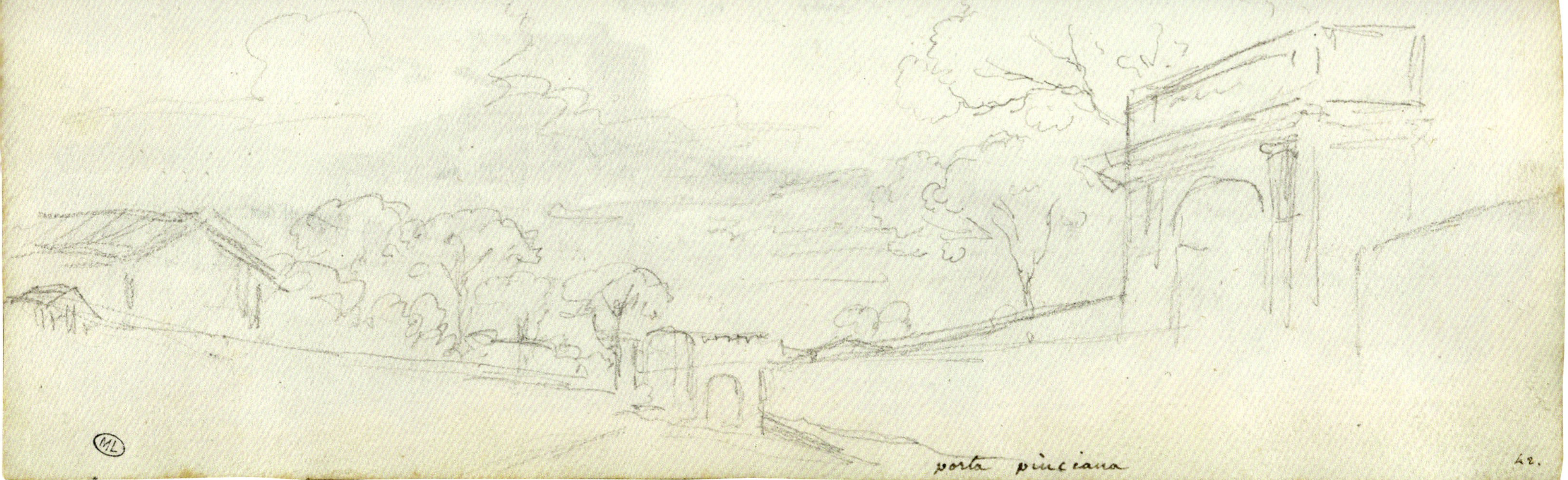

porta pinciana

42.

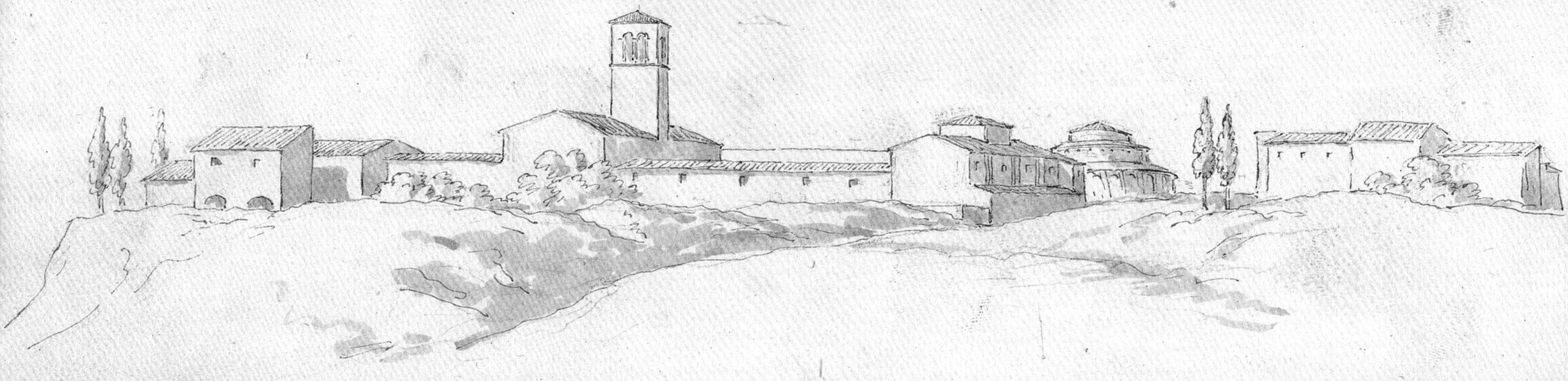

Vilage de St agnés

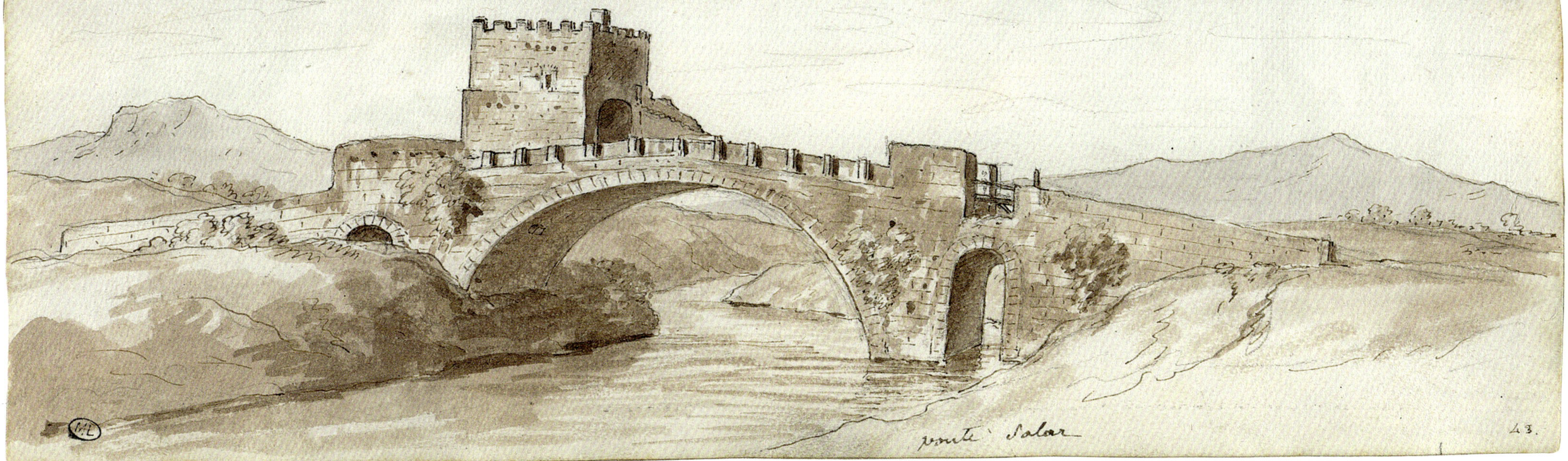

ponte Salar

43

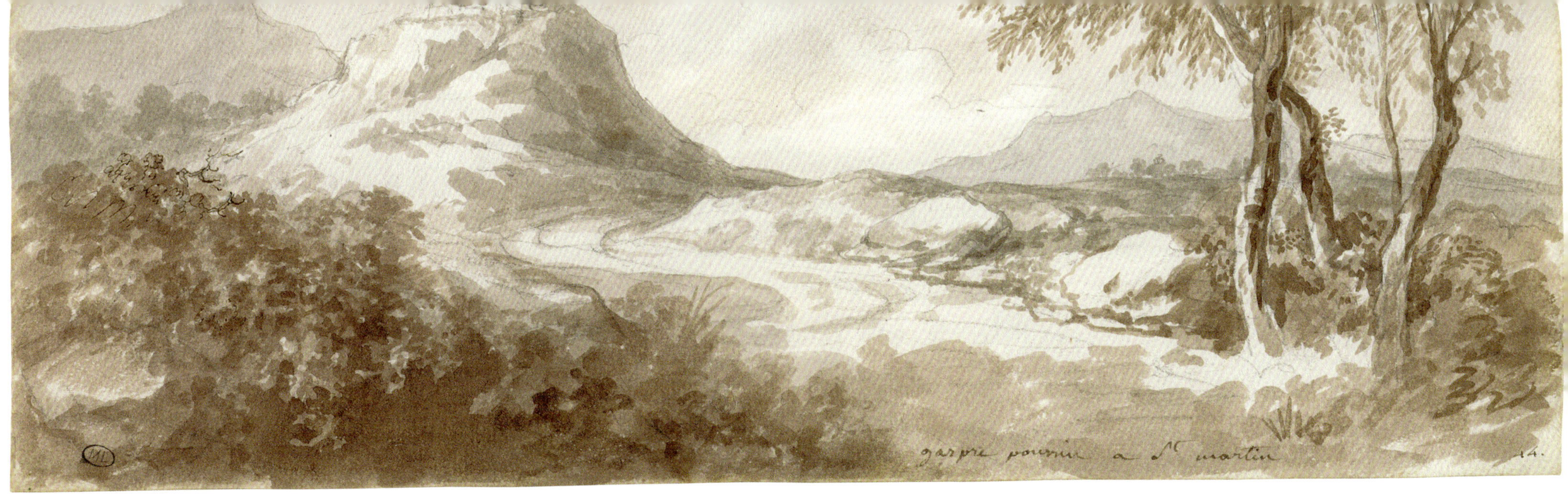
garpre pourrie a St martin
24.

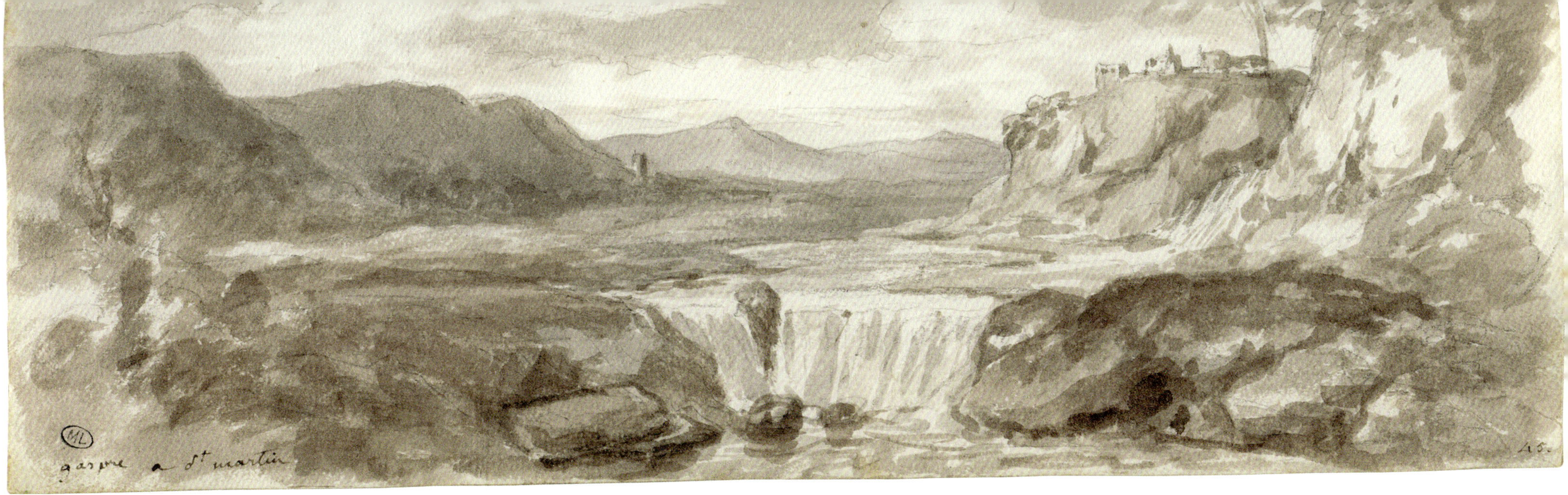
ML
gaspre a St martin
45.

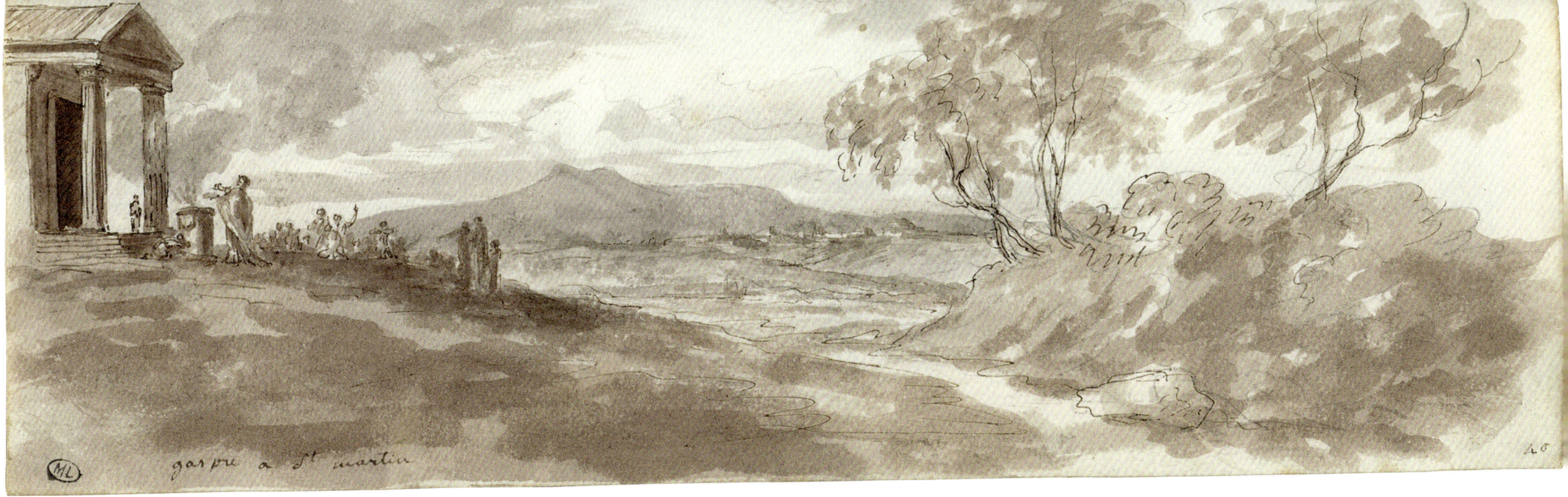
gaspre a St martin

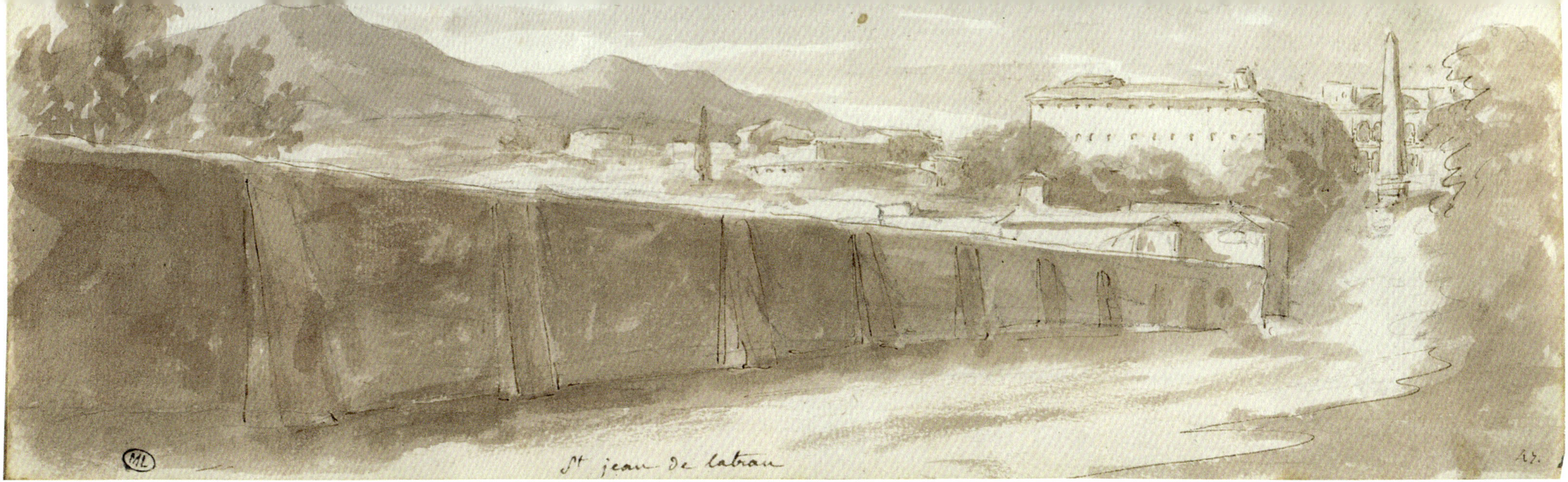
St jean de latran

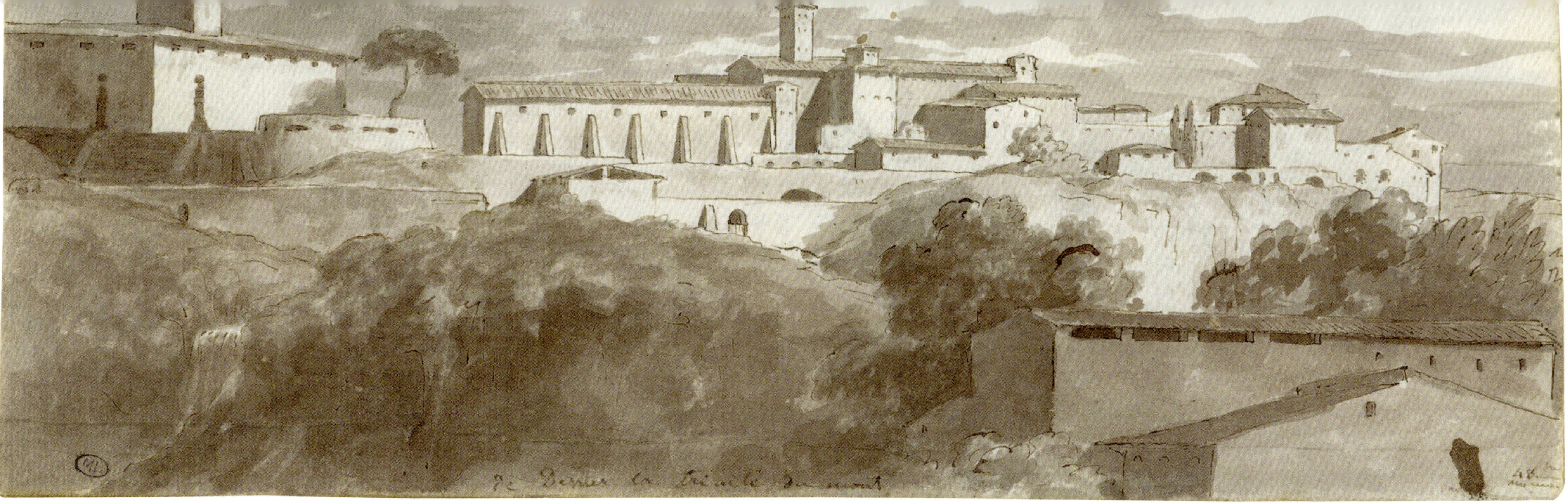
de Derrier la trinité du mont

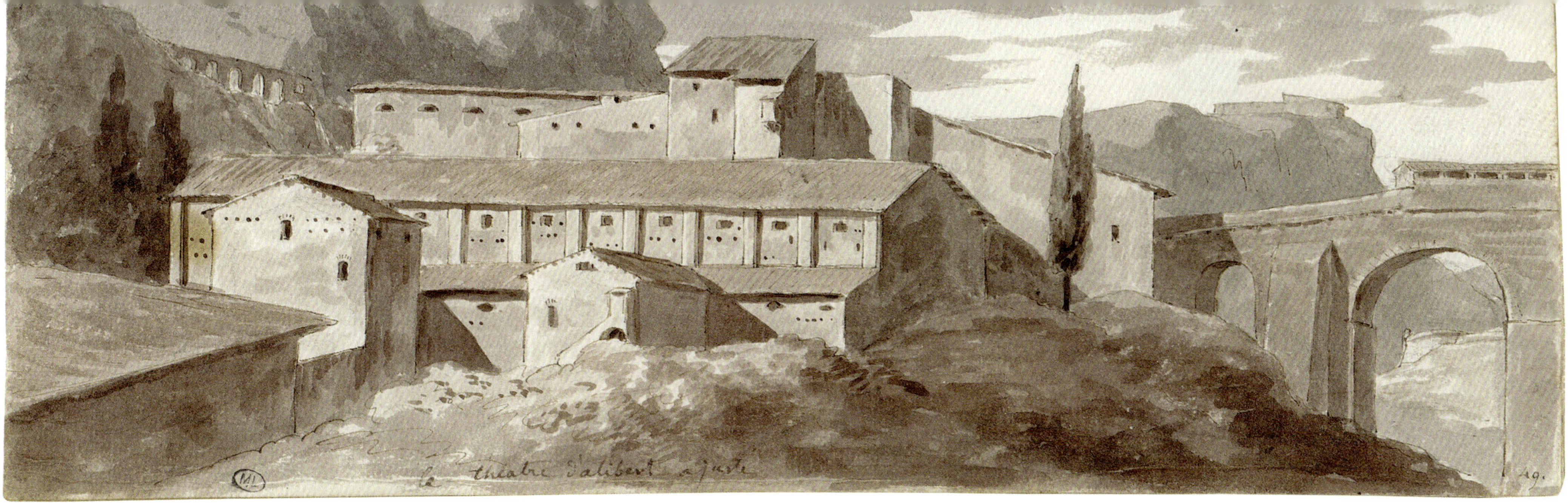
ML
le theatre d'alibert a juste
19.

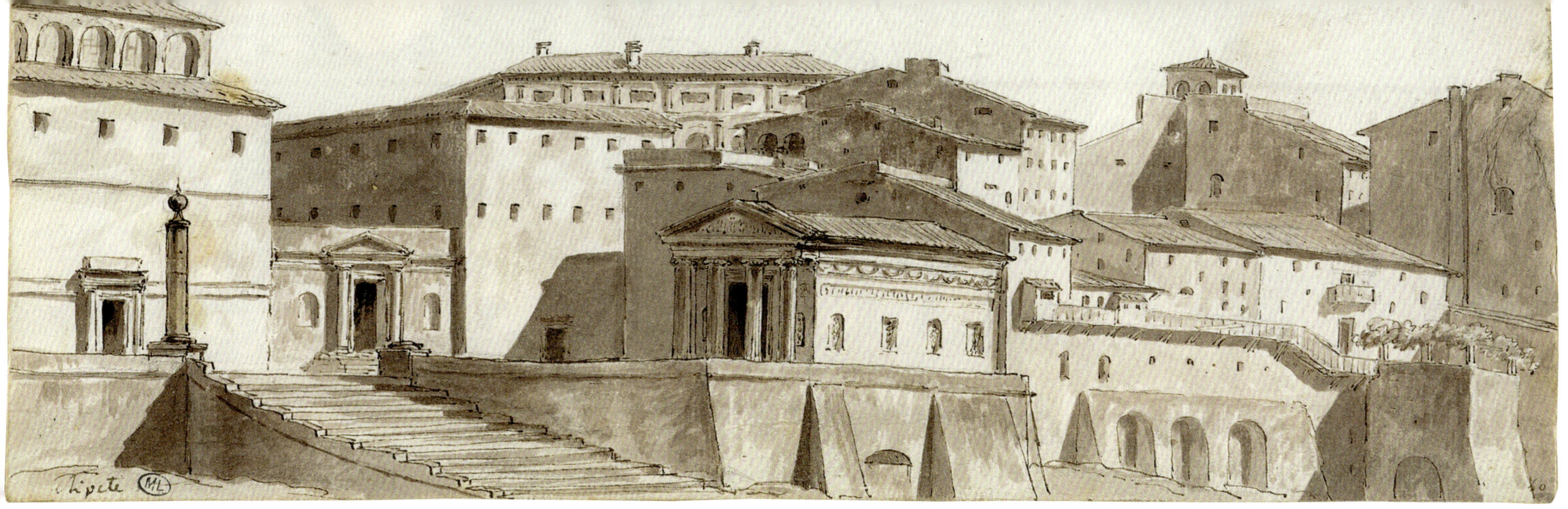

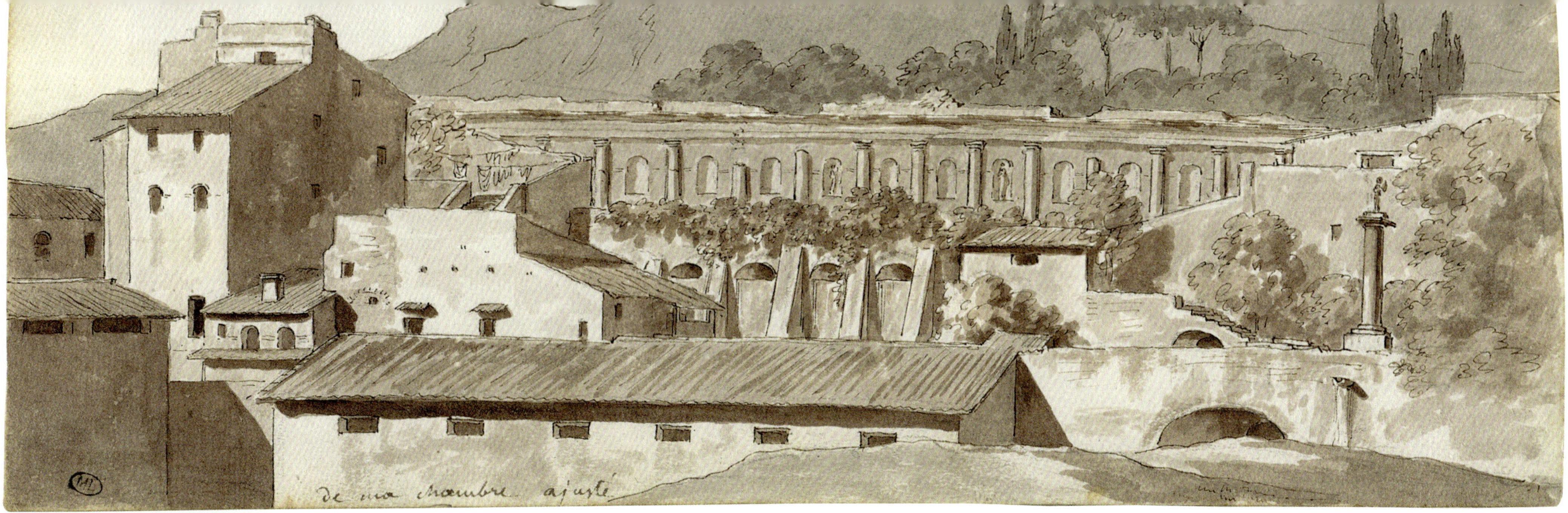
de ma chambre ajusté

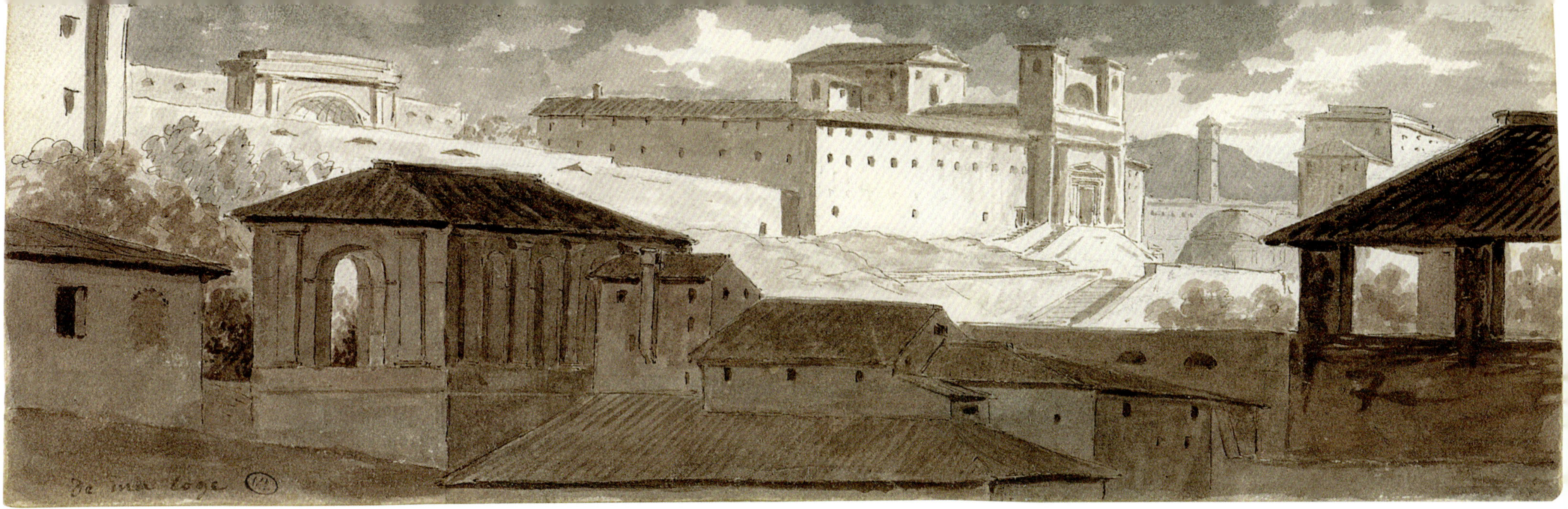
De ma loge

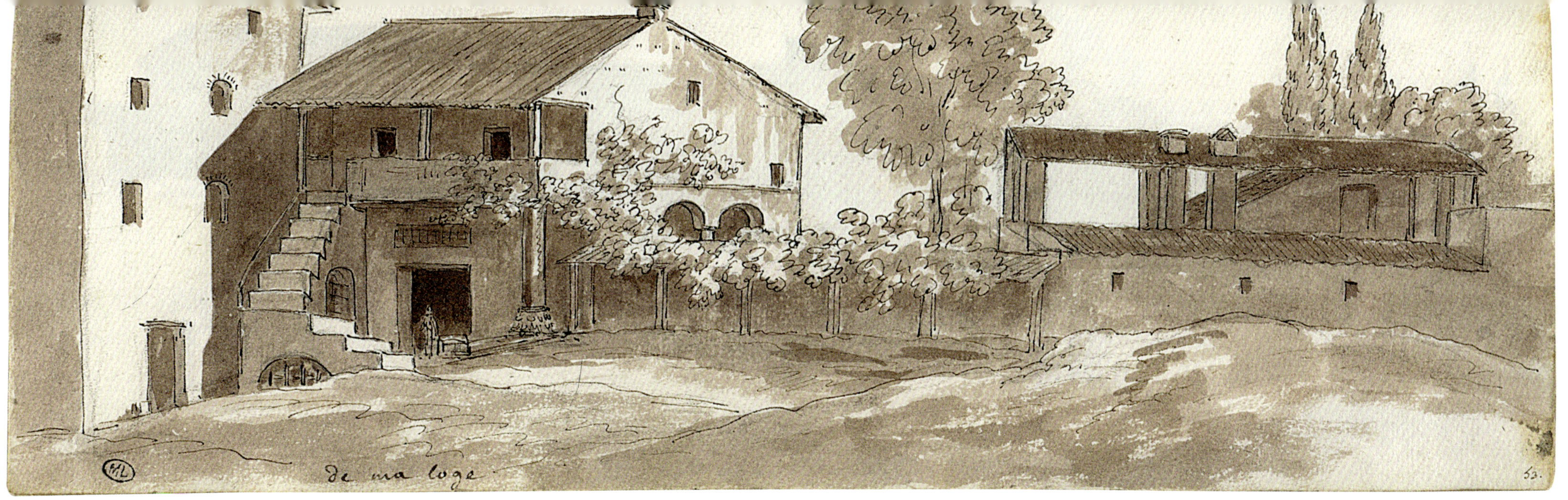

de ma loge

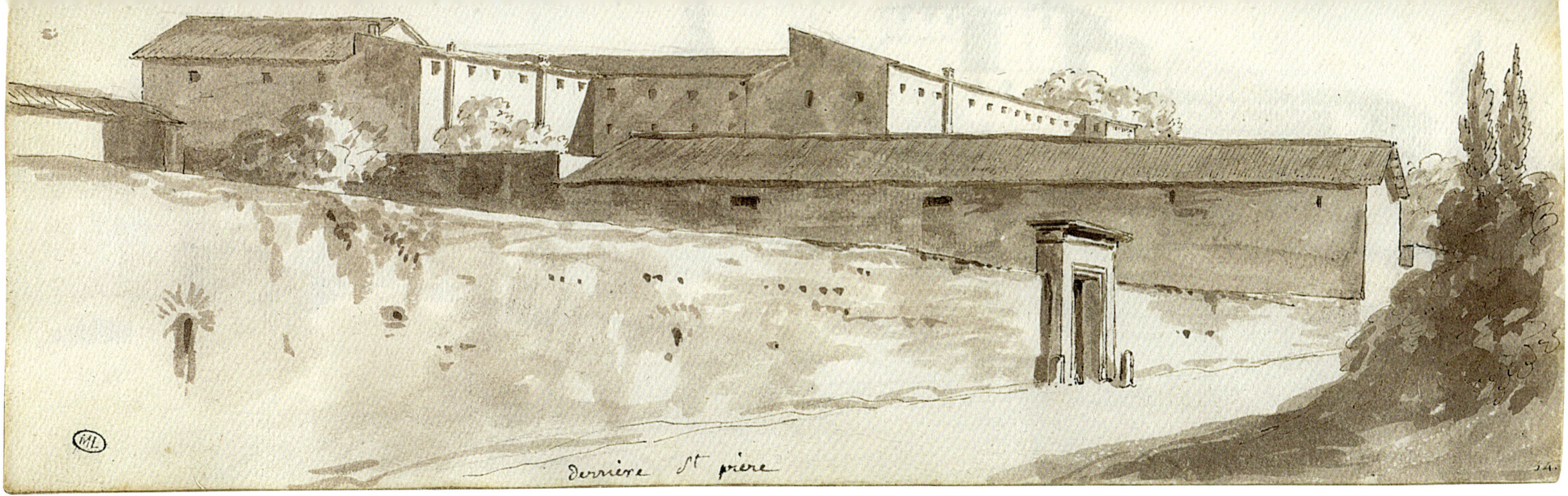
Derrière St piere
14.

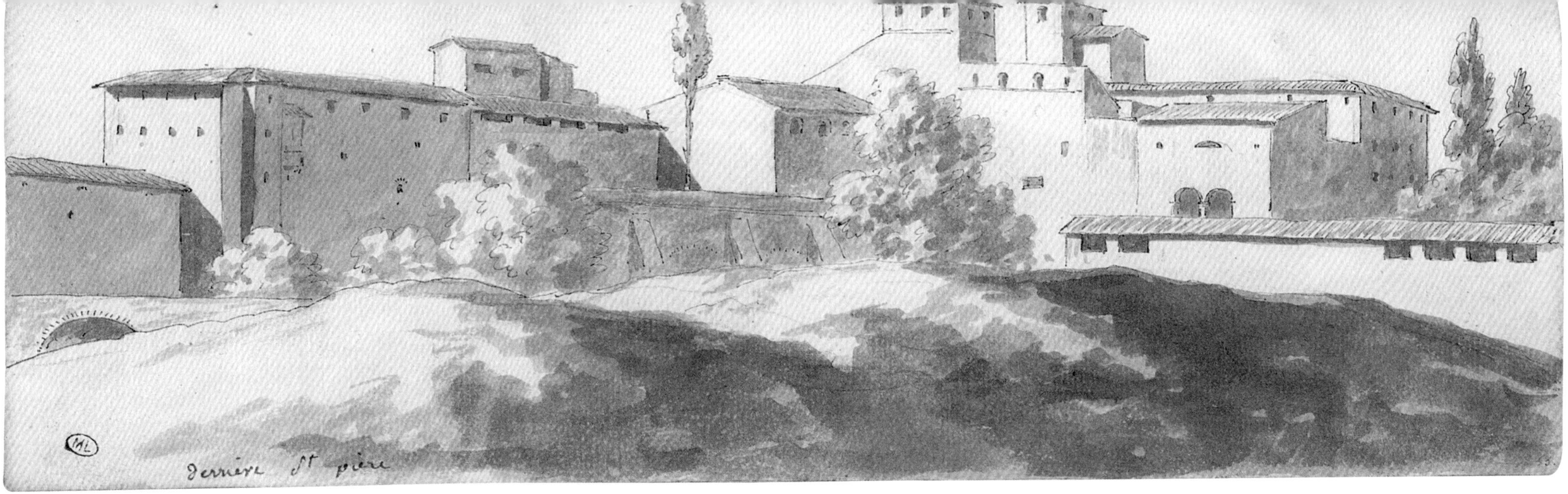
ML
derrière St piere

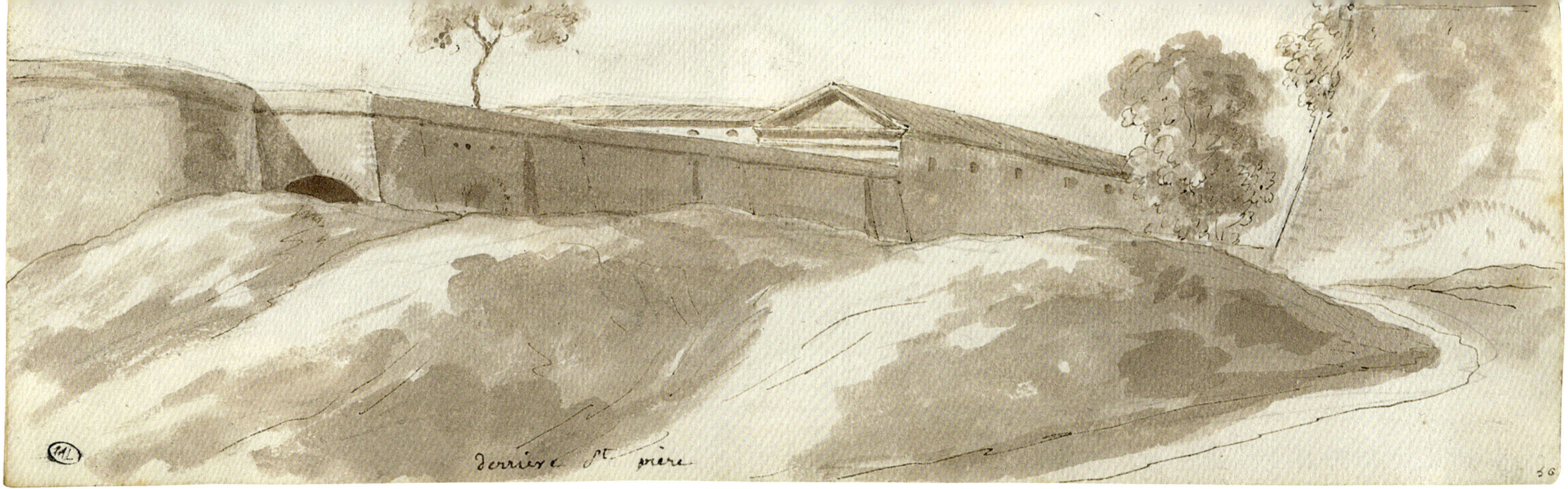

derriere St. prière
56

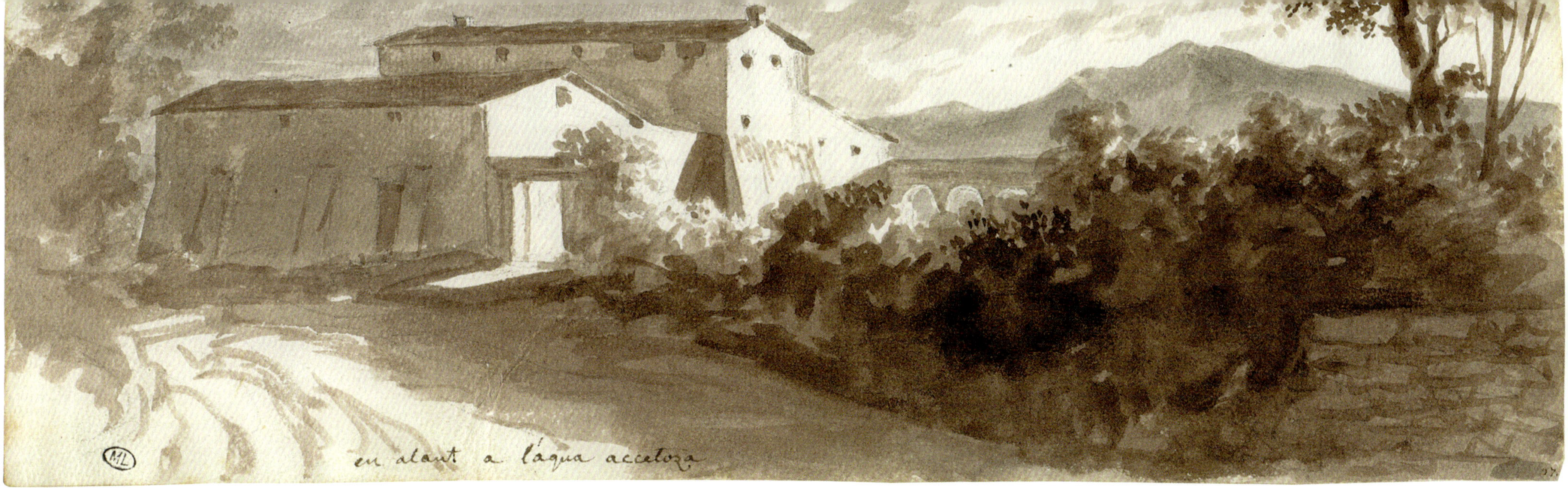

en alant a l'áqua accetoza

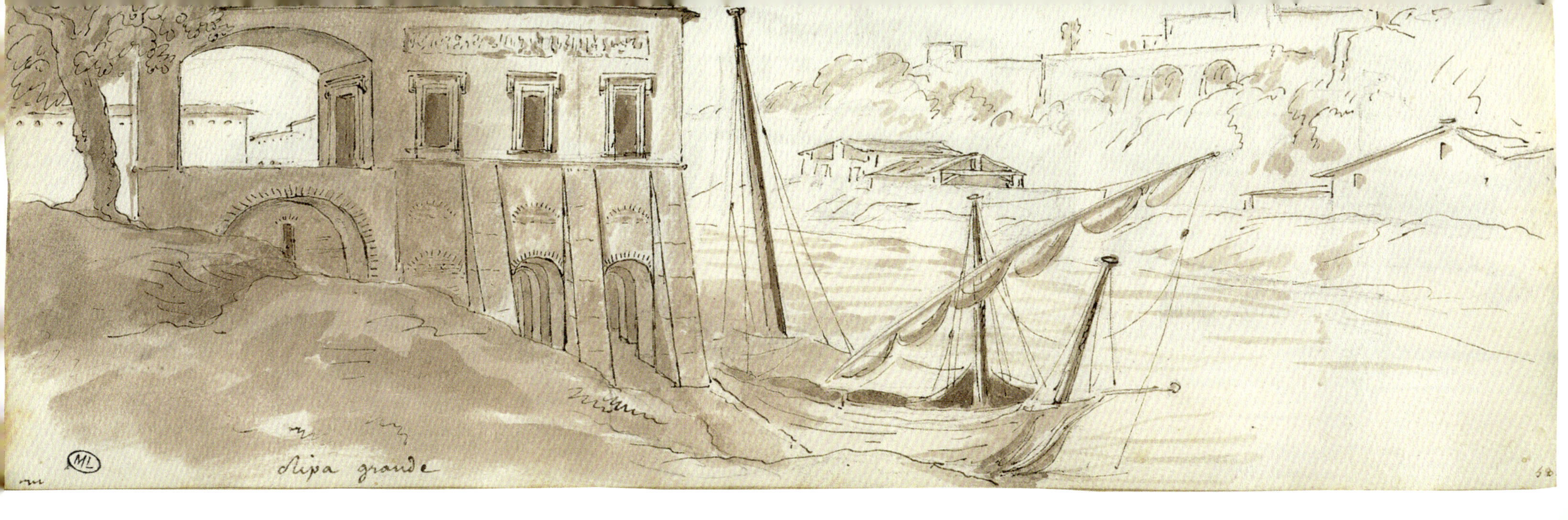
Ripa grande

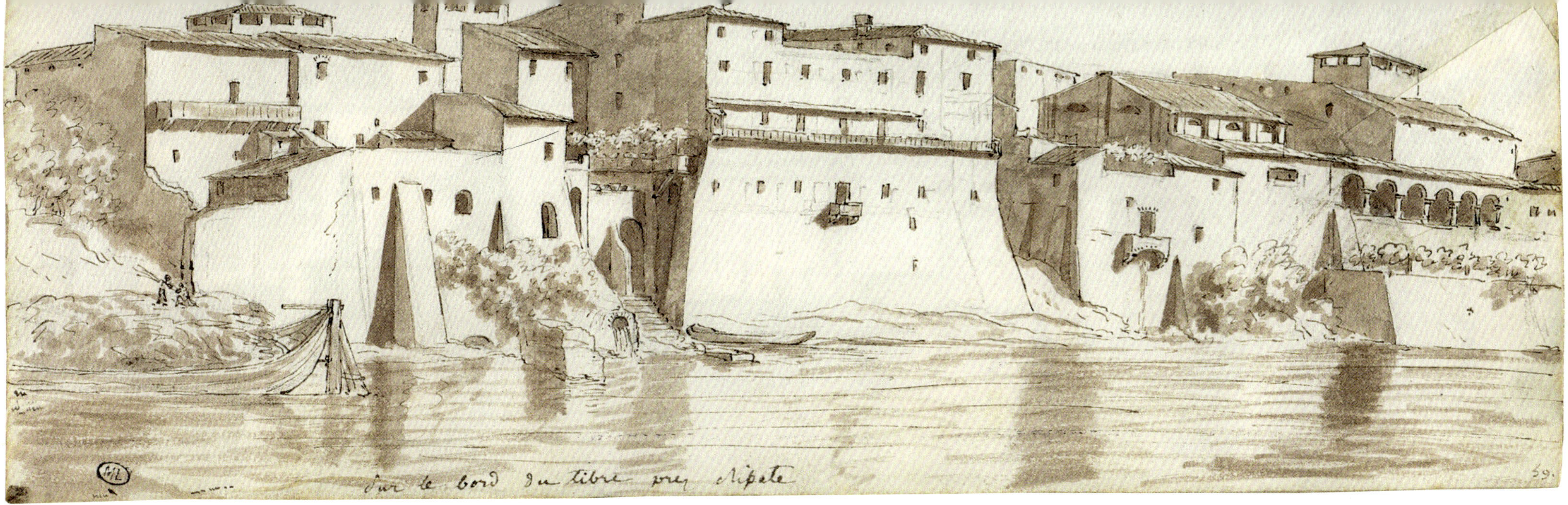
Sur le bord du tibre prez Ripete
59.

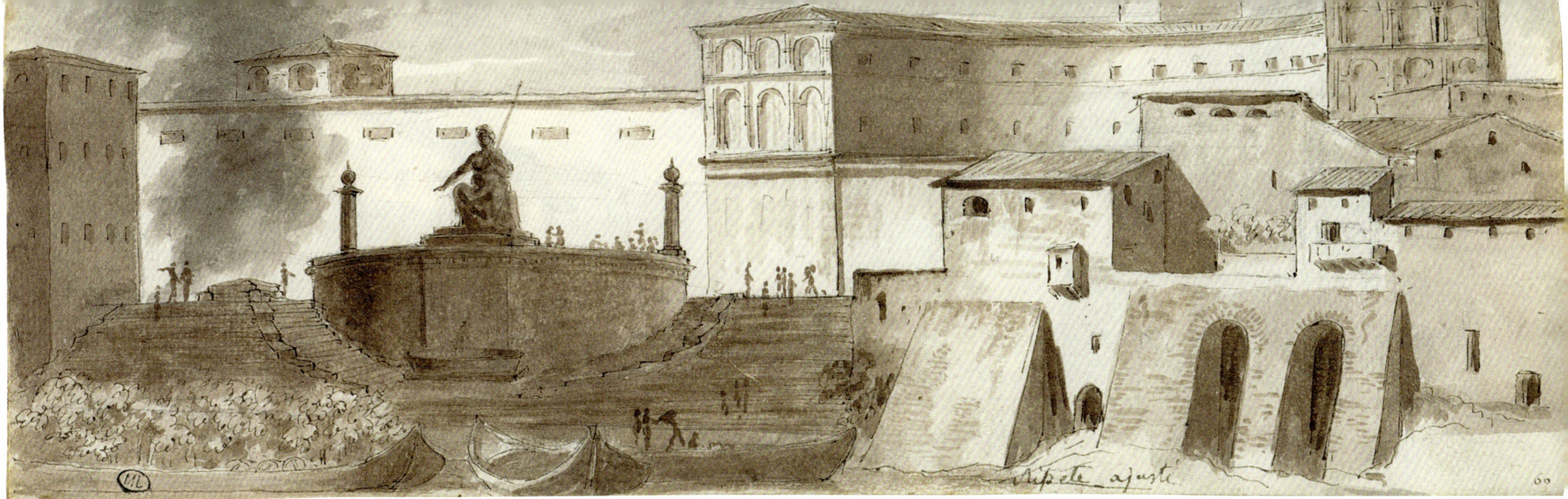
Ripete ajusté
60

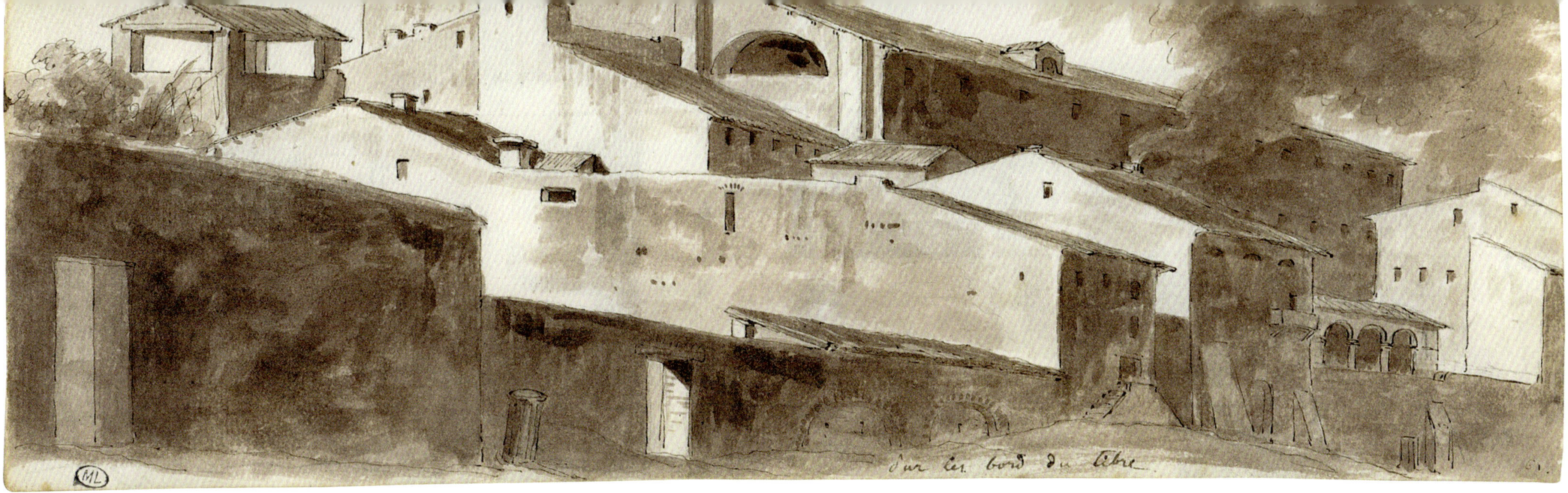
Sur les bord du tibre
61.

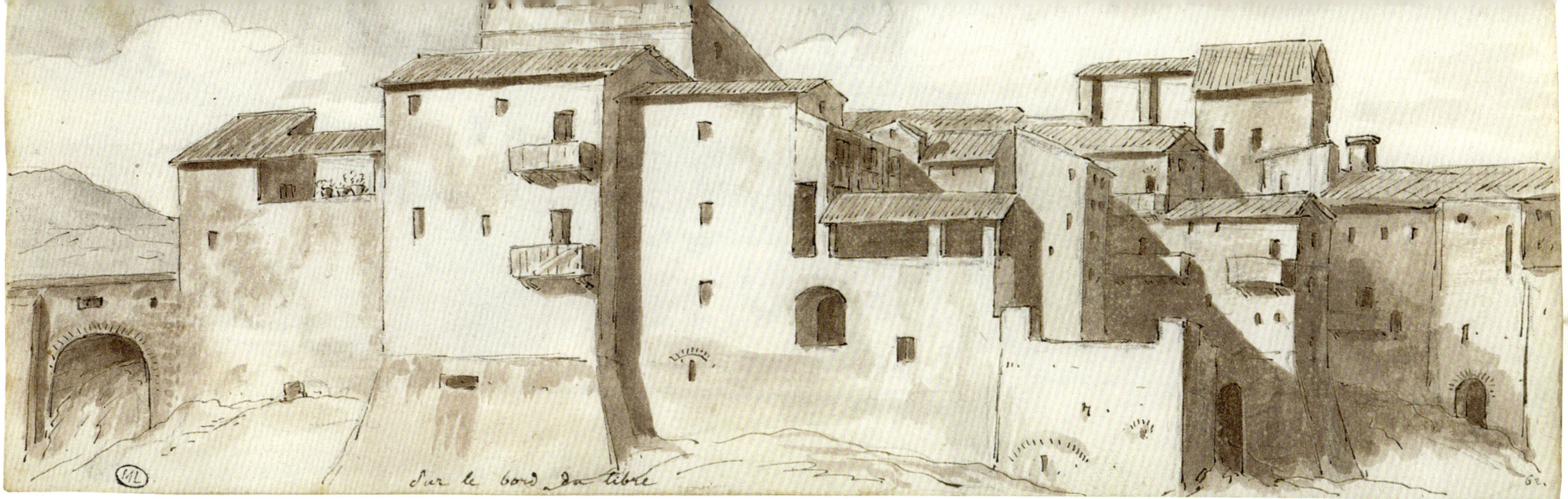
Sur le bord du tibre
62.

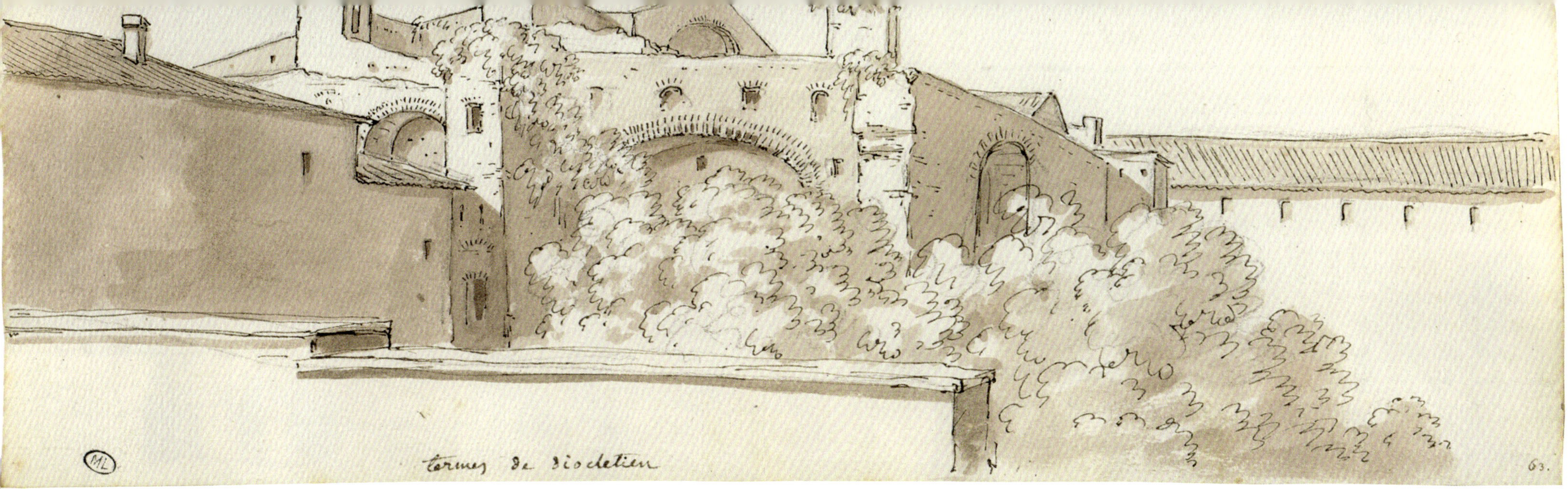

termes de diocletien

63.

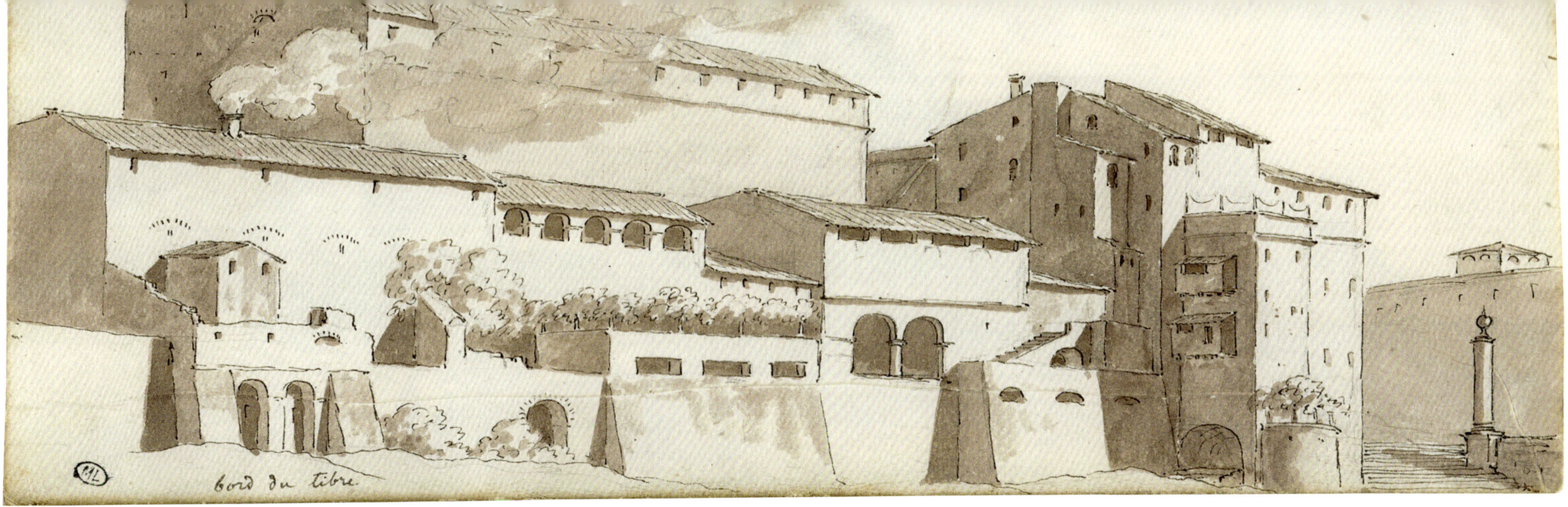
bord du tibre

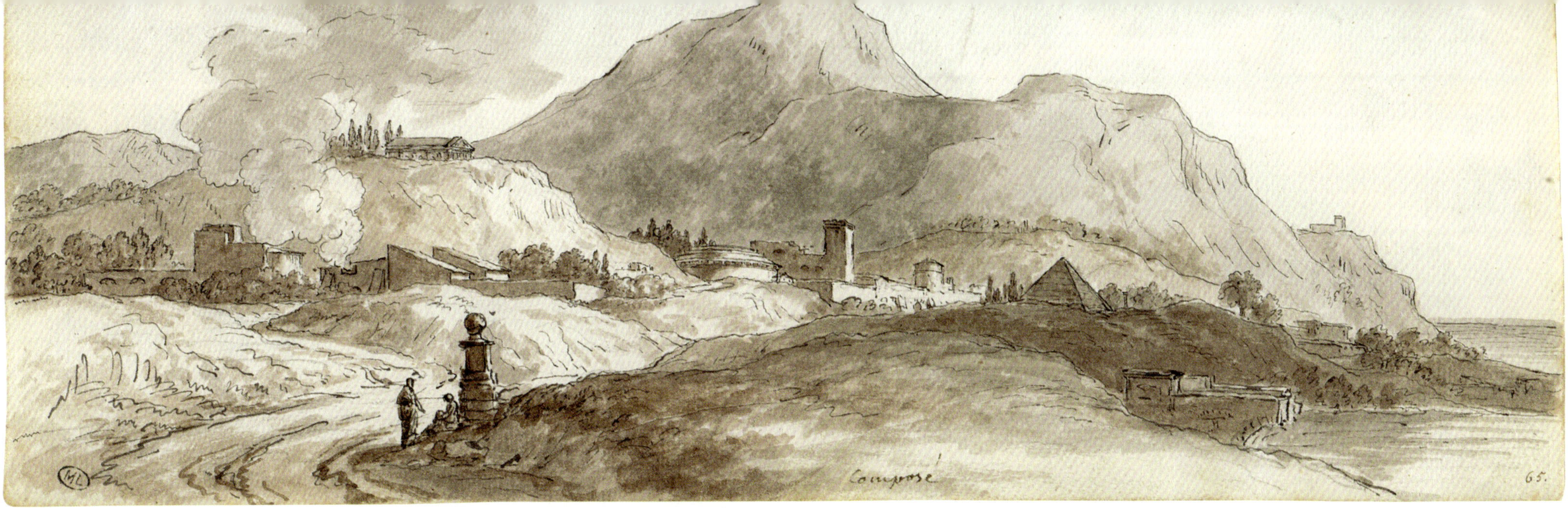
Composé
65.

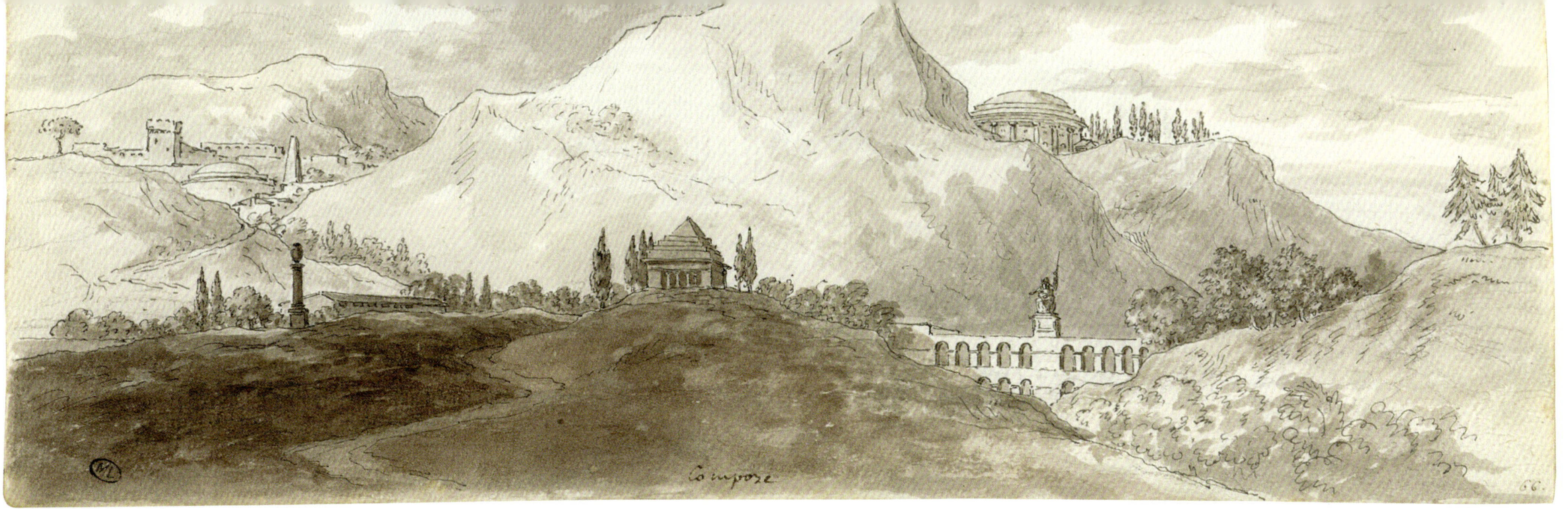
ML
Compose
66.

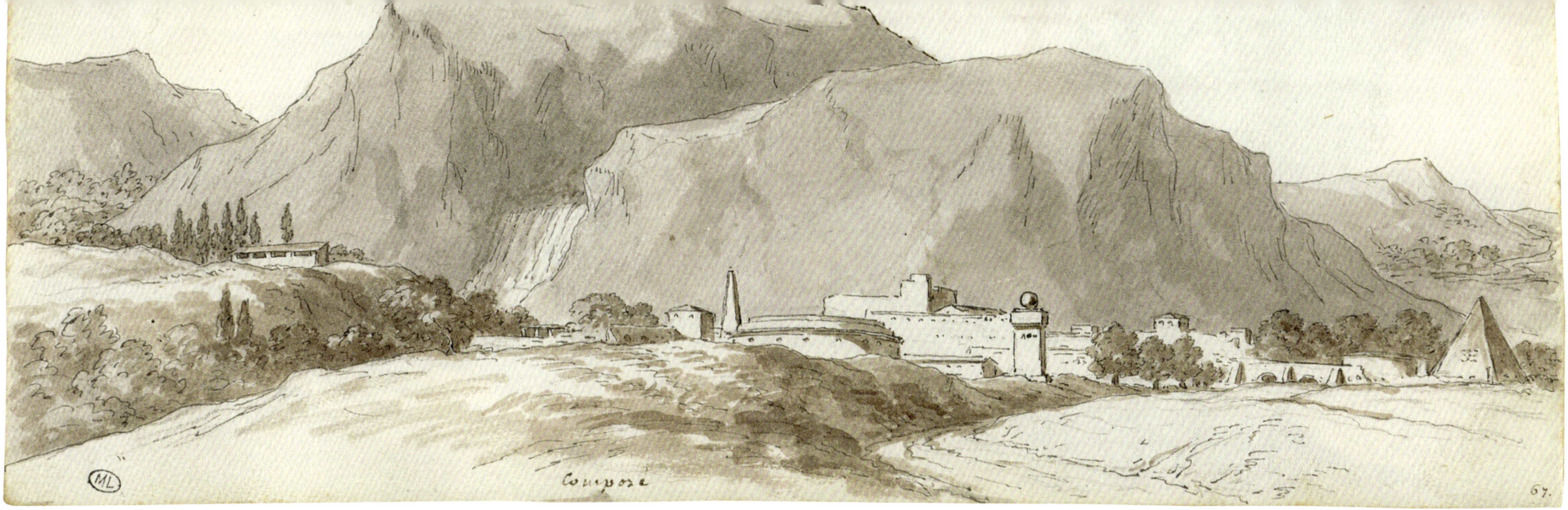
Composé
67.

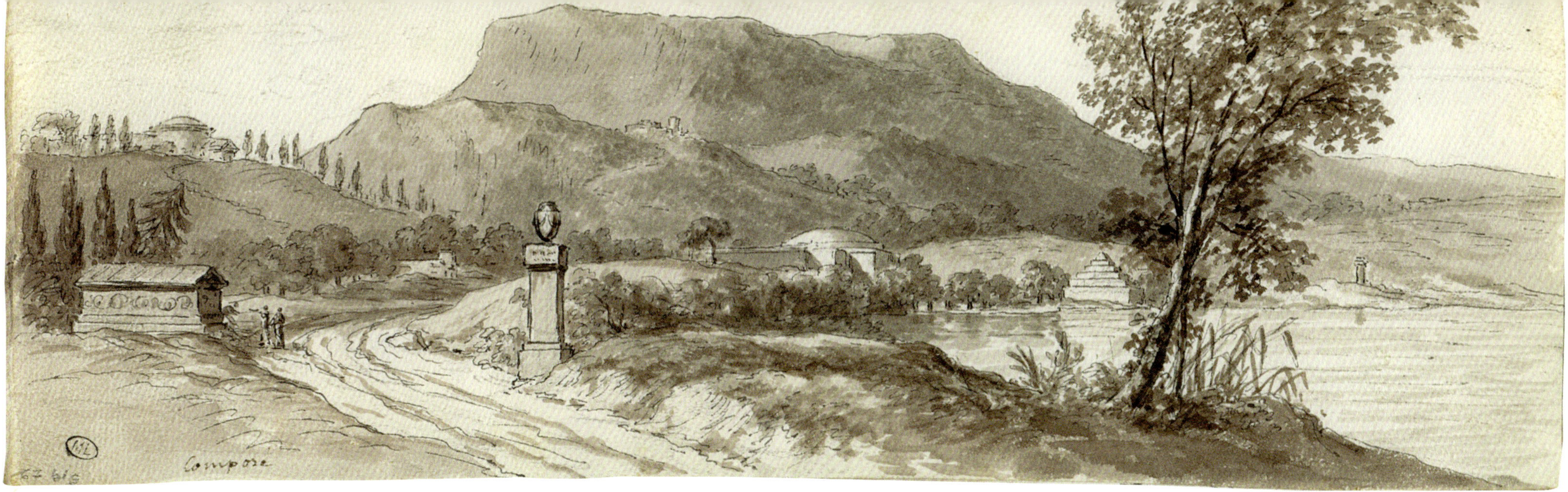
Compore
67 bis

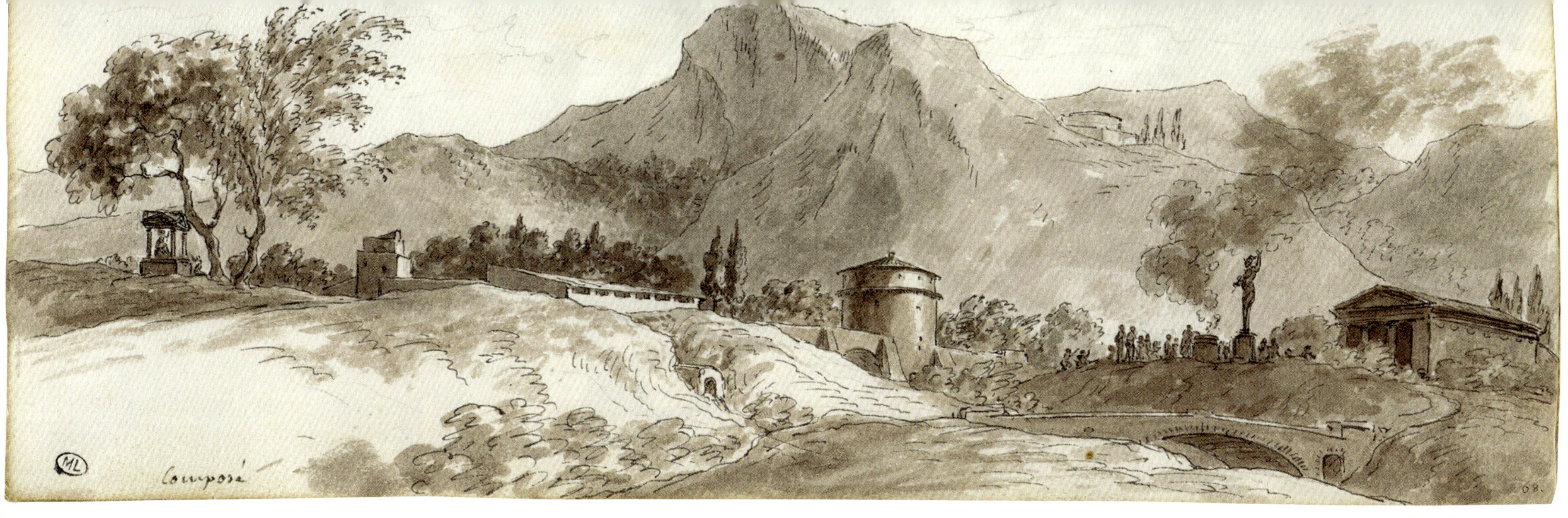
Composé
68.

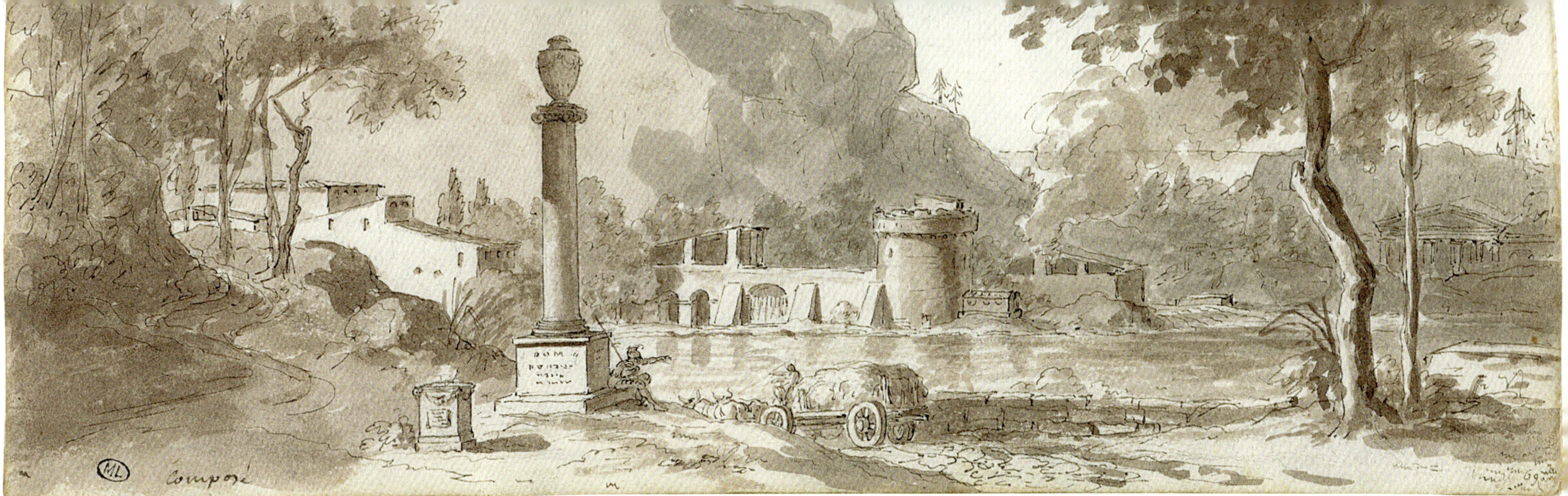
composé

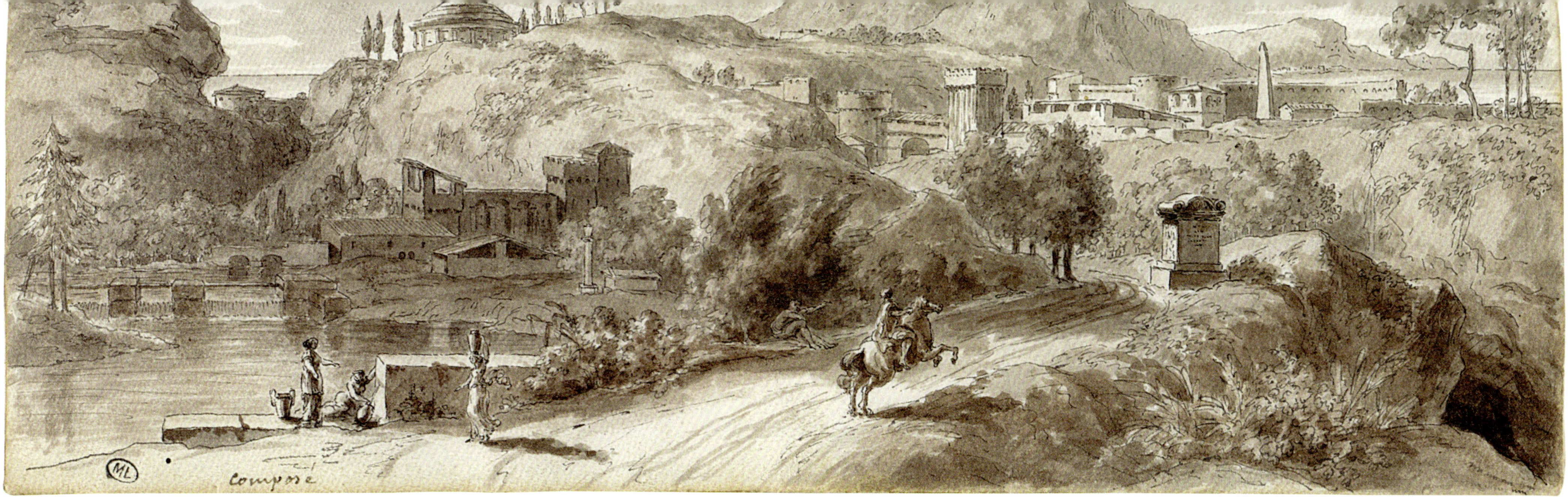
Compose

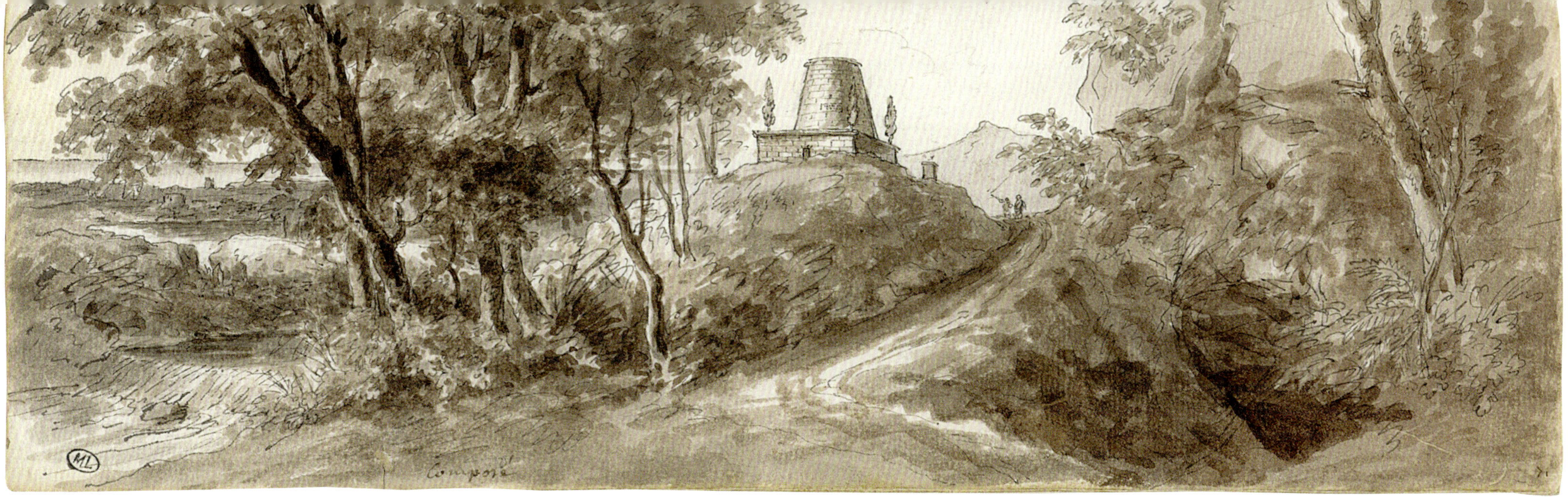

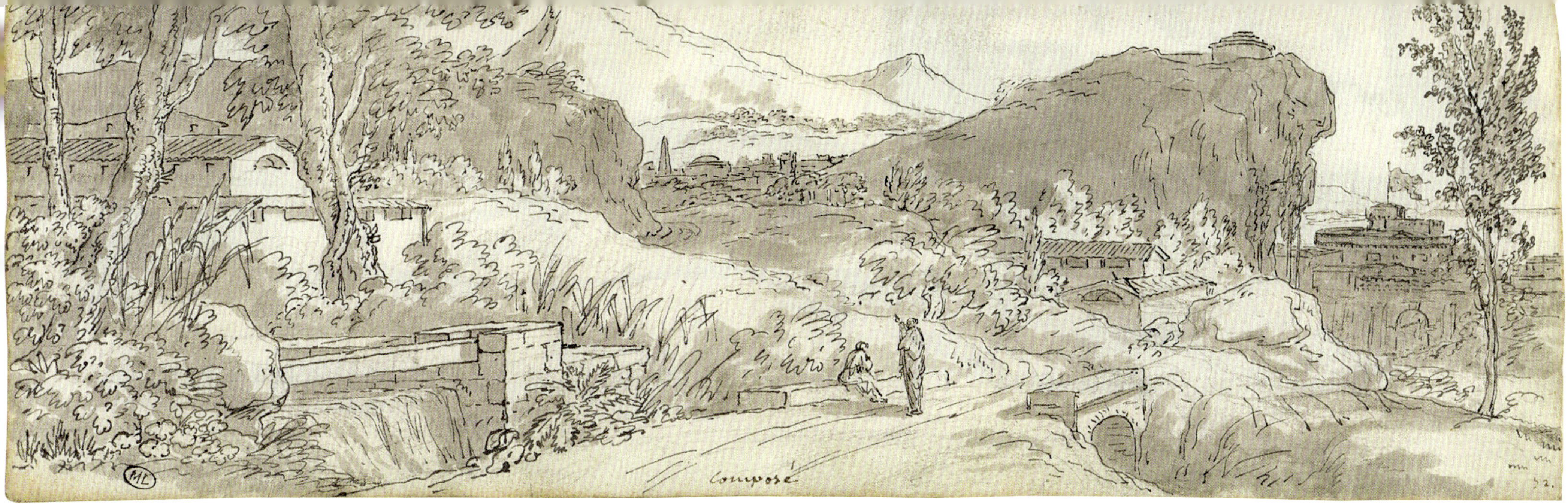
composé
32.

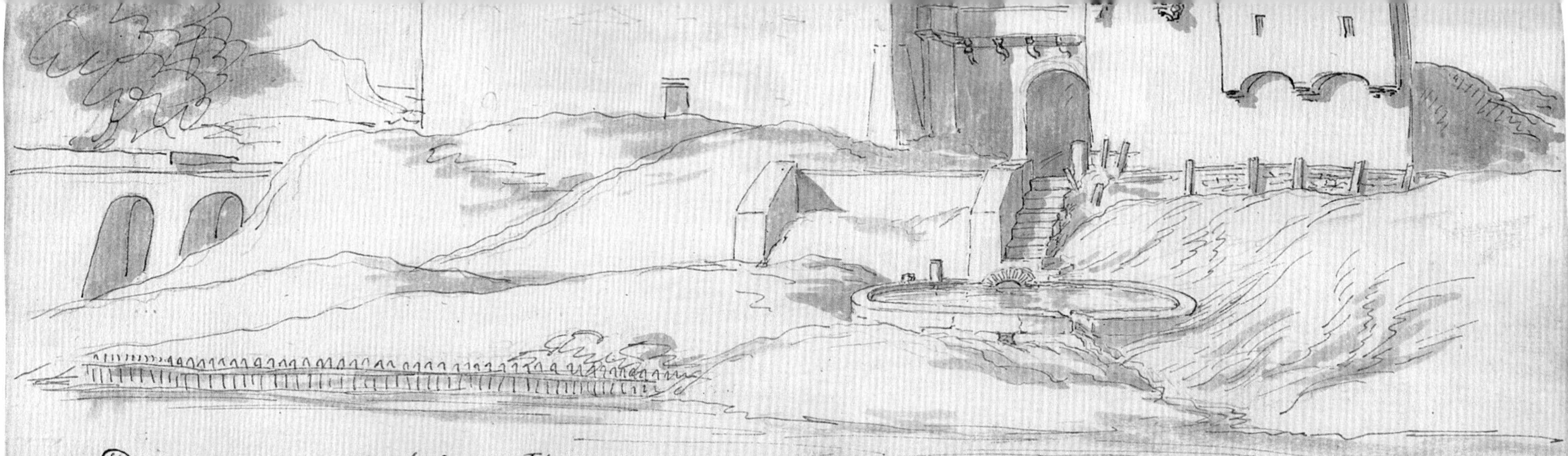

bord du tibre

73.

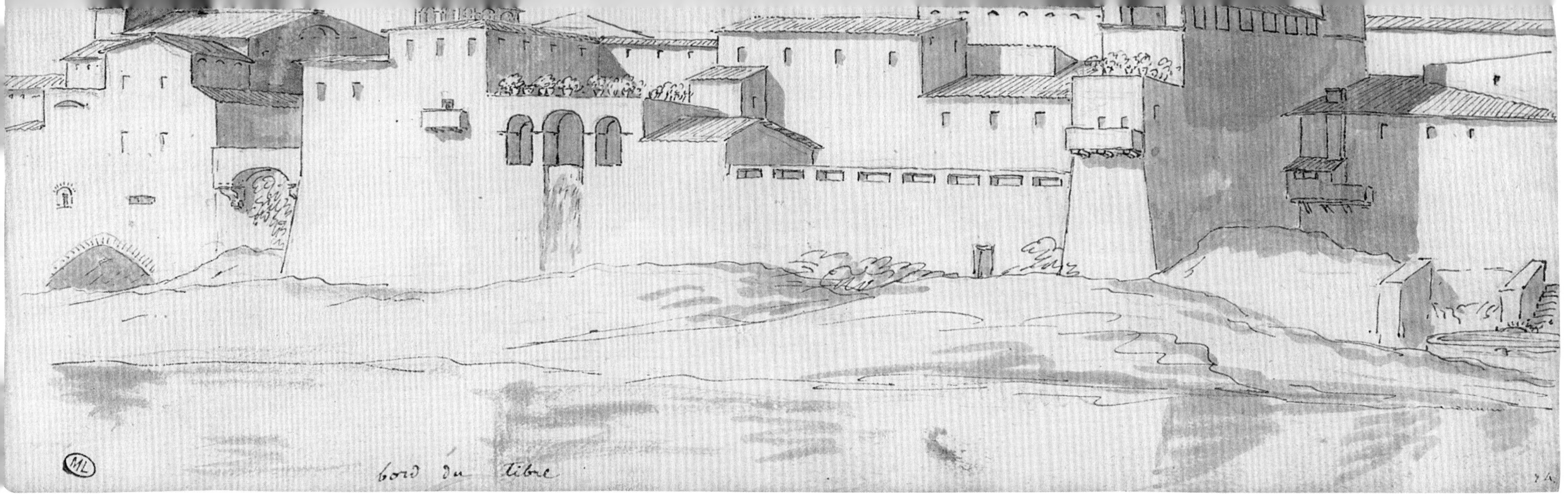
bord du tibre

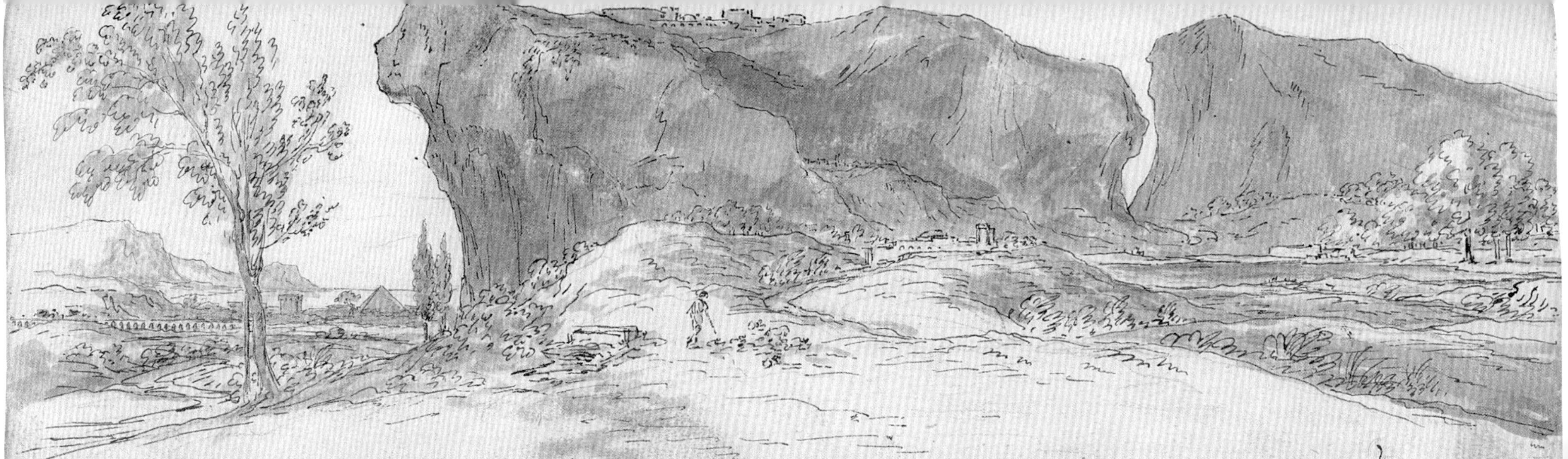

Composé d'après un nuage

75

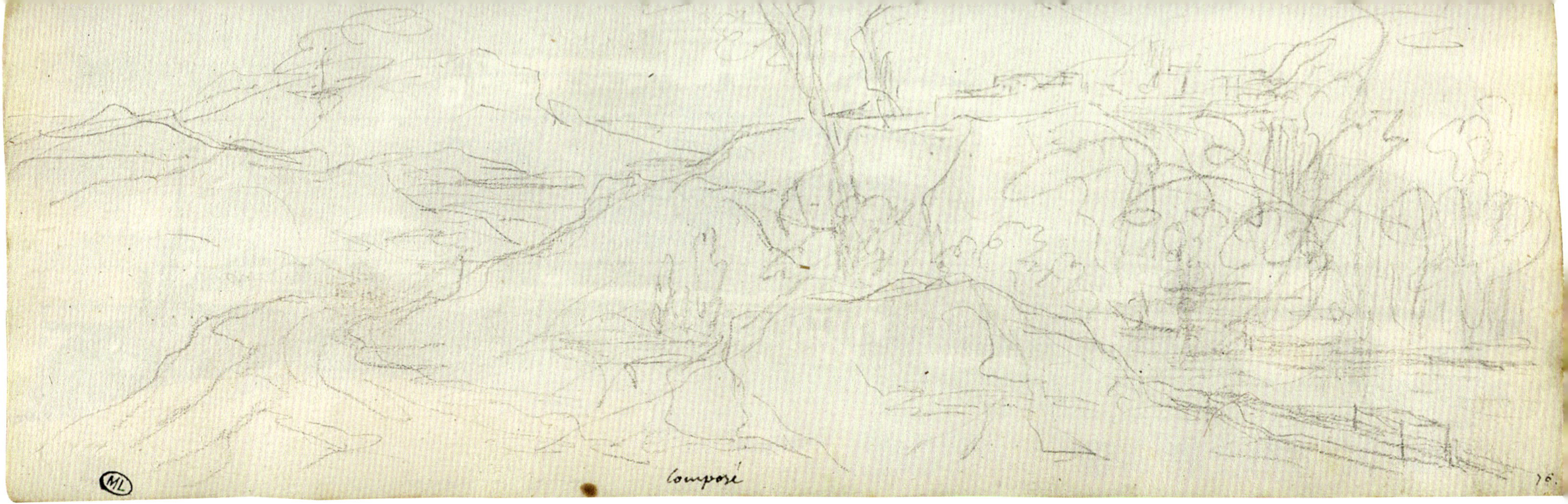
composé

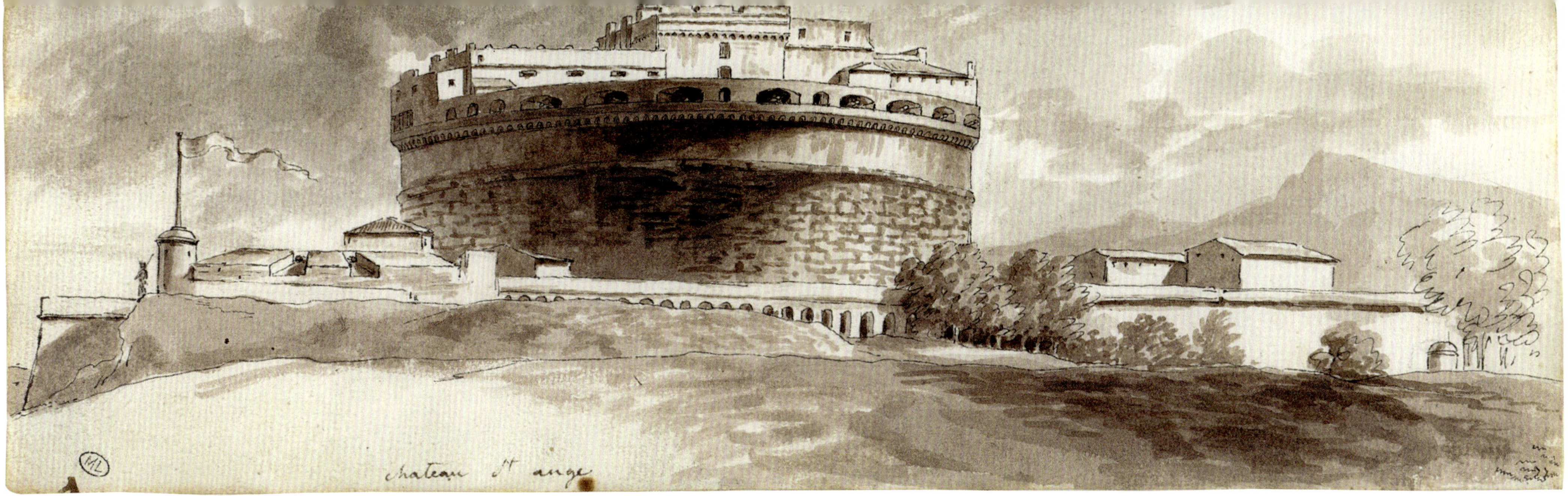
chateau St ange

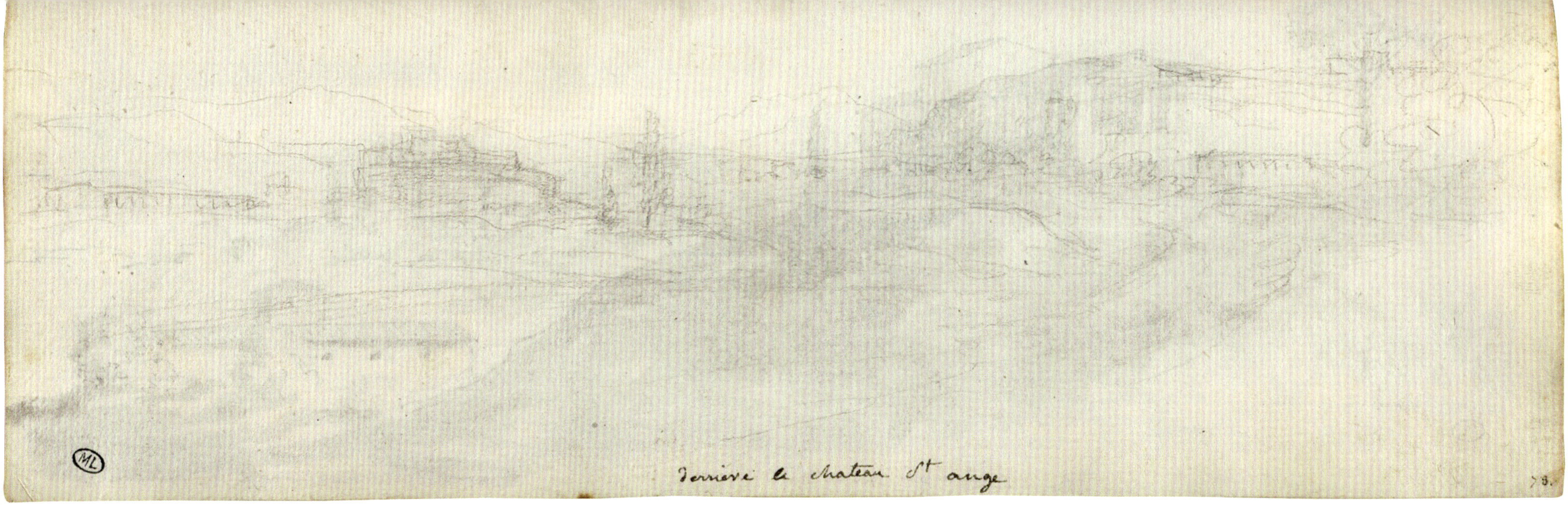
derrière le chateau St ange
73.

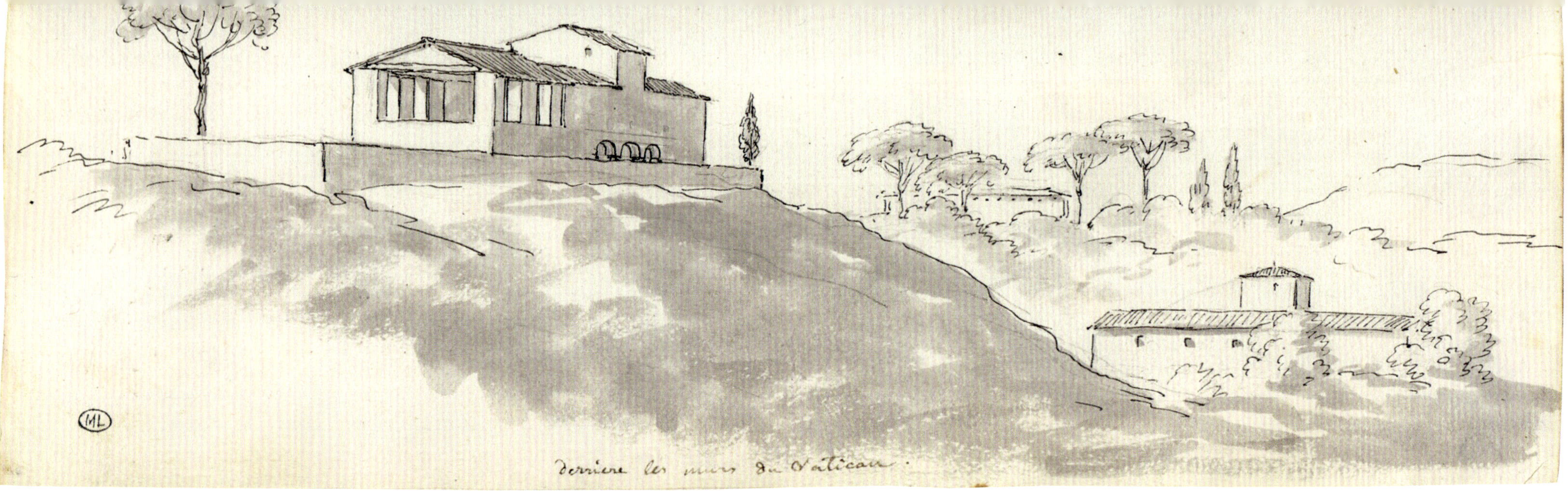
derriere les murs du Vatican.

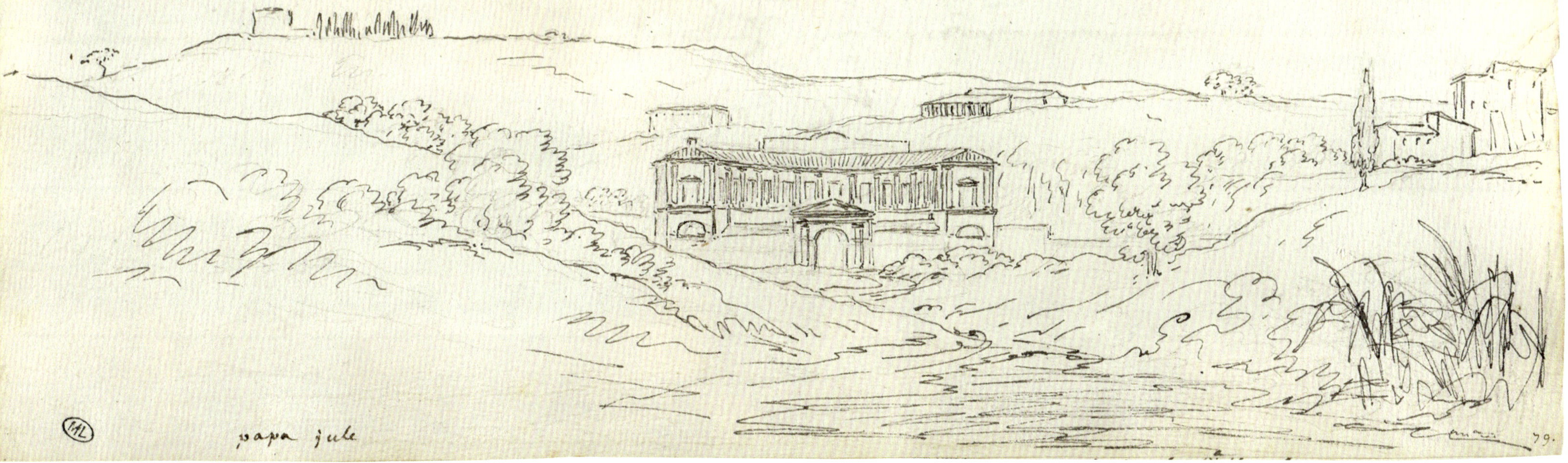
papa jule
79.

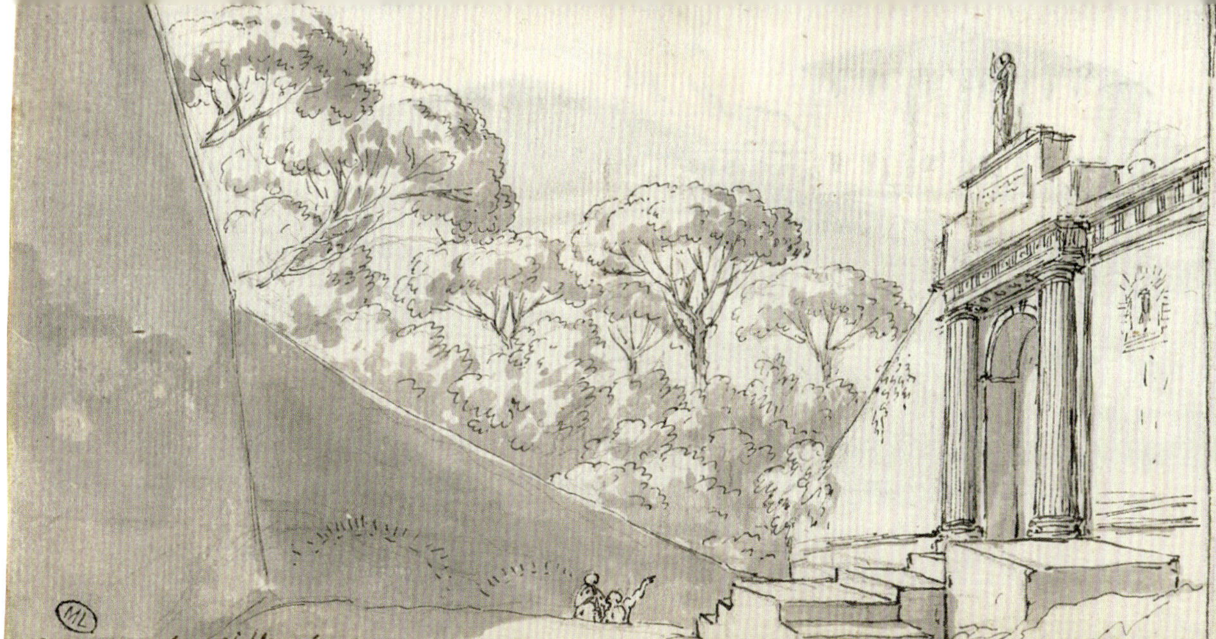

derriere la Ville borguese

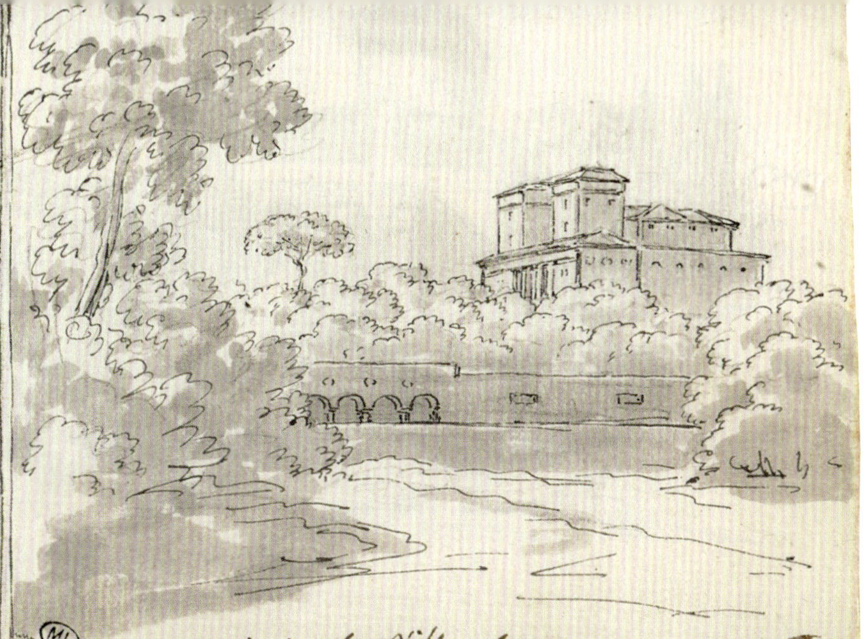

cazin de la Ville borguese

80.

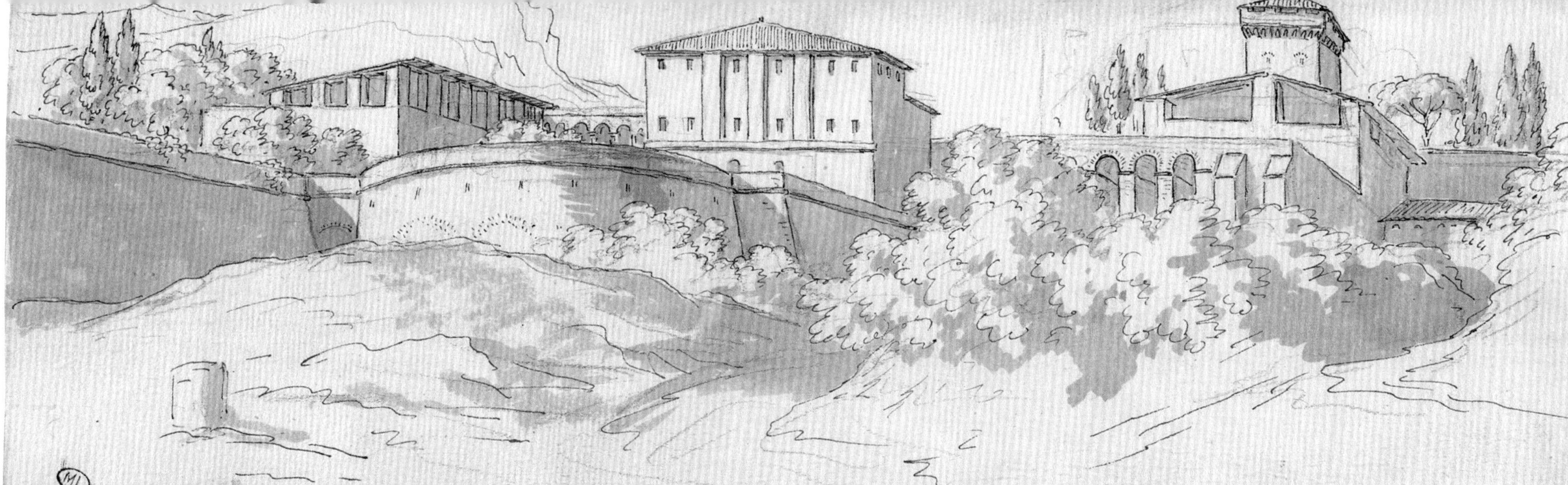

derriere la Ville borguese

81.

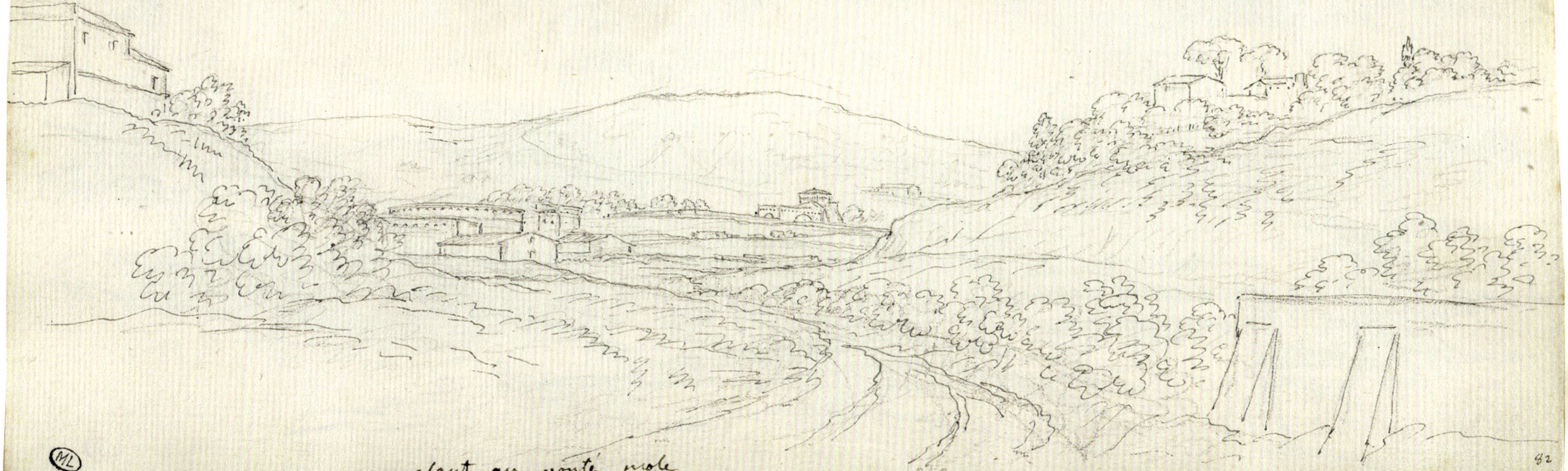

en alant au ponté mole

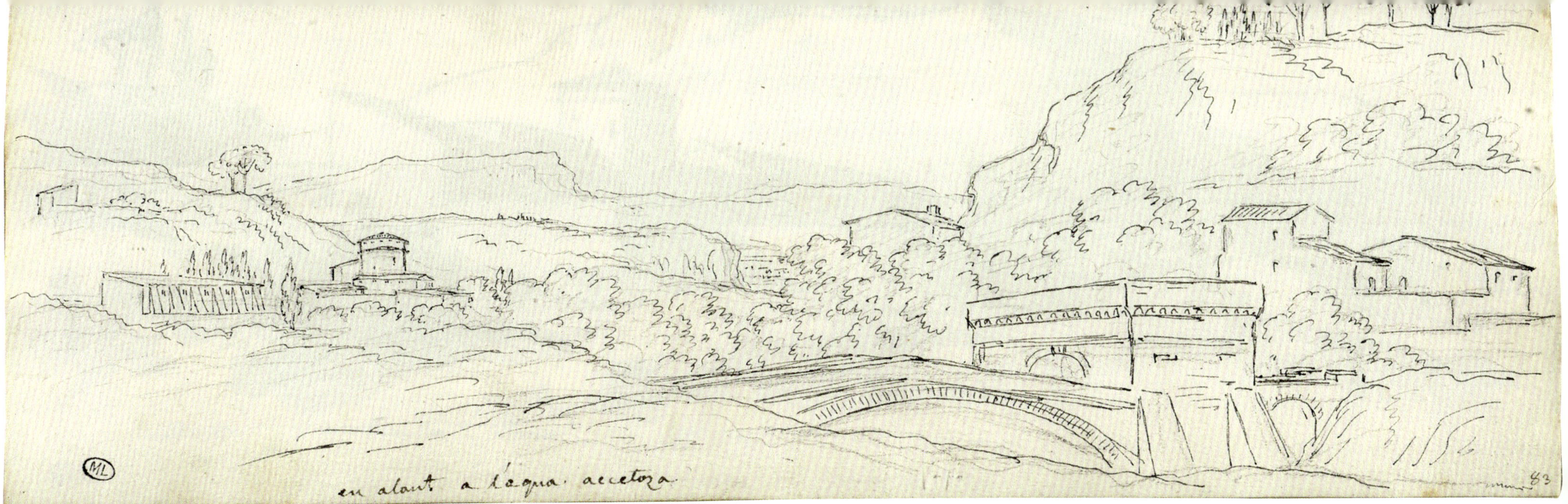
en alant a l'aqua accetoza
83

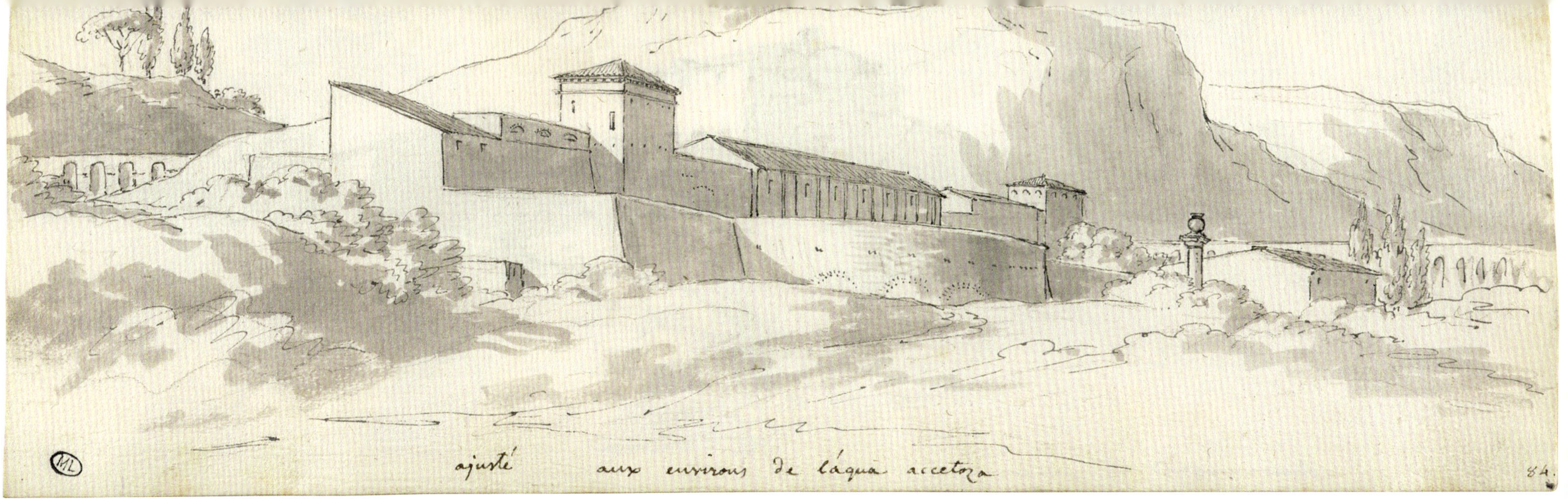
ajusté aux environs de láqua accetoza
84.

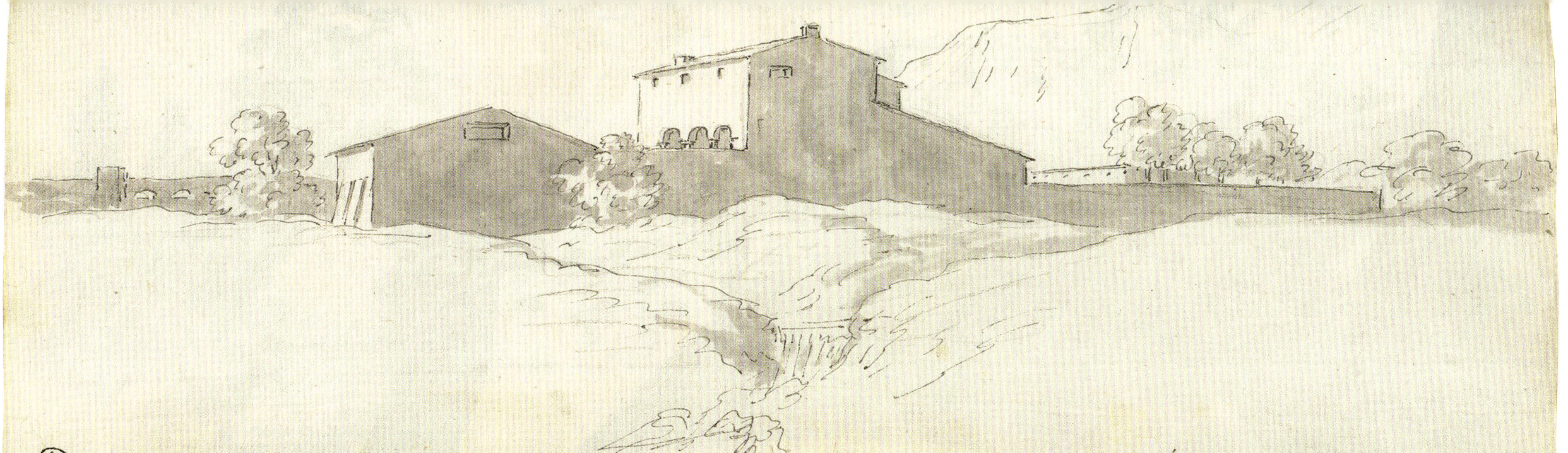

aux environs de l'acqua accetosa

85.

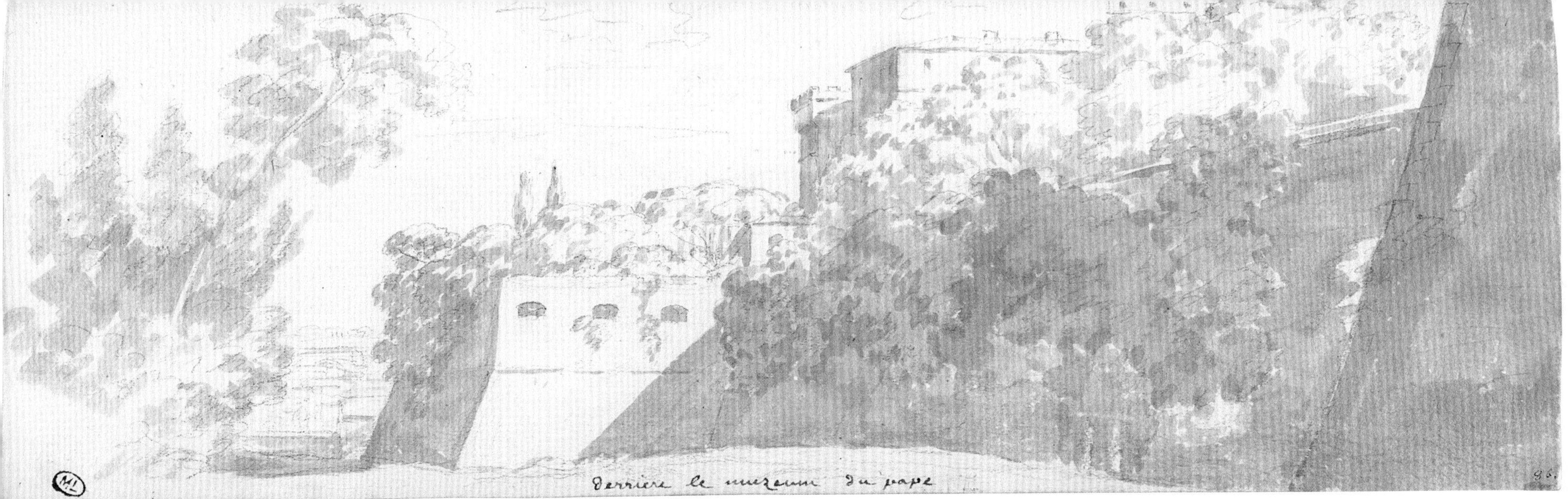
Derriere le muzeum du pape
86.

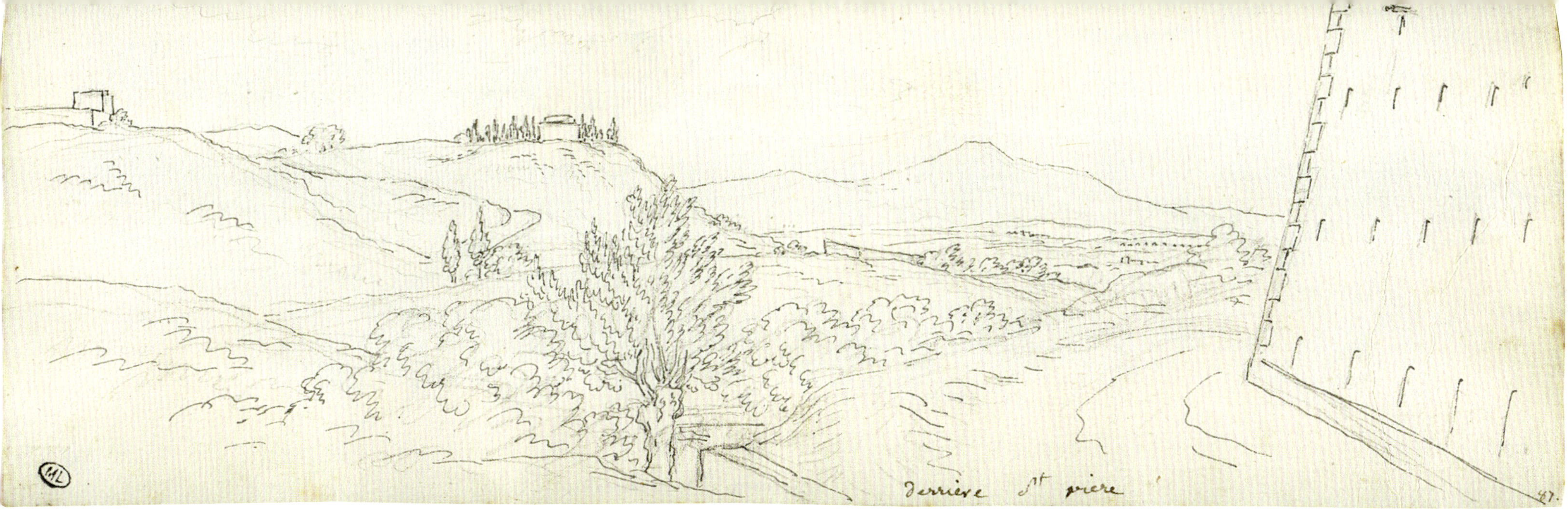

derriere St pierre
47.

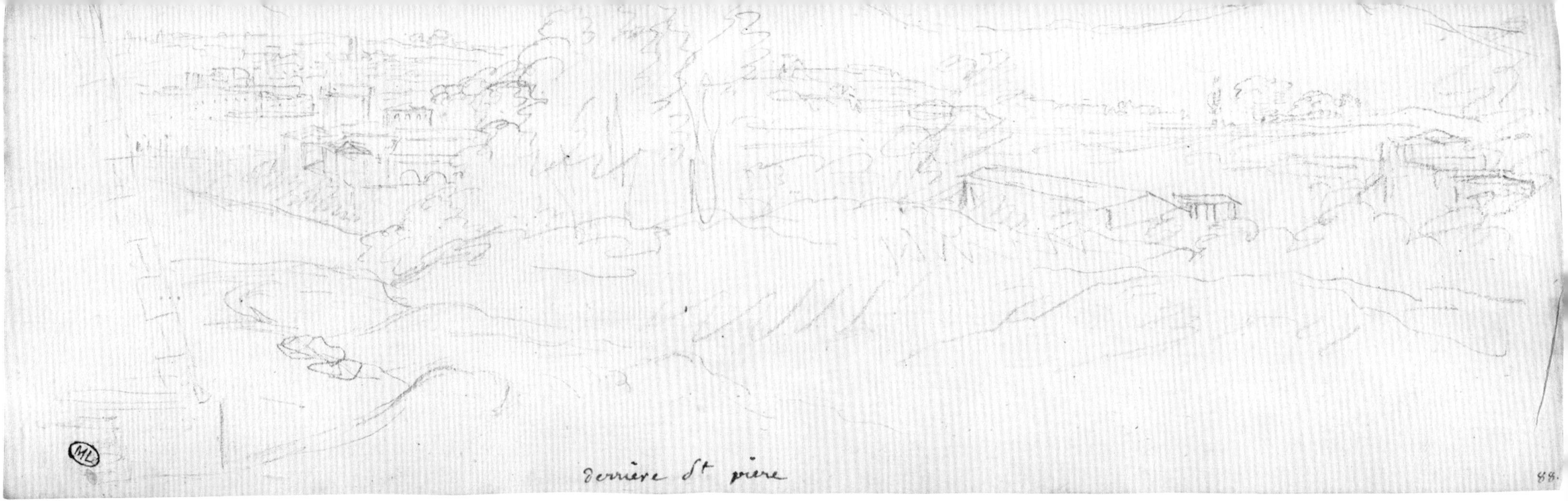
derrière St piere
88.

derriere St piere

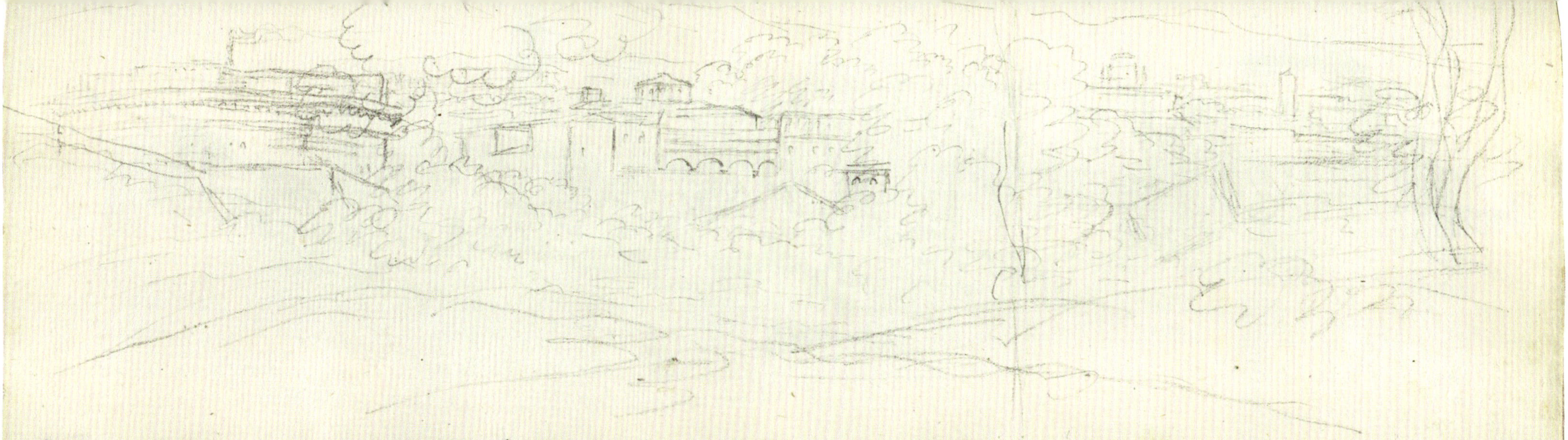

derriere St piere

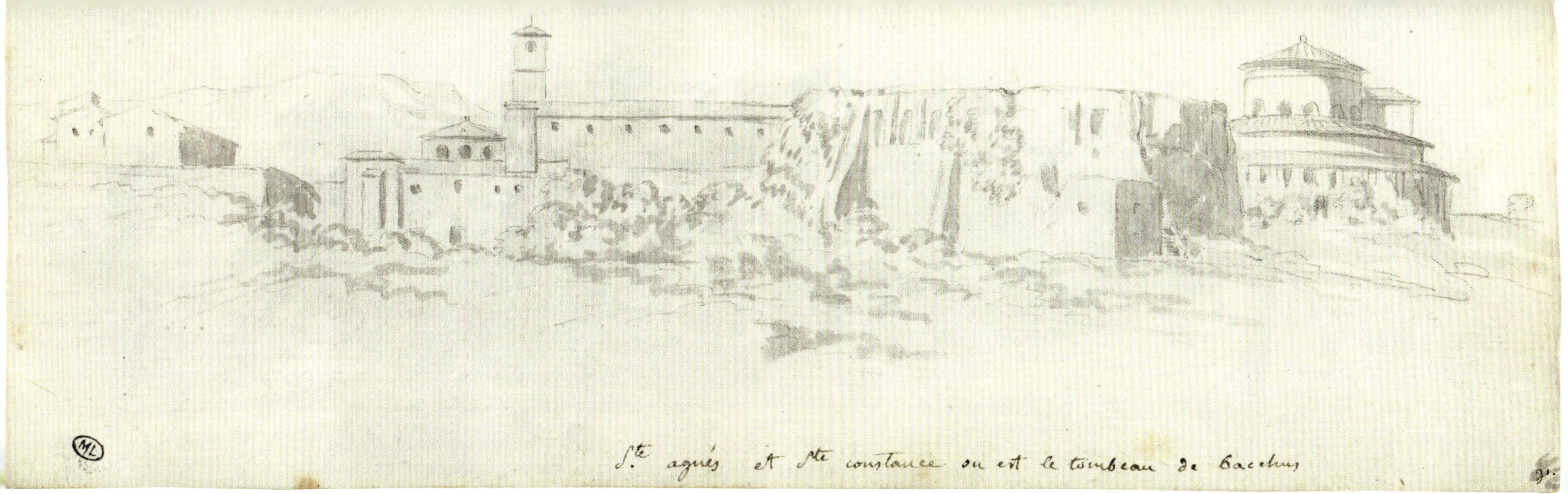

S.te agnés et S.te constance ou est le tombeau de Bacchus
91.

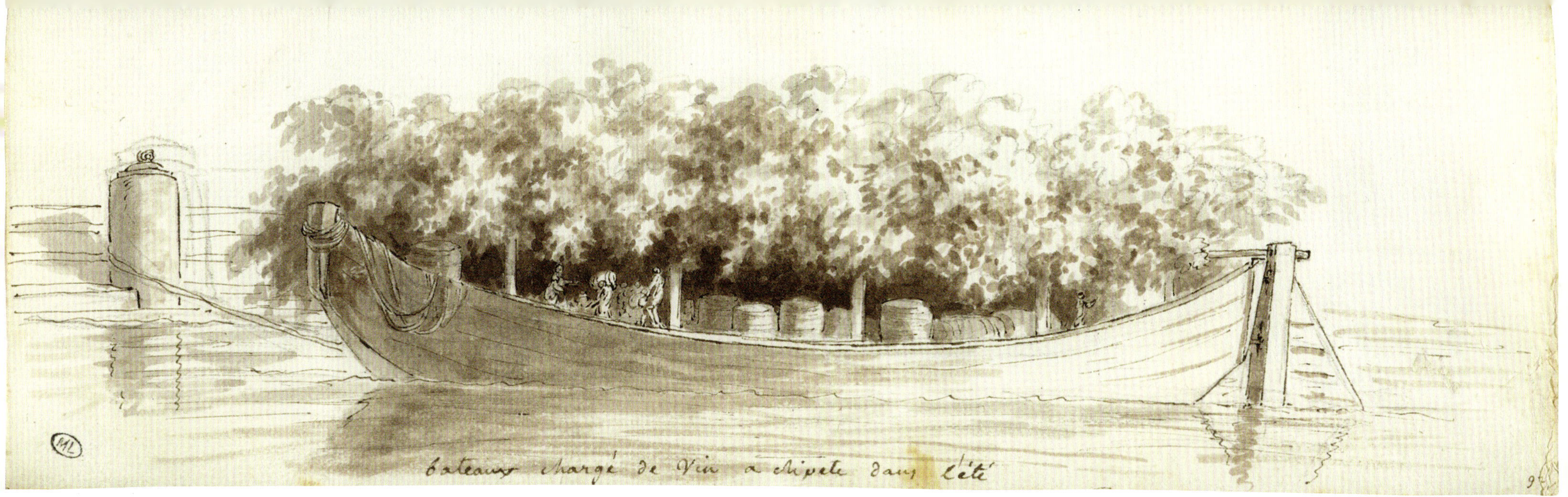
bateaux chargé de Vin a chipete dans l'été

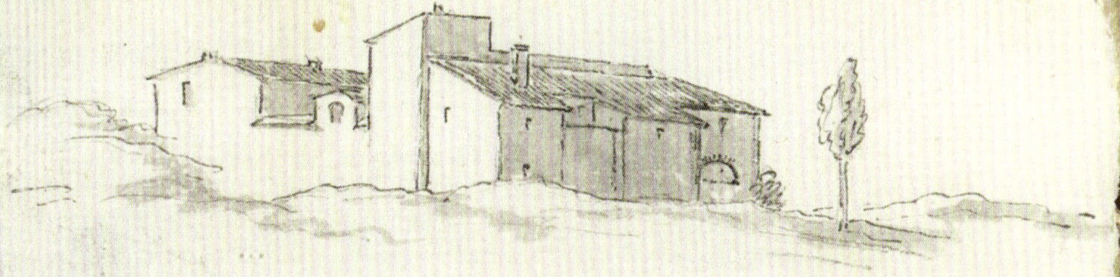

aux environs du pont Salar

93

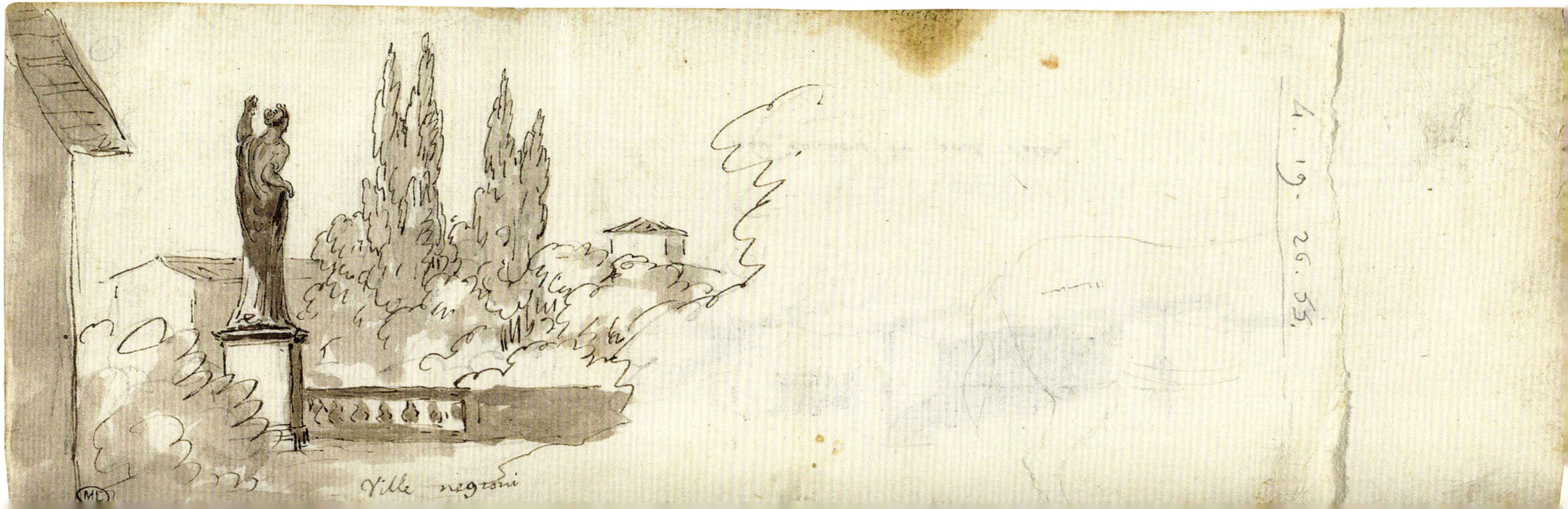
Ville negroni
4. 19. 26. 55.